全国导游资格考试统编教材
QUANGUO DAOYOU ZIGE KAOSHI TONGBIAN JIAOCAI

地方导游基础知识

DIFANG DAOYOU JICHU ZHISHI

（第五版）

全国导游资格考试统编教材专家编写组 编

中国旅游出版社

项目统筹：谯 洁
责任编辑：郭海燕
责任印制：冯冬青
封面设计：中文天地

图书在版编目（CIP）数据

地方导游基础知识 / 全国导游资格考试统编教材专家编写组编. -- 5版. -- 北京：中国旅游出版社，2021.6（2021.6 重印）

全国导游资格考试统编教材

ISBN 978-7-5032-6712-3

Ⅰ.①地… Ⅱ.①全… Ⅲ.①导游—资格考试—教材 Ⅳ.①F590.633

中国版本图书馆CIP数据核字（2021）第083920号

书　名：地方导游基础知识

作　者：全国导游资格考试统编教材专家编写组编
出版发行：中国旅游出版社
（北京静安东里6号　邮编：100028）
http://www.cttp.net.cn　E-mail:cttp@mct.gov,cn
营销中心电话：010-57377108，010-57377109
读者服务部电话：010-57377151
排　版：北京中文天地文化艺术有限公司
印　刷：三河市灵山芝兰印刷有限公司
版　次：2021年6月第5版　2021年6月第2次印刷
开　本：720毫米×970毫米　1/16
印　张：14.5
字　数：240千
定　价：32.00元
I S B N　978-7-5032-6712-3

出版说明

（第五版）

全国统一的导游资格考试制度自 2016 年开始施行以来，至今已是第六年。2021 年，文化和旅游部再次组织相关专家对 2020 版考试大纲进行了修订，并于 5 月公布。

在过去的五年里，作为文化和旅游部直属的专业出版机构，中国旅游出版社始终致力于组织业内权威专家编写出版这套全国导游资格考试统编教材，并以过硬的质量和良好的服务使得该套教材成为国内首屈一指的导游类专业教材，在赢得广大读者青睐的同时，也在业界获得了良好的口碑。

2021 年，中国旅游出版社一如既往地及时组织相关专家，在认真研讨最新发布的 2021 年考试大纲的基础上，针对今年大纲所公布的新提法、新变化和新知识点，对 2020 年全国统编版《政策与法律法规》《导游业务》《全国导游基础知识》《地方导游基础知识》四本教材进行了相应修订和编写。

此次修订，是以文化和旅游部相关文件精神和最新考试大纲要求为指引，注重强化文旅融合的内容，既吸取了前几版全国导游资格考试统编教材内容和编写风格的精华，也进一步凸显出了以下特点：其一，完全遵从新大纲要求，内容覆盖全部考点，特别注重所增加的新提法、新变化和新知识点，且重点突出，具有全国示范意义，经得起业界实践检验；其二，在强调理论与实践相结合、内容与时俱进的基础上，更加注重实用性和业务可操作性；其三，编写风格在保持简洁、通俗的基础上，更强调易学、易记，便于考生学习和掌握，方便应考。按照文化和旅游部最新指示精神，此次修订特别增加了有关《民法典》、疫情常态化防控、脱贫攻坚、全面建成小康社会等相关知识内容。

不仅如此，我们还修订了与这四本教材相配套的《全国导游资格统一考试模拟习题集》。2021 版习题集完全遵循新考纲关于题型和分值比例的新变化，为考生开阔思维、掌握难点、突出重点、练习备考提供服务。此外，我们进一步改版升级了"中国旅游出版社导游考试官方在线题库"。2021 版在线题库与新版教材完全同步，分章节精准练习，每题均附有答案和详尽解析，具有反复刷题功能，方便考生利用碎片化的时间，随时随地练习，检验复习效果。

中国旅游出版社旗下"中国导游考试辅导中心"公众号将继续为广大考生服务，发布最新的考试资讯，提供专业的复习备考资料，让导游资格考试变得更加轻松。

我们衷心希望这套重新修订的统编教材及其配套教辅产品，不仅能够切实满足广大考生应考的需求，助力考生迎难过关，同时，还能够切实提升导游人员的业务素质和综合能力，为我国旅游业的发展尽一份绵薄之力。

中国旅游出版社

2021 年 6 月

中国旅游出版社
导游考试官方在线题库

目 录

第一章 华北地区各省市自治区导游基础知识

本章导读

【本章概述】 本章主要介绍了华北各省市自治区基本概况和主要文旅资源等方面的基本知识，包括历史、地理、人口、区划、交通、旅游资源、文化艺术、民族风情、特产美食，以及地域文化、民族文化和特色产业等。

【学习要求】 了解北京、天津、河北、山西和内蒙古的历史、地理、气候、人口、区划、交通等概况；熟悉这五个省（区、市）列入《世界遗产名录》的中国遗产地景观，列入《人类非物质文化遗产代表作名录》的中国遗产项目，国家5A级旅游景区，国家级旅游度假区和国家生态旅游区；各民族具有代表性的历史文化和民族风情。掌握各地有代表性的饮食特点、主要美食和风物特产；国内知名的地域文化、民族文化及特色产业。

第一节　北京市基本概况与主要文旅资源

北京，简称“京”，是中华人民共和国的首都，是全国的政治中心、文化中心，是世界著名古都和现代化国际城市。北京辖16个市辖区[①]，全市

① 本书区划部分相关资料及数据来自中华人民共和国民政部编写的《中华人民共和国行政区划简册2020》一书，资料截至2019年年底。

常住人口约2189万[1]，总面积约1.64万平方公里。

［**地理、气候**］

北京位于北纬39° 56′、东经116° 20′，地处华北大平原的北部，东面与天津市毗连，其余均与河北省相邻。地势西北高、东南低。西部、北部和东北部三面环山，东南部是一片缓缓向渤海倾斜的平原。境内有潮白河、北运河、永定河、大清河和蓟运河五大水系，流域面积10平方公里及以上的河流425条，总长度6413.7公里。

北京气候属暖温带半湿润半干旱季风气候。气温年较差为30℃~32℃。年降水量空间分布不均匀，夏季降水量约占年降水量的3/4。

［**交通状况**］

北京是全国公路、铁路、航空运输的枢纽，北京的交通客运能力位居全国前列。

北京是中国铁路网的中心之一，主要有京九铁路、京沪铁路、京广铁路、京哈铁路等。北京的公路客运系统按"四主两辅"总体布局，北京站、北京西站、北京南站和北京北站为主要客站，新北京东站（通州）、丰台站为辅助客站。全市公路网总里程约为2.2万公里。

北京航空业发达，拥有南苑机场、首都国际机场和大兴国际机场三大机场，其中首都国际机场和大兴国际机场均为4F级国际机场。北京、上海、广州是国家重点建设的中国航空三大门户复合枢纽。

［**历史沿革**］

北京远古的历史可追溯到"北京猿人"时期。北京最早见于文献的名称叫"蓟"。公元前11世纪时，蓟国是统治中国北方的西周王朝的一个分封国。春秋中期，位于蓟国西南面的另一个封国燕吞没了蓟，并迁都于蓟城。从这时起，直到公元前226年燕国被强大的秦国所灭，蓟城一直是燕的都城。938年，蓟城成为辽的陪都。因为蓟位于它所辖疆域的南部，所以改称南京，又叫燕京。一个多世纪以后，另一个少数民族女真人建立的金朝将辽灭亡，并于1153年迁都燕京，改名中都。1214年，金朝因受到新兴的蒙古族军队的进攻，被迫迁都汴京（今河南开封），第二年蒙古铁骑入主中都。

---

① 本书各省市自治区人口数据来自国家统计局官网：第七次全国人口普查公报（第三号）——地区人口情况。

1267年，蒙古族首领忽必烈下令在中都城的东北郊筑建新城。1285年新城全部建成，这便是意大利旅行家马可·波罗在游记中称为“世界莫能与比”的元大都。从此，北京取代了长安、洛阳、汴梁等古都的地位，成为中国的政治中心，并延续到明、清两代。1949年10月1日，中华人民共和国成立，北京成为中华人民共和国的首都。

［**民族风情**］

北京市少数民族人口分布特点是大分散、小聚居。在城区，少数民族人口主要分布在城市中心地带，在农村则相对集中在传统的民族村落，全市共有7个民族乡。2010年第六次人口普查数据显示，北京市少数民族人口80.1万，占全市常住人口的4.1%。其中千人以上的少数民族有21个，满族、回族、蒙古族、朝鲜族、土家族、壮族、苗族7个民族人口超过万人。少数民族人口最多的区是朝阳区（14万人）和海淀区（13.5万人），少数民族人口比例最高的区是怀柔区（8.5%）和密云区（7.5%）。

［**文旅资源**］

北京具有丰富的文旅资源，全市共有文物古迹7309项，对外开放的旅游景区达200多处。

北京远古原始文化，融合了中原和北方原始文化，其发展内容包含了整个人类社会发展的各个阶段，处于南北文化的融合地带，造就了北京远古特有的原始文化特点。主要景区有古人类遗址周口店北京人遗址、新石器时代早期具有代表性的文化遗址“东胡林人”墓葬。

北京作为不同历史时期的都城，形成了内涵丰富的都城文化。主要包括城池宫殿坛庙苑囿建筑、街衢民居、陵寝墓葬、道路交通、河湖体系、国家礼制、宗教文化、学术艺术、服饰饮食、歌舞竞技、地名文化、传统村落、传统口头文学、手工技艺、传统体育和游艺等。从辽代开始的800多年里，北京建造了许多宏伟的宫廷建筑，使北京成为我国拥有帝王宫殿、庙坛和陵墓数量最多、内容最丰富的城市。北京有世界上最大的皇宫紫禁城、祭天神庙天坛、皇家花园北海、皇家园林颐和园和圆明园，还有八达岭长城、慕田峪长城以及世界上最大的四合院——恭王府等名胜古迹。故宫博物院、长城、周口店“北京人”遗址、天坛、颐和园、明十三陵和大运河（北京段）被列入《世界遗产名录》，其中不少同时是国家5A级旅游景区。

北京文化名人马致远，是“元曲四大家”之人，其散曲代表作是《天净沙·秋思》，杂剧代表作是《汉宫秋》。京剧最终形成于北京，北京也是中国京剧艺术的中心。京味文化是北京文化中最鲜活、最接地气的部分。京味文化就其载体而言包含以下三个方面，即王官文化、士大夫文化和市民文化。

北京是封建时代的天子之都，帝王居住的紫禁城庄重高华，以其王者气象、帝王风范泽被京师。明清两代的最高学府国子监沉静肃穆，沉积着诗书情韵和儒雅格调。住在胡同、四合院里的普通百姓的生活则是四平八稳、大大方方。北京四合院建筑、云南白族“三坊一照壁”建筑和四川川西林盘建筑，是我国传统院落式民居建筑的典范。

北京是新文化运动的发祥地，是五四运动的爆发地；这里是马克思主义火种最早的引入地，是中国共产党的最初孕育地；这里是“一二·九”运动的主战场，在这里打响了中华民族抗战的第一枪；这里是中华人民共和国成立的宣告地，是党和国家的重大决策之地。不同的历史时期及重大历史事件的发生地主要有：北京新文化运动纪念馆、天安门广场与城楼、北京长辛店二七纪念馆等。

周口店北京人遗址。位于北京市房山区周口店镇龙骨山，距离北京城约50公里、是中国旧石器时代的重要遗址。遗址中共发现不同时期的各类化石和文化遗物地点27处，出土人类化石200余件，石器10多万件以及大量的用火遗迹及上百种动物化石等，是人类化石宝库。周口店“北京人”遗址在世界同一阶段的古人类遗址中，材料最丰富、最系统，是公认的人类发祥地之一。

北京故宫。北京故宫是中国明、清两代的皇家宫殿，旧称紫禁城，位于北京中轴线的中心。北京故宫以三大殿为中心，占地面积约72万平方米，建筑面积约15万平方米，有大小宫殿70多座，房屋9000余间。故宫博物院是中国最大的古代文化艺术博物馆，其文物收藏极其丰富，总数超过186万件。

八达岭长城。八达岭长城位于北京市延庆区，雄踞于西北通往北京的咽喉要道最高处，地势险要，素有“北门锁钥”之称。明王朝先后经营80多年，使八达岭长城成为一处城关相连、墩堡相望、重城护卫、烽燧预警的纵深军事防御体系。目前，八达岭长城对外开放长度为3741米，有城台、墙台21座。

天坛。天坛位于东城区，是中国现存最大的古代祭祀性建筑群。天坛是圜丘、祈谷两坛的总称，有坛墙两重，形成内外坛，坛墙南方北圆，象征天圆地方。

颐和园。颐和园是中国现存规模最大、保存最完整的皇家园林，包括昆明湖、万寿山、长廊、四大部洲、苏州街、景明楼、澹宁堂、文昌院、耕织图等重要景点。颐和园集传统造园艺术之大成，借景周围的山水环境，既有皇家园林恢宏富丽的气势，又充满了自然之趣，高度体现了中国园林“虽由人作，宛自天开”的造园准则。

［**风物特产**］

景泰蓝是北京特有的传统工艺品，得名于明朝景泰蓝年间，且以蓝釉为其特点。北京是景泰蓝技术的发源地，现存最早的景泰蓝是元代的产品，已有近千年的历史。制作景泰蓝先要用紫铜制胎，再用扁细的铜丝在铜胎上粘出图案花纹，然后用色彩不同的珐琅釉料镶嵌填充。在图案中，这道工序完成后才是反复烧结、磨光镀金。可以说，景泰蓝的制作工艺既运用了青铜工艺，又利用了瓷器工艺，同时又大量引进了传统绘画和雕刻技艺，堪称中国传统工艺的集大成者。

北京传统名吃荟萃，源于宫廷帝后的御用菜众多。以民间家居及市肆的饮食为基础的中国烹饪技术造就了以满汉全席为代表的清宫御膳。满汉全席菜式有咸有甜、有荤有素，用料精细，突出满族菜点特殊风味，烧烤、火锅、涮锅几乎不可缺少的菜点，同时又展示了汉族烹调的特色，扒、炸、炒、熘、烧等兼备。宫廷菜主要名菜有溜鸡脯、一品官燕、烤鹿肉、蛤蟆鲍鱼等。官府菜在规格上一般不得超过宫廷菜，又与平民菜有极大的差别。谭家菜以烹制海味菜最为有名。在烹制海味中，又以燕窝和鱼翅的烹制最为有名，仅鱼翅的做法就有十几种，如鸡丝鱼翅、蟹黄鱼翅、砂锅鱼翅、清炖鱼翅、海烩鱼翅等。北京烤鸭、涮羊肉、老北京烤肉、京酱肉丝是北京地方菜的经典名菜。富华斋饽饽铺、稻香村、百年义利、大顺斋等都是北京的知名食品品牌。

北京糕点品种多、名气大，著名的有蜜饯果脯、小桃酥、茯苓饼、京八件等。北京小吃样样俱全，宫廷风味小吃更是别具特色，代表品种有：芸豆卷、豌豆黄、豆汁、年糕、爆肚、驴打滚、艾窝窝、糖耳朵等。

［**特色产业**］

北京文化产业增加值占GDP比重保持增长态势，2019年占比达到9.4%，始终居于全国首位。北京市文化核心领域优势明显，“十三五”期末，内容创作生产、新闻信息服务等核心领域营业收入占比达到91.6%，比全国高约30个百分点。在中国人民大学和新华社发布的中国省市文化产业发展指数、文化消费指数及文化产业高质量发展指数排名中，北京“十三五”期间均连年蝉联第一。“十四五”期间，北京将加快建设国际科创中心，加快高精尖产业发展，在“十四五”期间谋划培育智能制造、医疗健康、产业互联网、智能网联汽车等万亿级产业集群，带动全市整体产业基础提升和产业结构实现优化。

第二节　天津市基本概况与主要文旅资源

天津简称津，意为天子经过的渡口，别名津沽、津门等。天津市现辖16个市辖区，土地总面积约1.2万平方公里。截至2021年5月，天津总人口达1386万。

［**地理、气候**］

天津地处太平洋西岸，华北平原东北部，海河流域下游，东临渤海，北依燕山，西靠首都北京，是海河五大支流南运河、子牙河、大清河、永定河、北运河的汇合处和入海口，素有“九河下梢”“河海要冲”之称。天津是中蒙俄经济走廊主要节点、海上丝绸之路的战略支点、“一带一路”交会点、亚欧大陆桥最近的东部起点，凭借优越的地理位置和交通条件，成为连接国内外、联系南北方、沟通东西部的重要枢纽，是邻近内陆国家的重要出海口。天津背靠华北、西北、东北地区，是中国北方十几个省区市对外交往的重要通道，也是中国北方最大的港口城市。天津距北京120公里，历来是拱卫京畿的要地和门户。

天津主要受季风环流的支配，是东亚季风盛行的地区，属暖温带半湿润季风性气候。因临近渤海湾，海洋气候对天津的影响比较明显。主要气候特征是：四季分明，春季多风，干旱少雨；夏季炎热，雨水集中；秋季凉爽，冷暖适中；冬季寒冷，干燥少雪，因此，春末夏初和秋天是到天津旅游的最佳季节。天津的年平均气温约为14℃，7月最热，月平均温度28℃；历史最高温度是41.6℃。1月最冷，月平均温度-2℃。历史最低温度是-17.8℃。年平均降水量为360~970毫米。

［**交通状况**］

通过天津的国道主干线有4条：京津塘高速公路、京福一级汽车专用公路、拉丹高速公路和拉丹高速公路津唐支线；国道5条：京哈、京塘、津同、津榆和山广公路。天津航运业发达，天津港是世界著名港口。铁路方面，天津不仅处于京沪铁路、津山铁路两大传统铁路干线的交会处，还是京沪高速铁路、京津城际铁路、津秦客运专线、津保客运专线等高速铁路的交会处，是北京通往东北和上海方向的重要铁路枢纽。

天津滨海国际机场位于天津市东丽区，距天津市中心13公里，距天津港30公里，是国内干线机场、国际定期航班机场、国家一类航空口岸，中国主要的航空货运中心之一。

［**历史沿革**］

天津始于隋朝大运河的开通。在南运河和北运河的交汇处、现在的金钢桥三岔河口地方，史称"三会海口"，是天津最早的发祥地。唐朝中叶以后，天津成为南方粮、绸北运的水陆码头。金代在直沽设"直沽寨"，元朝设"海津镇"，是军事重镇和漕粮转运中心。明初，朱棣曾率兵经此渡河南下夺取政权，并于永乐二年（1404年）在此设立天津卫作为军事重镇，天津由此得名。翌年设天津左卫，转年又增设天津右卫。清顺治九年（1652年）三卫合一，归并于天津卫。从明朝永乐二年（1404年）正式建卫至今，天津建城已有600多年历史。1860年天津被辟为通商口岸后，西方列强纷纷在天津设立租界，天津成为中国北方开放的前沿和近代中国洋务运动的基地。军事近代化以及铁路、电报、电话、邮政、采矿、近代教育、司法等方面建设，均开全国之先河，天津成为当时中国第二大工商业城市和北方最大的金融商贸中心。

1949年中华人民共和国成立后，天津作为直辖市，经济建设和社会事业全面发展，进一步巩固了中国重要综合性工业基地和商贸中心地位。天津历史文化名人有发动"陈桥驿兵变"的大将赵普，民国大总统曹锟，爱国武术家、精武会创始人霍元甲，著名相声表演艺术家马三立，著名理论物理学家、“两弹一星”元勋于敏等。

［民族风情］

天津是一个多民族散居、杂居的沿海城市。据2010年第六次全国人口普查统计，全市有53个少数民族，共33.13万，占全市总人口的2.56%。排名前十位的少数民族分别是：回族、满族、蒙古族、朝鲜族、土家族、壮族、苗族、维吾尔族、彝族、藏族。

天津是中国汉民族地区民俗文化最丰富、最地道的城市之一，向世人展示着都市民俗所特有的个性和魅力。天津民俗包括天津快板、相声、天津时调、天津快书、话剧、跨鼓中幡、高跷、耍狮子等。

［文旅资源］

天津拥有山、河、湖、海、泉、湿地等丰富的自然资源和中西合璧、古今兼容的深厚历史文化底蕴，是中国历史文化名城和中国首批优秀旅游城市。自金、元时代起，由于漕运兴盛，促进了天津工商业的发展，同时人文荟萃，文化亦相应繁荣，天津的历史遗存、遗址和文物收藏都较为丰富。盘山为天津主要山地风景，国家5A级旅游景区；蓟县长城历史悠久，宗教遗存较多，独乐寺尤为著名。天津市是中国近代史的缩影，与中国近代史有关的景点众多。许多珍贵的历史遗迹、名人故居和多国风格的建筑，如大沽口炮台、天后宫、石趣园、霍元甲故居、石家大院、古式教堂等，都体现着天津的近代特色。天津租界形式完备，建筑风格多样，号称建筑博物馆的五大道上保存完好的小洋楼、现存的名人故居、风貌建筑具有鲜明的民族特色和中西文化交融的痕迹。这些历史遗迹真实地记录了天津乃至中国社会发展演变的轨迹，是城市近代史与中国近代史的缩影和有力见证，故有“看近代史到天津”的说法。天津古文化街旅游区（津门故里）已成为国家5A级旅游景区。

天津是北方曲艺的重要发源地。京韵大鼓、梅花大鼓、天津时调、相声、快板书等在天津都有着深远的影响。津味文化、津味美食，还有道地的天津人、天津话，都是天津的特色。

［风物特产］

天津特产主要有宝坻大米、蓟州板栗、北辰葡萄、沙窝萝卜、黄庄大米、瓦岔庄村山药等。目前形成有一定影响力和知名度的农产品区域公用品牌、企业品牌、产品品牌288个，覆盖肉、蛋、菜、奶、鱼、果、粮、种八大农业优势产业。沙窝萝卜被农业农村部认定为“中国百强区域公用品牌”，宝坻区宝坻黄板泥鳅被农业农村部等9部委认定为“第二批中国特色农产品优势区”。天津小站稻是我国著名的优质水稻之一，以其色香味俱佳的特点而驰名中外，具有“香、黏、弹、筋、甜”的特点。

天津是退海之地，古有九河下梢之说，盛产鱼、虾、蟹，民间素有“吃鱼吃虾，天津为家”的说法。八大碗、四大扒、冬令四珍是天津风味菜肴的代表性菜品。“冬令四珍”是指铁雀、银鱼、紫蟹、韭黄。目前已申报为津菜系招牌菜式的有鲍鱼虾、溜南北笋、虾脑扒白菜、酸沙鱼扇、扒全素、罾蹦鲤鱼、扒通天鱼翅、鸡茸燕菜、煎烹大虾、炒青虾仁、酸沙紫蟹、高丽银鱼等。

天津小吃“津门三绝”（狗不理包子、十八街麻花、耳朵眼炸糕）、小宝栗子、嘎巴菜、煎饼果子等美食家喻户晓。

魏记风筝。是中国汉族传统的民间手工艺品之一。天津市是中国风筝的主要产地。天津风筝之中，以“魏记”生产的风筝最为精美、著名。“魏记”风筝发展到今天已有100余年的历史，它的创始人魏元泰（生于1872年）技艺精湛，从艺70余年来，制作出数以万计具有很高艺术性的精美风筝，誉满中外，享有“风筝魏”的美誉。1914年，“魏记”风筝在巴拿马国际博览会上一举夺得金奖，从此成为受国内外众多博物馆所青睐的珍贵藏品。

杨柳青年画。全称“杨柳青木版年画”，属于木版印绘制品，是著名的汉族民间木版年画之一，与苏州桃花坞年画并称“南桃北柳”。杨柳青年画产生于中国明代崇祯年间，继承了宋、元绘画的传统，吸收了明代木刻版画、工艺美术、戏剧舞台的形式，采用木版套印和手工彩绘相结合的方法，创立了鲜明活泼、喜气吉祥、富有感人题材的独特风格。2006年5月20日，该遗产经国务院批准列入《第一批国家级非物质文化遗产名录》。

泥人张彩塑。泥人张彩塑为天津市的一种民间文化，著名的汉族传统手工艺品之一。泥人张彩塑被公认为天津一绝，早在清代乾隆、嘉庆年间就已经享有很大声誉。作为北方流传的一派民间彩塑，创始于清代道光年间，是天津艺人张明山于19世纪中叶创造的彩绘泥塑艺术品，现为天津市首批国家级非物质文化遗产。泥人张把传统的捏泥人提高到圆塑艺术的水平，又装饰以色彩、道具，形成了独特的风格。

［**特色产业**］

天津是全国先进制造研发基地、北方国际航运核心区、金融创新运营示范区、改革开放先行区。目前，天津市信息安全产业集群规模占全国的比重达到23%，聚集企业超4000家。

位于滨海新区的天津港，是世界等级最高、中国最大的人工深水港，码头等级达30万吨级，拥有万吨级以上泊位128个，同世界上180多个国家和地区的500多个港口有贸易往来，集装箱班轮航线达到120条，是蒙古国等内陆国家的主要出海口，国内服务区域辐射京津冀及中西部地区14个省市区，目前已是吞吐量世界第四的综合性港口。

第三节　河北省基本概况与主要文旅资源

河北省简称冀，地处中原地区，文化博大精深，自古有"燕赵多有慷慨悲歌之士"之称，是英雄辈出的地方。河北辖石家庄、唐山、秦皇岛、邯郸、邢台、保定、张家口、承德、沧州、廊坊、衡水11个地级市，168个县（市、区）。河北省面积约19万平方公里。截至2021年5月，全省总人口7461万。

［**地理、气候**］

河北被称为燕赵大地，北为燕山山地，西为太行山地，西北部为张北高原，其余为河北平原，东与天津市毗连并紧傍渤海，东南部、南部衔山东、河南两省，西依太行山与山西省为邻，西北部、北部与内蒙古自治区交界，东北部与辽宁省接壤。河北省是中国唯一兼有高原、山地、丘陵、平原、湖泊和海滨的省份，是中国重要粮棉产区。

河北省地势西北高、东南低，由西北向东南倾斜。地貌复杂多样，类型齐全，有坝上高原、燕山和太行山山地、河北平原三大地貌单元。坝上高原属内蒙古高原的一部分，地形南高北低，平均海拔1200～1500米，面积15954平方公里，占全省总面积的8.5%。燕山和太行山山地，海拔多在2000米以下，高于2000米的孤峰类有10余座，其中小五台山高达2882米，为全省最高峰。河北平原区是华北大平原的一部分。

河北省地处中纬度欧亚大陆东岸，位于我国东部沿海，属于温带湿润半干旱大陆性季风气候，省内大部分地区四季分明，寒暑悬殊，雨量集中，干湿期明显，具有冬季寒冷干旱、雨雪稀少，春季冷暖多变、干旱多风，夏季炎热潮湿、雨量集中，秋季风和日丽、凉爽少雨的特点。省内总体气候条件较好，温度适宜，日照充沛，热量丰富，雨热同季，适合多种农作物生长和林果种植。年日照时数2303.1小时，年无霜期81～204天，年均降水量484.5毫米。全省年平均气温为3℃～15℃，其中，1月平均气温为–16℃～–3℃，7月平均气温为18℃～27℃，四季分明。

［**交通状况**］

河北内环京津、外沿渤海，处于欧亚大陆桥的东端，是华东、华南和西南等区域连接“三北”地区的枢纽，是全国放射状公路、铁路网布局的关键节点，现代化综合立体交通网络完善，“南北贯通、东出西联”的大交通格局基本形成。全省公路通车里程达到19.3万公里，居全国第11位，密度达到103公里/百平方公里，其中高速公路通车里程7279公里，居全国第2位。

拥有秦皇岛、唐山、黄骅三大亿吨级港口，与世界400多个港口建立贸易往来，通过能力全国第二，达11亿吨。铁路总营运里程全国第二，达7162公里。拥有民用机场6个，年旅客吞吐能力达到2200万人次，其中石家庄正定国际机场旅客吞吐量突破1000万人次，跻身千万级大型机场行列。

［**历史沿革**］

河北地区历史悠久，在河北全省各地遍布着早期人类的遗址，远在200多万年以前，人类的祖先在此繁衍、生息，河北地区经历了原始社会、母系氏族社会、父系氏族社会诸阶段。传说中的炎帝、黄帝就曾活动在河北地区，这里也留下了远古先皇尧、舜、禹的足迹。顺平县、定州市、唐县、望都县、隆尧县的地方志中，都有关于尧帝活动的记载。

秦始皇统一中国后，实行郡县制，其中在河北境内陆续设置了上谷、渔阳、右北平、广阳、邯郸、巨鹿、代、恒山八郡。汉朝，分全国为十三刺史部（又称十三州），河北北部主要属幽州刺史部，中南部属冀州刺史部，张家口地区北部为匈奴、乌桓活动的地区。汉代以后，幽州、冀州作为地方最高一级行政区划，在河北境内，历魏、晋、南北朝而不改。从隋朝始，冀州、幽州作为一级行政区之名消失于史籍。唐朝初年，以山河大势将全国分为十道，今河北辖域主要为河北道。

“河北”一词在2000多年前的西汉时就出现了，但作为大行政区的名称是从唐太宗贞观元年（627年）并省分道后才出现的。宋朝初年，曾将全国划分为十五路，今河北主要属河北路，后来又分为河北东路和河北西路两个行政区。元朝实行行省制度，位于元朝大都（今北京）附近的今河北大部为“腹里”地区，归中央中书省直辖。明永乐十九年（1421年）迁都顺天府（今北京），改北京为京师，今河北省大部分地区归京师管辖。清朝继续实行行省制度，河北为直隶省。中华民国成立后，于1928年改为今名河北省。1949年，中华人民共和国成立后，仍为河北省。之后将武安、涉县、临漳三县，察南、察北两个专区，以及原热河省部分辖区划归河北省，将河北省的顺义、延庆、平谷、通县、房山、密云、怀柔、大兴等县划归北京市，将蓟县、宝坻、武清、静海、宁河五县划归天津市，至1973年形成现在河北省的辖区规模。由于历史的原因，河北廊坊的北三县（香河、三河、大厂）被北京和天津包围，游离于河北省主体之外，成为河北最大的飞地，但受京津影响，也是河北经济发展最快的地区之一。

［**民族风情**］

河北是一个少数民族人口较多的杂散居省份，全省共有55个少数民族，少数民族人口322万。河北的少数民族中，满族、回族、蒙古族、朝鲜族为世居民族，其中满族人口最多，其次是回族，乌孜别克族人口最少。全省有6个自治县、50个民族乡，3102个民族村。

［**文旅资源**］

河北典型的地域文化为燕赵文化。燕赵文化是在燕国、赵国区域内产生的一种地方文化。今河北省界大体与战国燕、赵二国疆界相合，燕赵区域在文化上的特征为慷慨悲歌、好气任侠，具有既不同于中原、关陇，又不同于齐鲁、江南的特点。

河北拥有世界文化遗产5处：河北承德避暑山庄及周围寺庙、清东陵（河北遵化市）、清西陵（河北易县）、长城（河北段）、大运河（河北段）；中国历史文化名城6座：承德市、保定市、正定县、邯郸市、山海关区、蔚县；国家5A级旅游景区11家：承德避暑山庄及周围寺庙、金山岭长城景区、白洋淀、野三坡、西柏坡、清东陵、娲皇宫、广府古城、白石山、山海关和河北省保定市清西陵景区；全国重点文物保护单位 307 处。国家级风景名胜区 10 处：承德避暑山庄外八庙风景名胜区、秦皇岛北戴河风景名胜区、野三坡风景名胜区、苍岩山风景名胜区、嶂石岩风景名胜区、西柏坡—天桂山风景名胜区、崆山白云洞风景名胜区、太行大峡谷风景名胜区、响堂山风景名胜区、娲皇宫风景名胜区；国家地质公园 11 个：涞源白石山国家地质公园、秦皇岛柳江国家地质公园、阜平天生桥国家地质公园、赞皇嶂石岩国家地质公园、涞水野三坡国家地质公园、临城国家地质公园、武安国家地质公园、兴隆国家地质公园、迁安—迁西国家地质公园、承德丹霞地貌地质公园、邢台峡谷群地质公园；另外，还有中国优秀旅游城市 10 座，国家级森林公园 26 个，国家级自然保护区 13 处。

众多的文物古迹形成了河北深厚的文化底蕴和独具魅力的文物旅游资源。清代的清西陵是清代帝王陵寝之一，共有陵寝 14 座，是一处典型的清代古建筑群。承德避暑山庄是我国现存最大的园林，也是清代皇帝夏日避暑和处理政务的场所，为我国著名的古代帝王宫苑。明代金山岭长城地势险要，视野开阔，设防严谨，建筑雄伟，是我国万里长城的精华地段。曾被国务院公布为第三批全国重点文物保护单位，被国家定为一级旅游景点、国家级风景区。种类齐全的地形地貌和温和宜人的气候，造就了河北独特的自然风光。北戴河海滨冬无严寒、夏无酷暑，暑期平均气温只有 24.5℃，成为驰名中外的旅游避暑胜地。嶂石岩是太行山中最为雄险与灵秀的地段，有着丹崖、碧岭、奇峰、幽谷等独特的山岳景观。以雄、险、奇、秀著称的天桂山，山上古建原为崇祯皇帝归隐行宫，后改为青龙观道院，又称“北武当”。

广袤的土地和悠久的历史孕育了绚丽多彩的民俗文化和民间艺术。定窑、邢窑、磁州窑和唐山陶瓷是中国历史上北方陶瓷艺术的典型代表。蔚县剪纸、廊坊景泰蓝、曲阳石雕、衡水内画鼻烟壶、易水古砚、武强年画、丰宁布糊画、白洋淀苇编、辛集皮革、安国药材等名扬中外；河北梆子、老调、皮影、丝弦等饶有特色；沧州武术、吴桥杂技、永年太极、保定长寿之道独具魅力。

河北具有古老的传统戏曲。金、元杂剧就是在河北省境内盛行之后，南下传播到江浙一带的。明清以来，弋阳、昆山、梆子、二黄等戏曲声腔，先后在河北盛行。目前，在河北流行的剧种有 30 多个，其中河北土生土长的有 26 个，具有代表性的有河北梆子、保定老调、安国老调、平调落子、新颖调、横歧调、哈哈腔、四股弦剧、评剧、唐剧、唐山皮影、保定皮影、南辛庄木偶戏、固义傩戏、丝弦戏、坝上二人台、海兴南锣等。

河北民间曲艺曲种有西河大鼓、乐亭大鼓、任丘大鼓、晋州龙鼓、赞皇旗鼓、安国架鼓、高邑腰鼓、常山战鼓、藁城金钹战鼓、沧州木板大鼓、木板书、十不闲以及单弦、评书、相声、数来宝、快板书、三句半等 30 余种。河北民间歌舞包括民歌、吹歌、歌舞等形式与内容。河北乡村古乐目前完整保留下来的主要有邢台市广宗的太平道乐、巨鹿道教音乐班打醮科仪音乐、廊坊市固安县屈家营音乐会、军卢村义和团音乐。这四种音乐的共同特点是虽然都属于宗教音乐，却完全体现着民族文化传统，均可以称为儒、释、道三家并用的庄重典雅音乐。河北民间美术包括历代书法碑帖、寺墓壁画、民间绘画等内容。

此外，河北省历史悠久的手工艺品，数量众多，艺术成就丰厚。不仅有历史悠久的传统陶艺，如定窑、磁州窑、邢窑和黑陶等，还有巧夺天工的雕刻艺术，如石雕、骨雕、木雕、贝雕等；还有惟妙惟肖的装饰工艺，如滕氏布糊画、花丝、花丝首饰、花丝摆件等。

中国有民间武术 129 个拳种，其中 52 个发源于河北省。这 52 个拳种主要分布于沧州、邯郸、保定、唐山、廊坊、衡水、邢台等地。现存规模和影响较大的有沧州的八极拳、劈挂拳、燕青拳，邯郸永年的杨式、武式太极拳，廊坊的八卦掌，邢台的梅花拳，深州的形意拳等。

河北杂技已有 2000 多年的悠久历史。中国杂技之乡有多个，就历史、民间基础与国内外影响而言，河北吴桥是最负盛名的。河北吴桥是“杂技摇篮”发祥地，享有“杂技之乡”的盛誉，驰名中外。现在全国各地的杂技团体与世界各国家的杂技团，都有吴桥籍杂技艺人，故国内杂技界有“没有吴桥人不成杂技班”之说。

河北省民俗风情丰富多彩。农历二月二是龙头节，民间流行抬龙王，有蔚县的引龙节、满族的引龙、赵县的龙牌会等节庆活动。河北普遍盛行庙会，旧时的庙会内容比较复杂，有的还带着较浓的宗法观念和封建迷信色彩，诸如拴婴许愿、问医取药、求雨祈福、驱魔修德等。中华人民共和国成立后，在各级政府的倡导下，人们摒弃了封建迷信的做法，利用庙会做买卖、调解物资余缺、进行城乡物资交流等。河北有句老俗话："赶集上会做买卖。"这里的赶集、上会，也就是去赶庙会的意思，在庙会上做买卖。庙会会期少则一天，多则一个月。群众在工作之余，还把庙会作为"旅游"和自我娱乐的场所，举行富有民族风情和地方气息的民间艺术表演，如舞狮子、扭秧歌、跑驴、挂花灯、霸王鞭、跑旱船、放焰火等节目，洋溢着浓郁的喜庆气氛。河北的面人也源远流长，庙会佳节都离不开面花，形象有虎猪羊、鸡兔鸭、鸟、蟾、鱼虾、佛手、寿桃、石榴，加上红枣、红豆，点上红色装饰。

各地的"过庙"随着历史的发展，逐渐形成了各自的特点。天下第一药市——安国药王庙会是由药王庙香火会演变而来的，形成了如今我们所说的"药市"。药王庙会有其独特的酬神形式和参拜礼仪。酬神有演戏、抬大供、献鼎、树伞、塑金身、挂匾、献袍、捐香火地、劳役等多种形式。礼仪则分为三拜九叩和四叩礼等数种，另供面食、三牲祭品。庙会期间还有丰富多彩的游艺活动。在进行药材交易的同时，还举办各种文艺表演和民俗文化活动。每年正月十五，都有多达 4 万余人的医药界人士和广大民众参与药王庙祭祀。娲皇宫奶奶庙会规模宏大，每年有十几万香客和游客到娲皇宫祈福还愿。还有张北骡马大会、凤凰山庙会、苍岩山庙会、蔚县庙会、正定庙会等历史悠久、各具特色的庙会。

［**风物特产**］

河北省的许多土特产品和风味小吃享誉中华，有京东板栗、赵州雪梨、沧州金丝小枣、宣化龙眼葡萄、深州蜜桃等。板栗产量居全国第一。核桃、柿子和花椒被誉为"太行三珍"。口蘑盛产于坝上高原，是一种名贵真菌。蕨菜号称"山菜之王"，国内外市场供不应求。秦皇岛的八仙宴、唐山的蜂蜜麻糖、石家庄的空心宫面，以及白洋淀的全鱼席无不以其独特的风味令中外游客赞不绝口。

河北菜即冀菜，包括三大流派：以保定为代表的冀中南菜，以承德为代表的塞外宫廷菜和以唐山为代表的冀东沿海菜。冀中南菜，以保定为代表，其特点是选料广泛，以山货和白洋淀鱼、虾、蟹为主。保定著名的驴肉火烧是代表菜。在石家庄周边，历史上正定等地也有著名的"十大名菜""三八席（八凉、八热、八蒸碗）”等，在技法上也有“甩刀法”等令人叫绝的独特技巧。冀东沿海菜，以唐山为代表，由于唐山濒临渤海，盛产海鲜，所以以烹饪鲜活水产见长。原料丰富，并且擅长刀花和柔丝连片，讲究明油亮芡。主要有皮皮虾。塞外宫廷菜，以承德为代表，虽与北京的宫廷菜有相同之处，但也有口味香酥鲜咸、讲究造型和器皿的独到特点。

［**特色产业**］

钢铁工业是河北省主要支柱产业之一，占有重要地位。河北钢铁产能位居全国首位，从2002年开始至今，河北省粗钢产量连续18年位居全国第一。河北钢铁工业发展优势与劣势均比较明显。优势主要体现在河北省用钢行业与钢材延伸加工产业发展迅猛、布局集中，有利于就地消化钢材；铁矿石、煤炭资源相对丰富，资源保障能力强，交通运输网络发达，钢铁物流成本相对较低。劣势主要体现在钢铁产能过剩；资源与环境制约日益突出，钢铁工业发展面临巨大的环保压力；产品结构不合理，高端产品占比较低。

目前已发现各类矿产156种。其中探明储量的矿产125种，储量居全国大陆省份前5位的有39种。在能源方面，油气资源集中分布于渤海沿岸和海域的冀中、大港和冀东油田。风能资源，陆上总储量7400万千瓦，近海风电场技术可开发量超过200万千瓦，建有国家第一个风电示范基地——坝上地区百万千瓦级风电基地。

沿海地区有秦皇岛、唐山、沧州三市，海岸线长487公里，有海岛132个，岛岸线长199公里，海岛面积8.43平方公里。河北省沿海地区处于环渤海经济圈的中心地带，是全国5个重点海洋开发区之一，目前主要海洋产业是水产、交通运输、修造船、原盐、盐化工、石油和旅游。

第四节　山西省基本概况与主要文旅资源

山西省简称晋，共辖11个地级市，省会太原市居省境中部，其余10个市从北到南分别是：大同、朔州、忻州、阳泉、晋中、吕梁、长治、临汾、晋城、运城。共辖117个县、市、区。山西省面积约16万平方公里，常住人口约3492万。

［**地理、气候**］

山西省地处黄河流域中部，东有巍巍太行山作天然屏障，与河北省为邻；西、南部以黄河为堑，与陕西省、河南省相望；北跨绵绵长城，与内蒙古自治区毗连。因地属太行山以西，故名山西。山西省地处华北西部的黄土高原东翼，地貌类型复杂多样，有山地、丘陵、高原、盆地、台地等，大部分地区海拔在1000米以上，与其东部华北大平原相对比，呈现为强烈的隆起形势。最高处为东北部的五台山叶斗峰，海拔达3058米，是华北最高峰；最低处为南部边缘运城垣曲县东南西阳河入黄河处，海拔仅180米。境域地势高低起伏异常显著。山西总的地势是“两山夹一川”，东西两侧为山地和丘陵隆起，中部为一列串珠式盆地沉陷，平原分布其间。东部是以太行山为主脉形成的块状山地，由北往南主要有恒山、五台山、系舟山、太行山、太岳山和中条山等。西部是以吕梁山为主干的黄土高原，自北向南分布有七峰山、洪涛山和吕梁山脉所属的管涔山、芦芽山、云中山、黑茶山、关帝山、紫荆山、龙门山等主要山峰。中部由北而南珠串着彼此相隔的大同、忻州、太原、临汾、运城等“多”字形断陷盆地，东南部还有较为独特的长治高原断陷盆地。全省主体轮廓很像一个“凹”字形。

山西地处中纬度地带的内陆，在气候类型上属于温带大陆性季风气候。由于太阳辐射、季风环流和地理因素影响，山西气候具有四季分明、雨热同步、光照充足、南北气候差异显著、冬夏气温悬殊、昼夜温差大的特点。山西省各地年平均气温在4.2℃~14.2℃，总体分布趋势为由北向南升高，由盆地向高山降低；全省各地年降水量在358~621毫米，季节分布不均，夏季6~8月降水相对集中，约占全年降水量的60%，且省内降水分布受地形影响较大。

［**交通状况**］

山西省地处中国中部地区，陆空交通便捷，目前已形成铁路、公路、航空立体交通运输网络。山西省铁路线有从大同到风陵渡的同蒲线纵贯南北，还有石太线、京包线、京原线、太焦线、邯长线、大秦线、神黄线等铁路线从省内通过，可通达国内大部分大中城市。随着京石高速铁路的开通，太原纳入了北京2小时经济圈，这条线还与武汉—广州、广州—深圳—香港铁路客运专线相连接，石太高铁与其对接后，山西可广泛加强与环渤海地区、中部地区、珠三角地区的联系。截至2019年，山西省公路线路里程14.4万公里，其中，高速公路5711公里。山西省4A级以上旅游景区大部分都能高速通达，形成了3小时旅游圈，即从省会太原出发3小时可抵达所有主要旅游景区。民航方面，省内有太原、大同、运城、长治、吕梁、临汾、五台山等机场，其中太原机场的旅客吞吐量最大。

［**历史沿革**］

山西是中华民族的发祥地之一。西侯度文化和丁村文化遗址表明，早在旧石器时代就已有了人类在这里繁衍生息。周朝时，山西是唐国的领地。后来唐叔虞的儿子燮父因唐国临晋水，改国号为晋。春秋时，山西是五霸之一的晋国的辖区。后从晋国分出的韩、赵、魏三国，与秦、楚、齐、燕并称为战国七雄。秦始皇统一中国后，在山西设有太原、上党、河东、雁门、代郡五郡。到隋时，太原是黄河流域仅次于长安和洛阳的第三大城市。隋末，李渊父子起兵于太原，建都长安后，把太原尊为“北都”，意即“别都”。清人顾祖禹在《读史方舆纪要》中指出：天下形势，必有取于山西。金元时期，山西的经济、文化在中国北部居领先地位。明代时，设山西行中书省于太原，后改为承宣布政使司，统管山西五府三州。清代，开始称为山西。山西迄今为止有文字记载的历史达3000年之久，素有“中国古代文化博物馆”之美称，还被誉为“华夏文明的摇篮”。“精卫填海”“女娲补天”“禹凿孟门”的传说就发生在山西。

省会城市太原，被誉为“龙脉”所在地，向来乃兵家必争之地，山西曾向外移民十几次。洪洞县大槐树是当时一个主要移民站。全国不少地方流传的“问我祖先在何处，山西洪洞大槐树”即由此而来。明清时期，讲究诚信无欺骗行为的晋商和山西票号的崛起，著称中外。

［**民族风情**］

山西省是少数民族杂居、散居的省份。民族构成以汉族为主，汉族人口占全省总人口的99.7%，有53个少数民族，包括回族、满族、蒙古族、彝族、苗族、土家族等，其中回族最多，约占少数民族总人口的80%。少数民族人口在万人以上的有回族、满族、蒙古族，呈大分散、小聚居的特点。全省有42个少数民族聚居村。

［**文旅资源**］

战国时韩、赵、魏三国被称为三晋。当时的晋或三晋疆域都远超山西。

后世所用三晋文化的“晋”或“三晋”则指山西省。晋是黄河流域文化的中心，华夏文明的重要发祥地。民族融合带来佛教在三晋的发展，它为山西留下云冈石窟与五台山寺庙群，成为佛教建筑、石刻、雕塑的艺术宝库。山西的戏曲历史悠久，宋金的社戏、元的杂剧、明清梆子都是主要剧种，影响深远。山西的醋、黄土窑洞、民间剪纸亦都表现了“三晋文化”的特色。

山西文坛巨匠如星、璀璨照人。初唐四杰之一王勃，唐宋八大家之一柳宗元，唐代诗坛的王之涣、王维、王昌龄、白居易、温庭筠等，以夺目精丽的绝艳名篇，托起了唐诗的鼎盛灿烂，赢得了天下敬仰、万世流芳；北宋高贤司马光；“警枕”上写出中国历史巨篇《资治通鉴》；金元词冠元好问，“丧乱诗”可与杜甫媲美；“元曲四大家”中，山西人荣膺三位，其中，关汉卿以其华彩大作《窦娥冤》为代表，被尊崇为中国戏曲的开山鼻祖；小说家罗贯中创作的中国第一部章回体小说《三国演义》家喻户晓；卫夫人、柳公权、荆浩、马远、米芾、傅山等，也以高韵传神的书画珍品，灿烂于中国艺术的浩渺星空。

20 世纪是一个大变革的时代，山西涌现出一大批中国现代文学史上的经典作品，如赵树理的小说《小二黑结婚》《李有才板话》等，以及其他形式的艺术作品，如话剧《春风吹到诺敏河》等，晋剧《打金枝》《破洪洲》等，歌剧《不死的人》，舞剧《黄河儿女情》等，这些艺术作品形成了山西文化艺术亮丽的风景线。曲艺创作方面，鼓词《石不烂赶车》、潞安鼓书《拙老婆》、相声《推广普通话》等都广受好评。美术创作方面，优秀作品代表有《毛主席派代表访问老根据地人民》《新农县表演》《丰收》《创业图》等。

山西省位于黄河中游，黄土高原的东部。是中华民族文明的发祥地之一，素有“中国古代艺术博物馆”“文献之邦”的美称，现有世界文化遗产 4 个：平遥古城、大同云冈石窟、五台山、长城（山西段）；国家 5A 级旅游景区 10 个：云冈石窟景区、五台山风景名胜区、皇城相府生态文化旅游区、绵山风景名胜区、乔家大院文化园区、平遥古城、雁门关景区、临汾市洪洞县洪洞大槐树寻根祭祖园、长治市壶关太行山大峡谷八泉峡景区、云丘山；国家级风景名胜区 6 个：五台山风景名胜区、恒山风景名胜区、黄河壶口瀑布风景名胜区、北武当山风景名胜区、五老峰风景名胜区、碛口风景名胜区。

人文旅游资源方面：山西悠久的历史价值，给我们留下众多的古代建筑——寺庙宫观、历代古塔、石窟造像、彩塑壁画、城垣关隘、古文化遗址、出土文物、传世珍宝。

寺庙宫观：山西现存古代建筑，其数量之多和历史价值、艺术价值之高都居全国之首。其中唐代的有五台南禅寺大殿、佛光寺东大殿和芮城广仁王庙等，五代的有平顺大云院、平遥镇国寺万佛殿等，宋、辽、金代的有近百处，其中有代表性的是宋代的晋祠圣母殿，高平游仙寺、崇明寺、开化寺、大雄宝殿；辽金的大同华严寺建筑群，大同善化寺，朔州崇福寺，应县净土寺正殿，五台佛光寺文殊殿，晋城青莲寺大雄宝殿，长子崇庆寺万佛殿，汾阳太符观和文水武则天庙等。山西元代以后的古建筑保留更多。元代的永乐宫、广胜寺的建筑和壁画均为艺术珍品；北魏始建而重建于明代的悬空寺惊险奇特，中外独有；更有四大佛教名山之首的五台山建筑群，作为净土宗道场的玄中寺，被誉为“东方彩塑艺术宝库”的平遥双林寺，全国武庙之首的解州关帝庙等，都是明清时期的艺术杰作。

石窟造像：山西境内规模较大的北朝时期石窟有19处。以全国三大石窟之一的大同云冈石窟为最，太原天龙山石窟、龙山石窟、长治羊头山石窟、平定开河寺石窟也具有较高的艺术价值。

城垣关隘：山西是历代兵家必争之地，内外长城延伸到山西的大同、朔州、忻州、晋中、吕梁、阳泉等8个地、市境内，约3500公里。有雁门关、平型关、宁武关、娘子关、偏关等重要关隘。山西古城垣较为完整的有平遥城和娘子关城。

古文化遗址：山西发掘出具有较高研究价值的古文化遗址多处。属于旧、新石器时代的有芮城西侯度遗址及合河遗址、襄汾丁村遗址、沁水下川遗址等，夏代以后的重要古遗址和墓葬有太原罗城春秋墓、侯马晋国古都遗址、朔州汉墓群、高平长平之战遗址、晋阳古城遗址等。文物、考古部门从这些古遗址、古墓葬中发掘出大量钱币、陶器、石器、木器等珍贵文物。

［**风物特产**］

在山西，名产以汾酒、竹叶青最为有名。老陈醋、太原葡萄酒也并不逊色，知名度颇高，而且独树一帜，盛名中外。此外，五台山“台砚”、大同黄花、恒山黄芪、稷山板枣、平陆百合、蒲州青柿、垣曲猕猴桃、清徐葡萄、上当“党参”、晋城红果、代县辣椒、“沁州黄”小米、晋祠大米、太谷中药“龟龄集”、定坤丹、洪洞甲鱼、运城黄河鲤鱼、高平丝绸、平阳木版年画、大同艺术瓷、铜器、平遥推光漆具均属名产之列。

晋菜，是以山西为发源地的菜系，基本风味以咸香为主、甜酸为辅。晋菜选料朴实，烹饪注重火功，成菜后讲究原汁原味，擅长爆、炒、熘、煨、烧、烩、扒、蒸等多种烹饪技法，地域特点明显，风味特色各异。菜点可分为南、北、中三派。南路以运城、晋城、临汾、长治地区为主，菜品口味偏清淡，菜肴擅长熏、汤、卤、烧、焖、蒸等技法。北路以大同、五台山为代表，菜肴讲究重油重色。中路菜以太原为主，兼收南北之长，选料精细，切配讲究，以咸味为主，酸甜为辅，菜肴具有酥烂、香嫩、重色、重味的特点。山西著名的风味菜点有：熏猪肉、酿粉肠、过油肉、喇嘛肉、炒蝴哈羊肉、头脑、刀削面、拨鱼、猫耳朵、莜面栲栳栳、闻喜饼等。

独特的地理、历史环境形成了山西独特的民俗风情，被誉为“黄河文化”或“黄土文化”。山西境内，浓厚的传统文化集中反映在现存的三个民俗博物馆内：忻州地区定襄县的河边民俗博物馆、晋中地区祁县的乔家堡民俗博物馆、临汾地区襄汾县的丁村民俗博物馆。这三个民俗博物馆反映了山西三晋大地独特的民俗风情。在山西可看到中国传统的节庆活动：春节、正月十五闹元宵、二月二“龙抬头”、清明“踏青逛唱”、端阳节、重阳节等的喜庆场面，还可以看到黄土高原反映民间艺术的剪纸、炕围画、面塑以及山西人民居住的窑洞和“地窨院”。

山西人嗜好吃面，可以说每顿饭几乎是无面不足、无馍不饱。山西妇女的慧心巧手，可以制作出类别数以千计的面食来。不仅做面食，还做面塑。当地人称之为羊羔儿馍，古时的“羊”同“祥”，取吉祥的寓意。春节来临前，农家妇女会捏制小猫、小狗、小虎、玉兔、鸡、鸭、鱼蛙、葡萄、石榴、茄子、佛手等形象的面塑制品，以象征吉祥如意、福寿荣华。面塑注重彩色点染，花色绚丽，所以当地人称之为“花馍”。花馍造型比较夸张，尤其以“走兽花馍”最为出色。

威风锣鼓：威风锣鼓是流行于临汾地区的一种集体敲击表演，得名于鼓手表演时展示的各种勇猛姿态。它常常在庆祝农历新春、丰收、群众游行和其他欢乐的场合表演。威风锣鼓最早据说是在古代尧帝时期出现。到现在已经有4000多年的历史。每年农历四月初八，尧帝的两个女儿娥皇和女英去看她们的父母时，尧所在部落的人们敲锣打鼓迎接她们。当她们回来时，她们村的人们也以同样的方式欢迎她们。从那时起，威风锣鼓就成了一种习俗。许多大村庄都有他们自己的锣鼓队。

炕画：山西有在炕周围墙上作画的习俗。这些画用来装饰房间和保护粉刷的墙壁。炕画内容丰富，从风景、花鸟、野兽到历史和传说故事。在原平发掘的宋代古墓中发现了与现代炕画相似的壁画，证明了炕画这种民间艺术至少已有800年的历史了。

［**特色产业**］

山西分布有丰富的矿产资源，截至2015年年底，已发现的矿种达120种，其中探明资源储量的矿产有63种。与全国同类矿产相比，资源储量居全国第一位的矿产有煤层气、铝土矿、耐火黏土、镁矿、冶金用白云岩5种。水资源方面，山西拥有众多河流，承东启西的地理位置使其成为黄河与海河两大流域的分水岭。除黄河、海河之外，省内其他较大的河流有汾河、沁河、桑干河、漳河、滹沱河，因此也被誉为“华北水塔”。沿岸很多地方适合开展旅游活动。

山西特色产业主要是煤炭开采及煤化工。山西煤炭资源储量大、分布广、品种全、质量优，含煤面积约6.2万平方公里，占省域面积的40.4%。山西省2000米以下浅层煤炭预测资源储量6652亿吨；煤炭保有资源储量2709.01亿吨，占全国保有资源储量的17.3%，居全国第三；煤层气剩余经济可采储量为2304.09亿立方米，全国首屈一指，具有良好的发展前景。2020年山西省规模以上原煤产量106306.8万吨，增长8.2%；焦炭产量10493.7万吨，增长5.6%。我国十四大煤炭基地中有晋北、晋东、晋中三大基地在山西，同时也是我国重要的煤电基地。其中晋中基地是我国最大的炼焦煤生产基地，面向全国供应炼焦煤资源。山西发展煤炭产业具有资源、区位、交通、产业完善等多种优势。随着山西省国企改革和能源革命综合改革试点的推进，山西省在煤炭先进产能置换、煤炭资源绿色开发、煤炭清洁高效利用及高端煤化工等方面将加快步伐。

第五节　内蒙古自治区基本概况与主要文旅资源

内蒙古自治区地处欧亚大陆内部，是中国面积第三大省区，是中国5个少数民族自治区之一，现设呼和浩特、包头、乌海、赤峰、通辽、鄂尔多斯、呼伦贝尔、乌兰察布、巴彦淖尔9个地级市；兴安、阿拉善、锡林郭勒3个盟；另外有满洲里、二连浩特2个计划单列市；52个旗（其中包括鄂伦春、鄂温克族、莫力达瓦达斡尔族3个少数民族自治旗），17个县，11个盟（市）辖县级市，23个区。内蒙古面积约118万平方公里，占全国总面积的12.3%，在全国各省、市、自治区中名列第三位。截至2021年5月，全区人口约2405万。

［**地理、气候**］

内蒙古自治区东、南、西依次与黑龙江、吉林、辽宁、河北、山西、陕西、宁夏和甘肃8省区毗邻，跨越三北（东北、华北、西北），靠近京津；北部同蒙古国和俄罗斯联邦接壤，国境线长4200公里。全区地势较高，平均海拔高度1000米左右，基本上是一个高原型的地貌区。在世界自然区划中，属于著名的亚洲中部蒙古高原的东南部及其周沿地带，统称内蒙古高原，是中国四大高原中的第二大高原。在内部结构上又有明显差异，其中高原约占总面积的53.4%，山地占20.9%，丘陵占16.4%，平原与滩川地占8.5%，河流、湖泊、水库等水面面积占0.8%。

内蒙古自治区的地貌以内蒙古高原为主体，具有复杂多样的形态。除东南部外，基本是高原，占总土地面积50%左右，由呼伦贝尔高原、锡林郭勒高原、巴彦淖尔—阿拉善及鄂尔多斯等高原组成，平均海拔1000米左右，海拔最高点贺兰山主峰3556米。高原四周分布着大兴安岭、阴山（狼山、色尔腾山、大青山、灰腾梁）、贺兰山等山脉，构成内蒙古高原地貌的脊梁。内蒙古高原西端分布有巴丹吉林、腾格里、乌兰布和、库布其、毛乌素等沙漠，总面积15万平方公里。在大兴安岭的东麓、阴山脚下和黄河岸边，有嫩江西岸平原、西辽河平原、土默川平原、河套平原及黄河南岸平原。这里地势平坦、土质肥沃、光照充足、水源丰富，是内蒙古的粮食和经济作物主要产区。在山地向高平原、平原的交接地带，分布着黄土丘陵和石质丘陵，其间杂有低山、谷地和盆地分布，水土流失较严重。

内蒙古自治区气候以温带大陆性季风气候为主。有降水量少而不匀、风大、寒暑变化剧烈的特点。大兴安岭北段地区属于寒温带大陆性季风气候，巴彦浩特—海勃湾—巴彦高勒以西地区属于温带大陆性气候。总的特点是春季气温骤升，多大风天气，夏季短促而炎热，降水集中，秋季气温剧降，霜冻往往早来，冬季漫长严寒，多寒潮天气。全年太阳辐射量从东北向西南递增。年平均气温为0℃~8℃，气温年差平均在34℃~36℃，日差平均为12℃~16℃。年总降水量50~450毫米，东北降水多，向西部递减。

［**交通状况**］

截至2020年年底，内蒙古自治区公路总里程达到21万公里，其中高速公路6985公里、一级公路8650公里、二级公路16912公里，实现了全部乡镇（苏木）通油路，96%行政村（嘎查）通沥青水泥路。内蒙古现有呼和浩特白塔国际机场、包头二里半机场、乌海机场、鄂尔多斯伊金霍洛国际机场、乌兰浩特机场、赤峰玉龙机场、通辽机场、锡林浩特机场、呼伦贝尔海拉尔机场、乌兰察布机场、巴彦淖尔天吉泰机场、满洲里西郊机场、二连浩特赛乌苏国际机场等16个运输机场。2020年，内蒙古铁路运营里程达到1.48万公里，居全国首位，其中高铁405公里。

［**历史沿革**］

春秋战国之前，一些北方的游牧民族，如匈奴和东胡人在今天的内蒙古地区游牧生活。战国后期，燕国、赵国、秦国的领土已经拓展到今天的内蒙古地区，中原的华夏民族开始在阴山山脉南部定居。赵国国君赵武灵王推广“胡服骑射”，打败林胡、楼烦这两个游牧民族之后，在今呼和浩特托克托县建云中城。两汉时修筑汉长城并且对匈奴的三百战争最终取胜，汉朝全盛时，在今天的漠南地区置五原郡、朔方郡，辖境相当于今巴彦淖尔市、包头市和鄂尔多斯市一带。唐安史之乱后，内蒙古西部为回鹘国控制，以明教为国教。东部为兴起的契丹人的势力范围。916年建立契丹国，947年更国号为辽，其间在今内蒙古赤峰市巴林左旗附近建立了蒙古草原上的第一个都城上京。1206年成吉思汗建立了大蒙古国，54年之后元世祖忽必烈在中原建立了元朝。由于忽必烈的政治、军事和经济力量的基础都在漠南地（今内蒙古），因此迁都于燕京，并改称大都。清雍正十三年（1735年）至乾隆四年（1739年）在今呼和浩特东部新建军事驻防城，命名为“绥远城”，后将“归化”“绥远”两城合并为归绥县。清朝时漠南蒙古没有统一的行政区划，内札萨克49旗分属于6个盟，同时呼伦贝尔地区隶属黑龙江。

清亡之后喀尔喀蒙古走向独立，而内蒙古则在中华民国的统治下，分属于若干省。1913年，国民政府改今呼和浩特为归绥县，1928年，绥远建省，以归绥县城区设立归绥市，作为省会。内蒙古仍然没有统一的行政区划，分属于绥远省、热河省、察哈尔省、宁夏回族自治区、黑龙江省等。

1947年4月23日成立了内蒙古自治政府，包含了察哈尔省、兴安省以及宁夏回族自治区、热河省、黑龙江省和绥远省的部分地区。1955年，撤销热河省。赤峰、乌丹、宁城3县及敖汉旗、喀喇沁旗、翁牛特旗3旗划归内蒙古自治区昭乌达盟。1969年、1979年两次大幅度政区调整，确定了今天内蒙古自治区的范围。

［**民族风情**］

内蒙古自治区目前居住着49个民族。其中，人口在100万以上的有汉族、蒙古族；人口在10万以上的有回族和满族；人口在1万以上的有朝鲜族、达斡尔族、鄂温克族。

蒙古族源于约7世纪的唐朝望建河（今额尔古纳河南岸）的一个部落，与中国北方的东胡、鲜卑、契丹、室韦有密切的渊源关系。12世纪，蒙古部首领铁木真击败纷争部落，统一蒙古。1206年，铁木真在斡难河畔举行大聚会，建大蒙古国，铁木真被推为蒙古大汗，号成吉思汗，于是“蒙古”开始成为民族的族称。“蒙古”其意为“永恒之火”。

蒙古族主要聚居在内蒙古自治区，其余多分布于新疆、辽宁、吉林、黑龙江、甘肃、青海等省区，少数散居和小聚居于宁夏、河北、河南、四川、云南、北京等地。现有人口约650万。

蒙古族长期以来主要从事畜牧业，过着“逐水草而居”的游牧生活。近几十年来，已由游牧向定牧转化，而且也发展了农业。

蒙古族有自己的语言文字，蒙古语属阿尔泰语系。

蒙古族别称“马背民族”，以能歌善舞、喜摔跤、善射箭、爱赛马著称，风格粗犷豪放。安代舞是蒙古族自娱性的传统民间舞蹈，具有鲜明的民族风格和浓郁的生活气息。蒙古族的文化遗产十分丰厚，被列入《国家级非物质文化遗产名录》的主要有马头琴音乐、摔跤、祭敖包、那达慕等。蒙古长调、呼麦还被列入《人类口头与非物质文化遗产名录》。

游牧地区牧民多住圆形穹庐顶的蒙古包。蒙古族地区的标志性建筑常饰以穹庐顶。勒勒车是蒙古族特有的牛车，是蒙古族为适应草原上的自然环境和自身的生活习惯制造出的一种交通工具，“行则为室，止则为庐”，堪称“草原之舟”。

蒙古族的服饰大体分为首饰、长袍、腰带、靴子四个主要部分。首饰是蒙古族妇女头上的装饰品，多用玛瑙、珍珠、宝石、金银制成，逢年过节、喜庆宴会、探亲访友时佩戴。平时牧区女子多用红、绿等彩色的长绸子把头缠上。男子冬季多戴尖顶大耳的羊皮帽，夏日多戴前进帽或礼帽。蒙古族男女老少都喜爱穿长袍。腰带是穿蒙古袍所必备的。靴子尖稍向上翘起。

蒙古族饮食大致分三类：粮食、奶食和肉食。农区与汉族大体相似，牧区主要是奶食和肉食。奶食俗称白食，以奶为原料制成，有白油、黄油、奶皮子、奶豆腐、奶酪、奶果子等食品和奶茶、奶酒、酸奶等饮料。肉食俗称红食，以牛、羊肉为主。蒙古族人热情好客，常用手抓羊肉和清水煮全羊款待宾客。吃烤全羊时，最高的待客礼节是请客人吃羊头和羊尾巴。粮食中最有民族特色的是炒米。

蒙古族民间传统节日主要有年节（也叫白节）、敖包祭祀、那达慕大会等。蒙古族崇尚白色。

蒙古族的主要禁忌：骑马坐车到蒙古包时，要轻骑慢行，进包时要将马鞭放在门外；入包后坐在右边，离包时走原路，待送行的主人回去后再上马或上车；忌讳坐在蒙古包的西北角，睡和坐时脚忌伸向西北方；不能在火盆上烤脚；赠送礼品忌单数；有产妇或病人，忌接待客人来访；忌食虾、蟹、鱼、海味等食物；禁食狗肉，也不许打狗、骂狗。

蒙古族的民俗有献哈达、敬奶茶等。

献哈达：哈达是蒙古族日常行礼中不可缺少的物品。献哈达是蒙古族牧民迎送客人和日常交往中使用的礼节。内蒙古的哈达主要有蓝色和白色两种，白色哈达是献给一般客人的，蓝色哈达是献给珍贵客人的。献哈达时，主人张开双手捧着哈达，吟唱吉祥如意的祝词或赞词，渲染敬重的气氛，同时将哈达的折叠口向着接受哈达的宾客。宾客要站起身面向献哈达者，听祝词和接受敬酒。接受哈达时，宾客应微向前躬身，献哈达者将哈达挂于宾客颈上。宾客应双手合掌于胸前，向献哈达者表示谢意。

敬茶：到牧民家做客，主人首先会给宾客敬上一碗奶茶。宾客要微欠起身用双手接，客来敬茶是一种高尚的蒙古族传统礼仪。在蒙古族历史上不论是富贵之家还是贫穷之家，不论是上层社会还是平民百姓，都是先向贵宾献上一碗奶茶，接着主人端上来炒米、奶油、奶豆腐和奶皮子等奶制品。

敬酒：通常主人是将美酒斟在银碗、金杯或牛角杯中，托在长长的哈达之上，唱起动人的蒙古族传统的敬酒歌，客人若是推让不喝酒，就会被认为是瞧不起主人，不愿以诚相待。宾客应随即接住酒，接酒后用无名指蘸酒向天、地、火炉方向各点一下，以示敬奉天、地、火神。不会喝酒也不要勉强，可沾唇示意，表示接受了主人纯洁的情谊。

敬神：蒙古族的礼宴上有敬神的习俗。据《蒙古风俗鉴》描述，厨师把羊割成9块相等的肉块，“第一块祭天，第二块祭地，第三块供佛，第四块祭鬼，第五块给人，第六块祭山，第七块祭坟墓，第八块祭土地和水神，第九块献给皇帝”。

唱歌：蒙古族的劝酒往往通过情真意切的歌唱表达出来，唱歌与劝酒是同时进行的，往往一人主唱之后，大家举杯合唱，然后大家一起干杯，如此数遍，酒意酣畅。歌唱有礼仪性的，也有即兴尽兴的，有一人或数人的，也有合唱的，其歌唱往往痛快淋漓、通宵达旦。

［**文旅资源**］

辽阔的内蒙古草原，自古以来就是我国北方各民族世代繁衍生息的地方。千百年来，蒙古、汉、满、回、达斡尔、鄂伦春、鄂温克等各民族人民在这片古老大地上创造了丰富灿烂的文化。

蒙古族传统文化的价值内涵十分丰富，它最核心的理念集中表现在以下四个方面：一是以顺从“长生天”的可持续发展模式为特征的自然生态理念；二是以充满原动力的多样的贸易需求和灵活的谋生方式为特征的经济贸易理念；三是以讲真话、讲信用、诚实守信为特征的思想道德理念；四是以不拘一格、兼收并蓄为特征的政治生态理念。

内蒙古的文学艺术以其鲜明和独具特色的区域个性、多样的创作手法和表现形式、浩繁庞大的创作数量以及丰富多彩的主题内容，在中华民族文学史上占有极其重要的地位。作为整个中华民族文艺宝库的重要组成部分，蒙古族文学遗产也得到了保存、整理。

民族典籍《蒙古秘史》因历经战乱，原文本早已失传，而它的汉文音译本却被编入《永乐大典》完整地保存下来。同样,《格斯尔传》的后半部也是中华人民共和国成立后才从北京发现，并整理成一个珍贵的版本。早在蒙古文字出现以前，蒙古民间的神话传说《化铁熔山》就描写了部落间的掠夺仇杀、熔铁开路的集体劳动和他们的生活场景；而口口相传的长篇叙事史诗《江格尔》《勇士谷诺干》则歌颂了同丑恶的社会势力或自然力量进行斗争的英雄。

文学名著《蒙古秘史》(旧译《元朝秘史》)，展现了12~13世纪蒙古草原上诸部征战的场面。蒙古族文学史上第一篇历史小说《乌巴什洪台吉》和传记文学作品《黄金史》，以及脱胎于藏族同名史诗的长篇英雄史诗《格斯尔传》等都充分显示了各民族传统文学艺术的相互联系和相互影响。在中华民族从黑暗迈向光明的艰难时刻，民间叙事诗《嘎达梅林》《格瓦桑布》；控诉封建统治者的《“狂人”沙格德尔的故事》；塞外文豪荣祥的作品；杨曙晓写的《冷楚诗钞》；杨植霖、章叶频、武达平、韩燕如等的抗日诗文；解放战争时期的歌剧《血案》等，都是这一时期的典型代表。由我国现代舞蹈的创始人吴晓邦创作的蒙古族第一个现代舞《希望》，著名舞蹈家贾作光编导的《牧马》《哈库麦》《鄂伦春舞》等，也在同时受到中外人士的充分肯定。1949年的10月1日，由著名舞蹈家表演的蒙古舞蹈《牧羊舞》《鄂伦春舞》登上了开国大典的舞台。随后《鄂尔多斯舞》《马刀舞》《筷子舞》《盅碗舞》等一大批表现民族精神、反映蒙古族人民新生活的舞蹈也家喻户晓，而《草原上升起不落的太阳》《敖包相会》《草原晨曲》等一批激情洋溢、旋律优美、富有民族特色的歌曲也很快传遍祖国大地。这一时期，诗歌《我们雄壮的呼声》《你好春天》，小说《科尔沁草原的人们》《草原之子》《红路》《茫茫的草原》，以及话剧《金鹰》、电影剧本《鄂尔多斯风暴》、京剧《巴林怒火》、晋剧《席尼喇嘛》等，深为全国各族人民所熟悉，一些代表性作品还走出国门，走向了世界。

内蒙古拥有丰富的旅游资源，不仅有独特的草原文化、浓郁的民俗风情、悠久的历史古迹、壮美的自然风光和边境口岸，还有大草原、大沙漠、大森林、大湖泊、大湿地、大温泉、大口岸、大民俗、大冰雪等壮美的自然风光。内蒙古现有世界遗产2项：元上都遗址、长城（内蒙古段）；国家5A级旅游景区6个：鄂尔多斯市达拉特旗响沙湾旅游景区、鄂尔多斯市伊金霍洛旗成吉思汗陵旅游区、呼伦贝尔市满洲里市中俄边境旅游区、兴安盟阿尔山·柴河旅游景区、赤峰市克什克腾旗阿斯哈图石阵旅游区、阿拉善盟胡杨林旅游区；全国重点文物保护单位152处。拥有国家生态旅游示范区3处：兴安盟阿尔山国家生态旅游示范区、呼伦贝尔市根河源国家湿地公园、鄂尔多斯市恩格贝沙漠景区。国家级风景名胜区2个：扎兰屯风景名胜区、额尔古纳风景名胜区；中国历史文化名城1个：呼和浩特；国家级地质公园11个，其中阿拉善沙漠、阿尔山、克什克腾为世界地质公园。

内蒙古拥有四大品牌旅游区：敕勒川现代草原文明核心区（呼包鄂巴）、环京津冀草原风情旅游区（乌锡赤）、大兴安岭全生态旅游区（呼伦贝尔、兴安盟、通辽）、阿拉善秘境探险旅游区（乌海、阿拉善）。内蒙古的三级品牌旅游线路有：一级品牌线路是国家统筹推介的丝绸之路、万里茶道、黄河、长城等旅游线路；二级品牌线路是基本贯穿自治区全境或大部分盟市的旅游线路，如万里北疆风景线（东西大通道）、草原马道、黄河“几”字湾大漠风情线、蒙古源流黄金线；三级品牌线路是从万里草原天路各节点引出的，如阿海满“金三角”四季游、红山文化游、科尔沁文化游、“两个文明”（农耕文明与游牧文明）体验游、“三都”草原图腾狼道游、蒙医康体游、藏传佛教研学游、鲜卑溯源、匈奴探秘等。

内蒙古自治区是国家重要的森林基地之一，全区森林总面积约2080万公顷，占中国森林总面积的11%，居中国第1位。森林覆盖率达17.57%，树木种类繁多，全区乔灌树种达350多种。内蒙古自治区是中国发现新矿物最多的省区。自1958年以来，中国获得国际上承认的新矿物有50余种，其中10种发现于内蒙古。稀土储量居世界之首，占中国稀土储量的83%。煤炭储量7016亿吨，居中国第一位。

［**风物特产**］

内蒙古地大物博，物产丰盈。全区境内生长着经济价值较高的野生植物600多种，其中罗布麻、芦苇等70多种纤维植物是造纸、制绳和人造棉的重要原料；榛子、山杏、文冠果、红豆等是良好的油料植物和制酒野果；柞树的橡子、沙枣等50多种植物含有丰富的淀粉，可以加工成面粉、粉条、糖稀、糖色等。内蒙古还是中国中草药生产基地之一。有被誉为中国“国老”的甘草、补气药材之最——黄芪、中国地精——肉苁蓉等药材几十种。内蒙古是牛、羊、驼、马之乡，为盛产驼峰、驼掌、牛鞭、牛黄、马宝之地。还有黄河美鲤、河套蜜瓜、中华麦饭石、珍稀名贵的巴林彩石等，都是内蒙古特产。

内蒙古菜点特色主要体现在蒙古族的菜点风味上。蒙古族人的饮食比较粗犷，以羊肉、奶、野菜及面食为主要的菜点原料。烹调方法相对比较简单，以烤最为著名。菜点崇尚丰满实在，注重原料的本味。内蒙古著名的菜点有：烤羊腿、全羊席、手抓羊肉、奶菜、马奶酒、莜麦面、资山熏鸡、肉干、哈达饼、蒙古馅饼、蜜麻叶、德兴元烧卖等。

［**特色产业**］

内蒙古草原面积广阔，居我国五大牧区之首。内蒙古草原总面积达8666.7万公顷，其中可利用草场面积达6800万公顷，占全国草场总面积的1/4。内蒙古现有呼伦贝尔、锡林郭勒、科尔沁、乌兰察布、鄂尔多斯和乌拉特6个著名大草原，生长有1000多种饲用植物，饲用价值高、适口性强的有100多种。目前，内蒙古已初步形成以乳产业为龙头，肉类、羊绒产业为支柱，传统优势产业、特色产业多元发展的产业格局。畜牧业的快速发展，为数百万农牧民创造了致富的机会，广大牧民收入的70%以上缘于畜牧业。

内蒙古包头市盛产稀土，被誉为“世界稀土之都”。其中中国北方稀土集团下的白云鄂博矿是中国西北地区最大铁矿，且稀土储量居世界第一位、铌储量居世界第二位，企业冶炼产能产量全球第一。白云鄂博矿铁与稀土共生，造就了包钢独有的“稀土钢”产品，其延展性、韧性、耐磨性、耐腐蚀性、拉拔性方面品质优良。北方稀土集团也是中国稀土产业的龙头企业。

第二章
东北地区各省导游基础知识

本章导读

【本章概述】 本章主要介绍了东北三省的基本概况和主要文旅资源等方面的基本知识，包括历史、地理、人口、区划、交通、旅游资源、文化艺术、民族风情、特产美食，以及地域文化、民族文化和特色产业等。

【学习要求】 了解辽宁、吉林、黑龙江三省的历史、地理、气候、人口、区划、交通等概况；熟悉这三个省列入《世界遗产名录》的中国遗产地景观，列入《人类非物质文化遗产代表作名录》的中国遗产项目，国家5A级旅游景区，国家级旅游度假区和国家生态旅游区；各民族具有代表性的历史文化和民族风情。掌握各地有代表性的饮食特点、主要美食和风物特产；国内知名的地域文化、民族文化及特色产业。

第一节 辽宁省基本概况与主要文旅资源

辽宁简称辽，取“辽河流域永远安宁”之意而得其名，位于中国东北地区的南部，全省面积约15万平方公里，大陆海岸线长2292公里，近海水域面积6.8万平方公里。全省有14个省辖市、100个县（市、区），截至2021年5月，总人口约4259万。

［**地理、气候**］

辽宁省位于中国东北地区的南部。南临黄海、渤海，东与朝鲜一江之隔，与日本、韩国隔海相望，是东北地区唯一的既沿海又沿边的省份，也是东北及内蒙古自治区东部地区对外开放的门户。全省地形概貌大致是“六山一水三分田”，地势大致为自北向南，自东西两侧向中部倾斜，山地丘陵分列东西两侧，向中部平原下降，呈马蹄形向渤海倾斜。辽东、辽西两侧为平均海拔800米和500米的山地丘陵；中部为平均海拔200米的辽河平原；辽西渤海沿岸为狭长的海滨平原，称为“辽西走廊”。

辽宁属温带大陆性季风气候，雨热同季，日照丰富，四季分明。冬季以西北风为主，漫长寒冷，夏季多东南风，炎热多雨，春季少雨多风，秋季短暂晴朗。阳光辐射年总在100~200卡/平方厘米，年日照时数2100~2900小时，全年平均气温为5.2℃~11.7℃，最高气温30℃左右，最低气温-30℃左右。年平均降水量400~970毫米，平均无霜期130~200天，一般无霜期均在150天以上。

［**交通状况**］

辽宁区位优越、交通便利。辽宁是东北地区通往关内的交通要道和连接欧亚大陆桥的重要门户，是全国交通、电力等基础设施较为发达的地区。铁路营运里程达到3939公里，密度居全国第一。公路通车里程5.4万公里，其中高速公路1849公里，连通了14个省辖市。大连港是我国北方地区最好的深水不冻港，沿黄海、渤海沿岸形成包括营口、丹东、锦州、葫芦岛港在内的港口群。全省有沈阳桃仙、大连周水子等4个航空港，开辟国际国内航线206条。

［**历史沿革**］

辽宁历史源远流长。考古发现，早在40万~50万年以前，辽宁已是古人类活动的场所。据史书《禹贡》记载，辽宁夏商为幽州、营州之地，周分封属燕国。春秋时期，燕置辽东、辽西两郡，秦置辽东、辽西、右北平三郡。两汉、三国归属幽州。隋置柳城、辽东、燕郡。唐属河北道，辽为东京、中京道。元为辽阳行省。明为辽东都指挥司，下设2州、25卫。清初划归盛京特别行政区，清末改为奉天省。1929年，由奉天省改称辽宁省。辽宁省省会设在沈阳。

［**民族风情**］

辽宁省是全国少数民族人口较多的省份之一。全省少数民族人口总计664.3万，占全省总人口的15.2%，少数民族人口绝对数排全国第五位，少数民族人口占总人口比例数排全国第十位，民族分布形式主要体现为“大杂居、小聚居”。全省有5个世居少数民族，即满族、蒙古族、回族、朝鲜族和锡伯族，其中，满族人口533.7万，占全省少数民族人口的80.3%，占全国满族人口的50.4%，居全国第一位；锡伯族人口13.3万，占全国锡伯族人口的70.2%，居全国第一位。全省现有8个少数民族自治县，其中6个满族自治县（新宾、岫岩、清原、本溪、桓仁、宽甸）、2个蒙古族自治县（喀左、阜新）。

岫岩满族剪纸、刺绣等15项被评为国家级非物质文化遗产。

［**文旅资源**］

辽宁历史悠久，人杰地灵，自然风光秀美，山海景观壮丽，文化古迹别具特色，旅游资源十分丰富。

辽宁有历史久远、保存完整的人文景观。从旧石器时代的人骨化石遗址至各类寺庙、古塔、古城址，种类繁多，遍布全省。目前，已发现的古遗址、古墓葬就有1万多处。阜新的查海遗址所形成的红山文化将七八千年的中国古代史研究从黄河流域推进到了辽河流域。辽宁有较完整的清人入关前历史遗迹。辽宁省的“三陵”“一宫”是相当具有吸引力的旅游资源。“三陵”即为永陵、福陵、昭陵；“一宫”即沈阳故宫，它是全国仅存的两座皇家宫殿之一，具有北京故宫所没有的许多满族特点。辽宁的九门口长城、沈阳故宫、昭陵、福陵、永陵和五女山城六处景点被联合国教科文组织确定为世界文化遗产。

辽宁有集名山、溶洞、岛屿、海岸于一体的自然景观。辽宁省有著名的医巫闾山、千山、凤凰山和大孤山等。岩洞风景有距本溪市35公里的本溪水洞；海岸风光有大连滨海、金州东海岸、大黑山风景区、兴城滨海、笔架山、葫芦岛、鸭绿江等；泉水名胜有汤岗子温泉、五龙背温泉、兴城温泉等；特异景观有金石滩海滨喀斯特地貌景观、蛇岛、鸟岛、怪坡、响山等；2019年年末，辽宁有国家A级旅游景区514个，其中国家5A级旅游景区6家：沈阳植物园、大连老虎滩、大连金石滩、本溪水洞、鞍山千山、盘锦市红海滩风景廊道。

［**风物特产**］

辽宁美食数不胜数，其中西塔大冷面、那家白肉血肠、杨家吊炉饼鸡蛋糕、老边饺子、马家烧卖、不老林糖、李连贵熏肉、四季抻面、王麻子菜馆、北乐巴氏奶、金州樱桃等堪称一绝。辽中玫瑰、桓仁冰酒、红崖子花生、盘锦大米、岫岩滑子蘑、东港大黄蚬 6 个特产入选首批 100 个地理标志产品名单。其中盘锦大米、大连海参、北镇葡萄、鞍山南果梨入围中国百强农产品区域公用品牌。

[**特色产业**]

辽宁是我国重要的老工业基地之一。截至目前，全省工业有 39 个大类、197 个中类、500 多个小类，是全国工业行业最全的省份之一。全省装备制造业和原材料工业比较发达，冶金矿山、输变电、石化通用、金属机床等重大装备类产品和钢铁、石油化工业在全国占有重要位置。

辽宁立足于冰雪资源优势，逐步建成以冰雪体育休闲旅游产业为核心的冰雪全产业链条。形成以“冰雪旅游、冰雪体育、冰雪文化”重点冰雪项目为支撑，冰雪装备制造粗具规模，市场活力得到充分释放，基础设施基本完善、产业体系较为完备的冰雪产业发展格局。

第二节　吉林省基本概况与主要文旅资源

吉林省简称“吉”，位于中国东北地区中部，辖区面积约 19 万平方公里。截至 2021 年 5 月，总人口约 2407 万。省辖 1 个副省级城市、7 个地级市、1 个自治州、60 个县（市、区）和长白山保护开发区管理委员会，省会长春市。

[**地理、气候**]

吉林省地处中国东北地区腹地，位于东北亚地理几何中心。东西长 769.62 公里，南北宽 606.57 公里。南邻辽宁省，西接内蒙古自治区，北与黑龙江省相连；东与俄罗斯联邦接壤，东南部与朝鲜民主主义人民共和国隔江相望。

吉林省地处边境近海，边境线总长 1438.7 公里，其中，中朝边境线 1206 公里，中俄边境线 232.7 公里。吉林省具有沿边近海优势，是全国 9 个边境省份之一，是国家“一带一路”向北开放的重要窗口。吉林省东端的珲春最近处距日本海仅 15 公里，距俄罗斯的波谢特湾仅 4 公里，是吉林乃至中国对外贸易、对外交流的重要通道。

吉林省地貌形态差异明显。地势由东南向西北倾斜，呈现明显的东南高、西北低的特征。以中部大黑山为界，可分为东部山地和中西部平原两大地貌区。东部山地分为长白山中山低山区和低山丘陵区，中西部平原分为中部台地平原区和西部草甸、湖泊、湿地、沙地区。地貌地型主要有火山地貌、侵蚀剥蚀地貌、冲洪积地貌和冲积平原地貌。主要山脉有大黑山、张广才岭、吉林哈达岭、老岭、牡丹岭等。主要平原有松嫩平原，辽河平原。在总面积中，山地占36%，平原占30%，台地及其他占28.2%，其余为丘陵。

吉林省位于中纬度欧亚大陆的东侧，属于温带大陆性季风气候，四季分明，雨热同季。春季干燥风大，夏季温暖多雨，秋季凉爽宜人，冬季寒冷漫长。从东南向西北由湿润气候过渡到半湿润气候再到半干旱气候，全省气温、降水、温度、风以及气象灾害等都有明显的季节变化和地域差异。年均气温为2℃~6℃。全年无霜期一般为100~160天。全省多年平均日照时数为2259~3016小时。年平均降水量为400~600毫米，但季节、区域差异较大，其中80%集中在夏季，以东部降水量最为丰沛。正常年份，光、热、水分条件可以满足作物生长需要。

［**交通状况**］

吉林省公路、铁路交通和民航事业快速发展，形成以省会长春为中心，公路、铁路和航空连接省内各主要城市，并辐射全国内地各大中城市的四通八达、快捷便利的现代化立体交通网络。

铁路。营业里程4868.89公里，其中高速铁路470公里。长哈、长图、长白等主要干线辐射四方。珲春铁路与俄罗斯铁路接轨。长春—满洲里—德国（简称“长满欧”）国际货运班列终点到达德国的施瓦茨海德，全程约9800公里。是国内运行的所有国际班列中，途经国家最少、运行时间最短、基础运行成本最低的班列。

公路。全省公路总里程10.39万公里，等级公路总里程9.89万公里，高速公路3119公里，以长春为中心呈辐射状网络，通向省内外。长春市距大连港约700公里、营口港约500公里、俄罗斯扎鲁比诺万能海港589公里。

民航。以长春龙嘉国际机场为核心，形成辐射周边国家和地区的航空网络，运营航线156条，民航集团全年共保障运输起降航班10.61万架次，完成旅客吞吐量 1383.74 万次。国际航线与韩国首尔，日本东京、名古屋、仙台、福冈等城市及中国香港通航。白山机场、延吉机场已成为国内重要旅游机场。

河运。吉林省境内内河通航总里程 1600 多公里，全年全省旅客运输周转量 484.47 亿人公里，货运量 60453.97 万吨，全年全省货物运输周转量 1778.63 亿吨公里。大安港是国家一类内河口岸，年吞吐能力可达 100 万吨，经水路可直达俄罗斯远东一些港口，并可进入日本海。

［**历史沿革**］

早在远古时期，就有人类在吉林这块土地上繁衍生息，逐步形成了肃慎、濊貊、东胡三大部落系统。远在舜、禹时代，吉林省境内的古代民族就开始与中原王朝建立了具有隶属性质的贡纳关系，并逐渐成为中华民族的重要组成部分。从先秦开始，吉林就被历代中央政权划入行政区域管辖之下。在汉朝时就设置了郡县，唐朝的渤海及后来的辽、金、元各代也都设立府、州、县。明朝设立都司、卫所。清顺治十年（1653 年），清政府设置宁古塔昂邦章京，是吉林省建置之始。清康熙十二年（1673 年），于船厂（今吉林市）建吉林城，史称“吉林乌拉”（满语译音“沿江”之意），吉林由此得名。清光绪三十三年（1907 年），正式建制称吉林行省。

20 世纪初，东北成为俄、日帝国主义进行殖民扩张的角逐之地。吉林大地不断掀起反帝爱国斗争风潮。1931 年“九一八”事变后，吉林沦为日本帝国主义的殖民地。在抗击日本帝国主义入侵斗争中，吉林人民不畏强暴，奋起抗战，英勇杀敌。从沦陷初期的王德林、唐聚伍、王凤阁等抗日义勇军的崛起，到杨靖宇、魏拯民、王德泰领导的东北抗联第一路军的浴血奋战，吉林人民用鲜血和生命谱写了一曲曲气壮山河的爱国主义篇章。在解放战争中，吉林人民为胜利做出重要贡献。中国共产党领导的东北民主联军，在吉林大地上组织了“四战四平”“四保临江”“三下江南”等战役，成为扭转东北战局的关键。1948 年辽沈战役开始，东北人民解放军兵围长春，在强大的政治攻势和军事压力下，国民党驻守长春部队向解放军投诚。至此，吉林全境获得解放。中华人民共和国成立后，吉林省成为新中国重要的工业基地和粮食生产基地，为国家经济建设做出巨大贡献。

［**民族风情**］

吉林省是一个多民族省份，境内共有汉族、朝鲜族、满族、蒙古族、回族、锡伯族等56个民族。朝鲜族主要分布在东部的延边、吉林、通化、白山等市州，蒙古族和锡伯族主要分布在西部的白城市和松原市，满族、回族以长春、吉林、通化、四平市居多。

吉林省是朝鲜族的主要聚居地。朝鲜族有自己的语言、文字，具有吃苦耐劳、坚强勇敢的优良品质。朝鲜族爱穿素白服，注重礼仪，尊老爱幼，能歌善舞。

吉林省是满族的发源地之一。满族有自己的语言、文字，现已通用汉语文。旗袍已成为中国传统女装。满族传统的礼俗、祭俗、婚俗、葬俗等，现在还影响很多地区。满族饮食独具特色，“满汉全席”闻名遐迩。

吉林省民俗主要包括东北鼓乐、长白山冬俗、吉林延边生日宴、东北的年俗；蒙古族家庭沿袭、婚俗、那达慕、饮食特点；满族的春节、民乐与关东民间“红白喜事”、育儿、婚姻、丧葬、祭祀、姓名、歌舞、岁时节令；朝鲜族婚礼、花甲宴、传统节日等。

东北鼓乐。起源于汉代，西汉武帝时称“横吹”，初用于军旅，后来进入宫廷，用于帝王宴享和驾行，称为“鼓吹”。延至辽、金，宫廷的“鼓吹”更为隆重，其规模、礼仪、曲调也相当讲究。到了明、清两代，鼓乐已成为宫廷重大活动中不可缺少的祭祀、演艺形式。

长白山年俗。在长白山，每到冬季，人们就开始蒸黏豆包、蒸年糕、做豆腐，放进大小缸里冻起来，随吃随取。进入腊月，家家宰杀猪羊鸡鸭，捕捞鱼虾蛤蟆，猎飞禽走兽。将猎物埋在厚厚的雪里保鲜，而新宰杀的猪羊肉，则边沾水，边冰冻，吃的时候敲掉包肉的冰壳，里边的肉新鲜如初，不会有丝毫的风干变质。在长白山的冰雪世界里，有许多与冰雪相关的游戏。小孩堆雪人、滚雪球、打雪仗、玩冰划子、滑雪、打冰猴、凿冰灯等习俗流传至今。

查干湖冬捕。已传承数千年。查干湖是多民族聚居地，多年来形成了独特的具有渔猎色彩的查干湖文化。

［**文旅资源**］

吉林省旅游资源丰富。其中生态、民俗、冰雪和边境旅游是最具吸引力的旅游资源。

景色宜人的长白山是世人瞩目的神奇之地，“雄山托天池，林海藏珍奇”。冰清玉洁的吉林雾凇为中国四大自然奇观之一。景色迷人的松花湖国家级风景名胜区，两岸绿树成荫、湖光山色，令人流连忘返。辉南三角龙湾，湖水深邃，景色秀美。查干湖冬捕，气势恢宏，原汁原味。长春净月潭国家级森林公园，潭水涟漪，林茂风疏，为亚洲最大的森林氧吧。还有吉林市北大湖滑雪场、通榆向海鸟类自然保护区、集安五女峰国家级森林公园、珲春防川风光。吉林省民族文化丰富多彩、底蕴深厚，具有极高的研究价值和探索意义。萨满文化纷彩异呈，形式多样，内容丰富，包括满族剪纸文化、泥塑文化、宗教文化、饮食和服饰文化等。集安高句丽古迹、长春伪满洲国皇宫和伪满“八大部”遗址、农安黄龙府古城等遗迹犹如一颗颗璀璨的文化明珠镶嵌在吉林大地上。

长春电影制片厂是中国电影的摇篮，拍摄出一部又一部优秀经典影片，培育了一代又一代著名电影艺术家。吉林省有着独特的边境风光旅游资源。与朝鲜、韩国、日本、蒙古国和俄罗斯东西伯利亚地区构成东北亚地理中心位置，游客可以体验中、俄、朝三国交界处珲春防川体验“一眼望三国、犬吠惊三疆”之意境，还可以观赏延边、白山、通化观赏鸭绿江、图们江边境风光带。

目前，吉林省已形成以长白山生态旅游区为龙头，长春净月潭国家森林公园旅游区、长春净月潭滑雪场、长白山高原冰雪训练基地、吉林松花湖滑雪场和长春莲花山滑雪场以及通榆向海草原湿地旅游区、集安高句丽王城文化遗址等辐射全省的旅游网络体系。全省拥有国家 A 级旅游景区 268 家，其中 5A 级旅游景区 7 家：长白山、伪满皇宫、净月潭、长影世纪城、六鼎山、世纪雕塑公园、通化市高句丽文物古迹旅游景区。

［**风物特产**］

吉林省是著名的“东北三宝”——人参、貂皮、鹿茸角的主产区。长白山人参是珍贵的药材，由于其形状酷似人形，故而得名。因其含人参皂甙 I–VI 等有效成分，有大补元气、养血安神之功效，在中国已有 4000 多年的药用历史。吉林省是中国最大的人参生产和出口基地，人参产量占全国的 80%，占世界的 70% 以上。紫貂是国家一级保护动物，其毛皮呈棕褐色或灰褐色，间有白色针毛，皮质轻便坚韧，毛绒华丽，细致丰厚，轻柔轻缓，且具有光泽，堪称裘皮之冠。鹿茸角是珍贵的药材，有生精补髓、滋血助阳、强筋健骨之功效。吉林省也是梅花鹿之乡，所产的鹿茸酒、鹿尾巴精、鹿胎膏等鹿产品深受国内外用户欢迎。此外吉林还盛产长白山黑木耳、黄松甸食用菌等吉林长白山地理标志产品。

吉林美食主要有通化山葡萄酒、四平李连贵熏肉大饼、长白山皇封参、八吉集团松花石、真不同熏酱系列、老韩头清真食品、吉林华兰德冰酒等老字号及吉字号传统品牌。

［**特色产业**］

吉林省的特色产业主要有现代汽车及零部件产业、冰雪旅游及生态旅游产业、农产品加工产业、医药健康产业和电子信息及数字经济产业等。吉林拥有红旗品牌汽车、复兴号高铁、“吉林一号”卫星等标志性成果，冰雪旅游、生物医药等发展势头强劲。一汽大众、红旗品牌汽车年销量高。迈出了红旗品牌复兴崛起的坚实步伐。吉林省依托长白山、查干湖、吉林雾凇等冰雪旅游景点，打造冰雪旅游的吉林特色名片。吉林省大力招商引进国内外知名冰雪装备生产企业，重点发展冰刀、滑雪板、雪杖、头盔等冰雪器材。注重本地企业的培养壮大，部分产品已经发展成为世界先进水平，还有一些已经达到国际水准。

第三节　黑龙江省基本概况与主要文旅资源

黑龙江省，简称“黑”。省会哈尔滨。位于中国东北部。全省土地总面积约 46 万平方公里（含加格达奇和松岭区），边境线长 2981.26 公里。截至 2021 年 5 月，总人口约 3185 万。辖 12 个地级市、1 个地区，121 个县（市、区），省会哈尔滨。

［**地理、气候**］

黑龙江省位于中国东北部，是中国位置最北、纬度最高的省份，北至 53° 33′。北、东部与俄罗斯隔江相望，西部与内蒙古自治区相邻，南部与吉林省接壤。

黑龙江省地貌特征为“五山一水一草三分田”。地势大致是西北、北部和东南部高，东北、西南部低，主要由山地、台地、平原和水面构成。主要山脉有大兴安岭、小兴安岭和完达山。主要平原有东北部的三江平原（包括兴凯湖平原）和西部的松嫩平原。黑龙江省山地海拔高度大多在 300 ~ 1000

米，平原海拔高度在 50～200 米。有黑龙江、松花江、乌苏里江、绥芬河等多条河流；有兴凯湖、镜泊湖、五大连池等众多湖泊。

黑龙江省属于寒温带与温带大陆性季风气候。全省从南向北，依温度指标可分为中温带和寒温带。从东向西，依干燥度指标可分为湿润区、半湿润区和半干旱区。全省气候的主要特征是春季低温干旱，夏季温热多雨，秋季易涝早霜，冬季寒冷漫长，无霜期短，气候地域性差异大。黑龙江省的降水表现出明显的季风性特征。夏季受东南季风的影响，降水充沛，冬季在干冷西北风控制下，干燥少雨。

［**交通状况**］

公路。截至 2019 年年末，黑龙江省公路线路里程 16.9 万公里，其中高速公路 4512 公里。全省 13 个地市除加格达奇外已全部通高速公路，已打通与吉林和内蒙古的 6 个高速公路出口，连通绥芬河、东宁、同江、黑河、抚远等国家一类口岸，服务五大连池、亚布力、镜泊湖、兴凯湖等重点景区，基本形成除加格达奇外以哈尔滨为中心的 4 小时经济圈。

铁路。黑龙江省铁路以哈尔滨为中心，向四周辐射，并以齐齐哈尔、牡丹江和佳木斯为主要枢纽。主要铁路有京哈铁路、滨绥铁路、滨洲铁路、滨北—北黑铁路、平齐铁路、哈佳铁路、富西铁路、牡佳铁路、勃七铁路等。已建成或在建的高速铁路有：哈大高速铁路、哈齐高速铁路、哈佳快速铁路、哈牡高速铁路、牡佳高速铁路、哈绥高速铁路等。

航空。黑龙江航空机场主要有哈尔滨太平国际机场、哈尔滨平房机场、齐齐哈尔三家子机场、牡丹江海浪国际机场、佳木斯东郊国际机场、大庆萨尔图机场、伊春林都机场等。其中哈尔滨太平国际机场是黑龙江省的最大机场、国家对外开放的一类航空口岸、国际区域性航空枢纽，距离哈尔滨市区 33 公里。哈尔滨太平国际机场地处东北亚中心位置，是东南亚至北美航线的经停点。

口岸。随着中俄经贸合作和边境旅游的蓬勃发展，黑龙江省获准对外开放的国家一类口岸，已由原来的 1 个增加到 25 个，成为我国对外开放一类口岸最多的省份之一。其中，水运口岸 15 个、公路口岸 4 个、航空口岸 4 个、铁路口岸 2 个。构成了水陆空俱全和客货运兼有的口岸群体，在全国口岸对外开放总体格局中独具优势。

［历史沿革］

历代以来，黑龙江地理疆域主要围绕大小兴安岭、张广才岭和三江流域发展演变，没有发生大的变动。到了近代，黑龙江地区的地理边界变化呈现出国界后移、省界变迁和区划演变三个特点。

清代以前的黑龙江地区。黑龙江作为行政区域名称始于清代，而之前的漫长岁月里，这片土地上生活的东胡（山戎）、濊貊、肃慎（息慎）等民族先民已经与中原民族产生了广泛交流，相互影响，创造出辉煌灿烂的古代文明。

黑龙江省行政区域的产生和清代的行政建置。清代黑龙江地区行政制度大体沿袭明制而略加改变，长时期内一直实行军府制（亦称“军政制度”），设置将军、都统、副都统镇守，直至清末的1907年才开始设置行省的建制。至清宣统末年（1911年），全省分设3道、7府、6厅、1州、7县及郭尔罗斯后旗、杜尔伯特旗、扎赉特旗和依克明安旗。

民国时期黑龙江省的行政建置。中华民国成立后，黑龙江省名称和行政区划沿袭旧制不变。黑龙江省共有42县、11个设治局。吉林省分设42县，在今黑龙江境内有22县。黑龙江省在裁撤道区的同时，将呼伦、黑河道改为呼伦、黑河市政筹备处，辖原道属各县。

东北沦陷时期黑龙江省的行政建置。1931年“九一八”事变后，东北地区行政区划，按照日本侵略者进行严密统治的需要，逐步把省划小。至伪满洲国覆亡前夕，今黑龙江省境内共设有滨江、龙江、三江、黑河、北安、东满6省，共辖5市、76县、3旗。

1949年以后黑龙江省行政区域变化。1949年4月21日，东北行政委员会发布《重划东北行政区划令》，决定将黑龙江地区的合江、松江、黑龙江、嫩江4省和哈尔滨市合并为松江、黑龙江2省。5月中旬，撤销合江省并入松江省，哈尔滨市改为松江省辖市。

中华人民共和国成立后黑龙江省行政区域变化。1954年6月，中央人民政府颁布《关于撤销大区一级行政机构和合并若干省、市建制的决定》，撤销松江省建制，与黑龙江省合并为黑龙江省，同时将哈尔滨市改为省辖市并入黑龙江省。

［民族风情］

黑龙江省是一个多民族、散杂居的边疆省份，全省共有53个少数民族，人口近200万，占全省总人口的5.26%。

其中世居本省的有满、朝鲜、蒙古、回、达斡尔、锡伯、赫哲、鄂伦春、鄂温克和柯尔克孜10个少数民族。10个世居少数民族中，满、朝鲜、蒙古、回4个民族人口超过10万，达斡尔族人口4.3万，其余5个民族人口不足万人。赫哲族有3910人，为黑龙江省独有民族，鄂伦春族3871人，占全国鄂伦春族人口的52%。

满族、回族普遍使用汉语文；朝鲜族、蒙古族使用本民族语言、文字，大多数人通用汉语文；达斡尔、鄂伦春、鄂温克、赫哲族有本民族语言，没有文字，普遍使用汉语文；其他43个少数民族大部分是在黑龙江开发和建设中，从外地调入、分配、转业、移居而来的，大多通用汉语言文字。

鄂伦春族古伦木沓节。“古伦木沓”为鄂伦春语，意为祭祀火神。古伦木沓节由祭祀火神的仪式演变而来，在每年的春季举行，是鄂伦春人别具一格的传统节日。届时人们带着好酒好肉及帐篷等物，举家骑马到预定地点参加活动。节日期间活动内容丰富多彩：白天举行赛马、射箭、射击、摔跤和唱歌、跳舞、讲故事、下棋、玩木牌等文体活动；夜间在篝火周围请萨满跳舞，祭神祭祖。古伦木沓节并非单一的祭神祭祖日，其蕴蓄着丰富的文化内涵。

五大连池药泉会（圣水节）。五大连池药泉会（圣水节）为民俗节日，是黑龙江省五大连池风景区内的达斡尔族、鄂伦春族、蒙古族、满族和汉族人民以“敬天”“娱人”为内容，以歌舞、祭祀为载体，含有历史、信仰、民俗、艺术等诸多文化内容的传统民间文化活动。200多年前达斡尔族猎人在五大连池药泉山下发现矿泉水后，各族人民每年在农历五月初五端午节前后（夏历五月初四至初六3天）举行纪念活动。主要包括：祭祀、民俗表演、秧歌舞龙、竞技、篝火舞会、抹黑祈福、泉湖灯会、抢零点水、火把庙会、戏曲表演、钟灵素斋、敬拜黑龙、游园踏青、洗眼明目和弃石丢病等十几项活动。

鄂温克族瑟宾节。“瑟宾”为鄂温克语，意为“欢乐祥和”。瑟宾节是鄂温克族重要的传统节日，起源于古代鄂温克人狩猎胜利时举行的部落庆典。讷河市兴旺鄂温克族乡的鄂温克人从狩猎生产逐渐转化为游牧和农耕生产，庆典内容也由祭祀山神演变为赛马、射箭、摔跤、歌舞、宴会等活动。瑟宾节在中国鄂温克族曾经中断，1993年在第三届鄂温克族研究会会员代表大会上，确定每年 6 月 18 日为鄂温克族的共同节日“瑟宾节”，将驯鹿定为吉祥物，每年举行一次。

朝鲜族花甲礼。朝鲜族花甲礼又称“回甲宴”，是中国朝鲜族人生礼仪中最重要的庆祝仪式之一，是为 60 周岁的老人举行的生日宴会。其起源于朝鲜王朝，始为宫廷宴，后发展到朝廷大臣，再普及到平民百姓。中国朝鲜族花甲礼大体形成于 17 世纪中叶至 18 世纪中叶。花甲礼一般定在老人 60 周岁生日那天，摆寿宴、献寿是基本仪式：子女们为父母准备丰盛的宴席（摆大桌）；父母入座后主持人讲生平业绩，有来宾祝词；子女们按长子、次子、长女、次女顺序敬酒磕头；子女们载歌载舞祝福老人健康长寿；来宾祝歌，共同跳朝鲜族舞蹈祝贺。祝寿庆典结束后宾主共同饮酒，组织娱乐活动，演奏民族乐器。

达斡尔族传统婚俗。富拉尔基罕伯岱村是达斡尔族聚集村落，为黑龙江最早的达斡尔族原始部落。罕伯岱达斡尔族民俗婚礼融萨满信仰文化、民族文化、性文化教育、传统道德教育和传统习俗于一体，是达斡尔族特有的礼仪和教育、繁衍后代的形式。此传统婚俗在提亲、定亲、相亲、过彩礼、定结婚日期、举办婚礼、入洞房、回门等环节都有相应的达斡尔族歌舞和酒文化相伴，再现了达斡尔族人民生产生活的独特习俗特点，已在族内世代传承了几百年，至今仍影响着现代达斡尔人的婚礼习俗。

［**文旅资源**］

黑龙江文旅资源丰富，有原生态的自然环境，标志性的地理位置，独特的地域文化，顶级的冰雪资源等。特殊的地理位置、气候条件、人文历史赋予黑龙江旅游自然、自在、神奇、浪漫的色彩。黑龙江省保留了较为丰富的人类文化遗存，如昂昂溪遗址和新开流遗址、唐代渤海国上京龙泉府遗址、金代上京会宁府遗址。以农耕为主的满族、朝鲜族，以捕鱼为生的赫哲族，以狩猎为生的鄂伦春族和以牧业为主的蒙古族、达斡尔族保留着北方少数民族所特有的民俗风情，成为黑龙江省重要的民俗旅游资源。哈尔滨市是国家级历史文化名城，也是国家首批优秀旅游城市，有代表世界多种建筑风格的建筑物近百处，素有“东方小巴黎”“东方莫斯科”之称。齐齐哈尔、宁安、依兰、阿城、呼兰等是省级历史文化名城。东北烈士纪念馆、侵华日军第七三一部队罪证陈列馆、虎林要塞陈列馆、爱辉历史陈列馆、大庆铁人纪念馆是全国百家爱国主义教育基地。

黑龙江省著名的风景名胜区有国家级的五大连池、镜泊湖。黑龙江省大部分区域处于中温带，山区冬季雪量大，雪期长（120天左右），雪质好，适于滑雪旅游。滑雪资源主要集中在四大区域：哈尔滨市、伊春市、牡丹江市和大兴安岭地区。冰灯和冰雪游乐主要集中在哈尔滨、牡丹江、齐齐哈尔等大中城市。著名冰雪旅游项目有哈尔滨冰雪大世界游园会、牡丹江雪乡和漠河北极村冰雪游等。目前全省拥有国家5A级旅游景区6家：哈尔滨太阳岛、五大连池、镜泊湖、汤旺河区林海奇石景区、漠河北极村、虎林市虎头旅游景区。

［**风物特产**］

黑龙江省特产主要有人参、玛瑙雕、五常大米、桦川大米、克山马铃薯、克山大豆、东宁黑木耳。美食主要有烤冷面、得莫利炖鱼、杀猪菜、锅包肉、哈尔滨红肠、鸡肉冷面、齐齐哈尔烤肉。目前，黑龙江省申报并得到国家质检总局审核批准的地理标志保护产品总数已达47个。“五常大米”获准加入国家与欧盟签署的“100+100”地理标志产品互认项目。

［**特色产业**］

黑龙江特色产业主要有现代农业、先进制造、生态环境、航空航天等。黑龙江是全国粮食第一大省，粮食生产连年丰收，年产量1500亿斤，总产量、商品量、调出量稳居全国第一。

20世纪60年代开发的大庆油田是我国最大的油田，也是世界上为数不多的特大型陆相砂岩油田之一。油田位于黑龙江省中西部，松嫩平原北部，目前已成为我国最大的石油生产基地，是维护国家石油供给安全的重要基石。以铁人王进喜为代表的大庆铁人精神，是中国人民民族精神重要的组成部分。

第三章

华东地区各省市导游基础知识

本章导读

【本章概述】 本章主要介绍了华东七省市的基本概况和主要文旅资源等方面的基本知识，包括历史、地理、人口、区划、交通、旅游资源、文化艺术、民族风情、特产美食，以及地域文化、民族文化和特色产业等。

【学习要求】 了解上海市、江苏省、浙江省、安徽省、福建省、江西省和山东省的历史、地理、气候、人口、区划、交通等概况；熟悉这七个省（市）列入《世界遗产名录》的中国遗产地景观，列入《人类非物质文化遗产代表作名录》的中国遗产项目，国家5A级旅游景区，国家级旅游度假区和国家生态旅游区；各民族具有代表性的历史文化和民族风情。掌握各地有代表性的饮食特点、主要美食和风物特产；国内知名的地域文化、民族文化及特色产业。

第一节　上海市基本概况与主要文旅资源

上海，简称“沪”，别称“申”。相传春秋战国时期，上海曾经是楚国春申君黄歇的封邑，故上海别称为“申”。4～5世纪时的晋朝，以捕鱼为生的居民创造了一种竹编的捕鱼工具叫“扈”，又因为当时江流入海处称“渎”，因此松江下游一带被称为“扈渎”，以后又改“扈”为“滬（沪）”。上海隔东中国海与日本九州岛相望，南濒杭州湾，北、西与江苏、浙江两省相接，总面积6340.5平方公里，辖16个市辖区，截至2021年5月，总人口约2487万。

［**地理、气候**］

上海地处太平洋西岸，亚洲大陆东沿，长江三角洲前缘；东濒东海，南临杭州湾，西接江苏、浙江两省，北界长江入海口，长江与东海在此连接。

上海是长江三角洲冲积平原的一部分，平均海拔高度4米左右。西部有天马山、薛山、凤凰山等残丘，天马山为上海陆上最高点，海拔高度99.8米，立有石碑“佘山之巅”。海域上有大金山、小金山、浮山（乌龟山）、佘山岛、小洋山岛等岩岛。在上海北面的长江入海处，有崇明岛、长兴岛、横沙岛3个岛屿。

上海属亚热带季风性气候，四季分明，日照充分，雨量充沛。上海气候温和湿润，春秋较短，冬夏较长。全年60%以上的雨量集中在5~9月的汛期。

［**交通状况**］

上海港是中国最大的枢纽港之一，截至2018年年底，机场起降航班数77.16万架次，铁路运营里程466公里，高速公路通车里程836公里，内河航道里程1973公里，已形成了由地面道路、高架道路、越江隧道和大桥以及地铁、高架式轨道交通组成的立体型市内交通网络。

［**历史沿革**］

上海地区，春秋属吴。唐天宝十年（751年），吴郡太守奏准设立华亭县，上海地区始有相对独立的行政区划。南宋嘉定十年十二月初九（1217年1月7日）立嘉定县，上海地区始有两个独立行政区划。华亭县后改为松江府。元至元二十九年（1292年）上海县立，也辖于松江府。明末，有松江府及所属华亭、上海、青浦3县，苏州府所属嘉定、崇明2县，金山卫。到清嘉庆十年（1805年），上海地区基本形成10县1厅的格局。1927年7月7日，上海特别市成立，直辖于中央政府，上海始有直辖市一级建置。1930年7月，上海特别市改称上海市。1949年10月1日，中华人民共和国成立，上海仍为中央直辖市。

［**民族风情**］

上海是我国少数民族散居地区，截至2014年年底，上海市少数民族实有人口总数为42.17万，有55个少数民族，人口最多的是回族，有11.41万。

南自延安东路、北至苏州河畔，1500多米长的外滩建筑群荟萃着世界各国不同时期的多种建筑样式，有新古典式、文艺复兴式、巴洛克风格、近现代派等风格。同时它又有很大的兼容性，多数建筑为折中主义风格。折中主义是在一座建筑中，把历史上各时期的建筑词汇并列在一起。这一风格在19世纪末20世纪初流行于西方。外滩建筑群大多定型于20世纪初，受到该风格的强烈影响，所以有“万国建筑博览”之称，在浦西形成了一条气势非凡的天际线。因此，国务院于1966年11月20日将整个外滩建筑群公布为全国重点文物保护单位。

如果说外滩建筑群展示了上海的时尚特征，那么弄堂建筑展示的则是上海人深厚的乡愁。“弄堂”是对上海里弄的俗称，“里弄房子”就是弄堂建筑。上海的弄堂是由上百个一排排紧密联体而立的石库门单元组成的庞大房屋群体。“里”指的是居民聚集的地方，“弄”指的是建筑物间的夹缝通道，里弄是由相连小弄组成的住宅群。华北地区称胡同，上海则称之为“弄堂”。“弄堂”原作“弄唐”，“唐”在古代是庭中通道之意，“堂”原本是对房间的称谓，如前为堂，后为室；在近现代汉语中，“弄堂”取代了“弄唐”，成为上海人对里弄的称呼。而在弄堂口上方总有一座标志坊，作为弄堂空间段落的分隔和标志之用。老式的里弄大都有过街楼，即在弄堂口处两排房屋之间的“空中楼阁”。过街楼大部分是两层，少数三层，用作居室，底层腾空，供弄堂内人车通行。

除此之外，上海人的记忆还融入到了热闹的民俗活动当中。每年农历正月初五为财神（俗称“路头神”）诞辰。财神统“财”，人人有关，尤商家开业为财，故他们的庆祝最为起劲。商家接财神多供三牲：生猪头、鲤鱼、雄鸡。鲤鱼者，谐音“利余”，特别受到欢迎。早在日前，街巷中来自农村的乡人，向各家兜卖新鲜鲤鱼，鲤鱼又被称为“元宝鱼”，故被称为“送元宝”。初五子时，商家堂上正中挂起赵公元帅的新像，除三牲外，其余供品极为丰盛。香烛燃起，光耀满堂。接着在户内外大放爆竹，此起彼伏，阖城轰响，声震百里。且连续不断，其声、势之烈竟过于初一正日的天明：“爆竹相连不住声，财神忙煞共争迎。只求生意今年好，接送何妨到五更。”

［**文旅资源**］

上海的文化被称为“海派文化”。海派文化是在中国江南传统文化（吴越文化）的基础上，融合开埠后传入的对上海影响深远的源于欧美的近现代工业文明而逐步形成的上海特有的文化现象。海派文化是尊重多元化、个性，兼顾个人和社会利益，以契约精神为主导的理性的、较成熟的商业文化。海派文化既有江南吴越文化的古典与雅致，又有国际大都市的现代与时尚。区别于中国其他文化，具有开放而又自成一体的独特风格。

上海国际电影电视节。上海国际电影节创办于1993年，是中国唯一获国际电影制片人协会认证的国际A类电影节，每年6月举办一届。上海电视节创办于1986年，是中国第一个国际性电视节，如今已成为亚洲地区最重要的国际电视交流平台之一，每年6月举办一届。主要活动包括白玉兰奖评选、国际电视节目展播、电视市场、白玉兰电视论坛、互联网影视峰会和“白玉兰绽放”颁奖典礼等。

中国上海国际艺术节。中国上海国际艺术节是中国唯一的国家级综合性国际艺术节，由中华人民共和国文化和旅游部主办、上海市人民政府承办。艺术节成立于1999年，每年举办一次，集合舞台演出、展览博览、“艺术天空”系列演出、艺术教育、“扶持青年艺术家计划”暨“青年艺术创想周”、节目交易、论坛研讨、节中节等系列活动。

上海可以说是中国近现代史的“缩影”，许多重大的历史事件和革命活动在这里发生并影响全国。上海是中国历史文化名城，截至2018年年底，有全国重点文物保护单位41处，博物馆125个。国家湿地公园2个：吴淞炮台湾国家湿地公园、上海明珠湖·西沙湿地。国家级自然保护区2个：崇明东滩鸟类自然保护区、九段沙湿地自然保护区。上海还云集了万国建筑，外滩风格各异的建筑群及近年新建的东方明珠、金茂大厦等都引起了海内外人士的关注。如今的上海早已成为一座融古色古香和现代潮流于一体的旅游中心城市。

截至2021年5月，上海拥有国家5A级旅游景区4家：浦东新区东方明珠广播电视塔、浦东新区上海野生动物园、浦东新区上海科技馆、中国共产党一大·二大·四大纪念馆景区；人文景观主要是革命遗址，如中共一大会址、中共二大会址；有名人故居，如孙中山故居、鲁迅故居等。位于上海西南郊、紧靠龙华古镇的龙华寺，是上海历史最长、规模最大的古刹，矗立于龙华寺前的龙华塔则是上海市区唯一的古塔，该塔被誉为申城“宝塔之冠”。与龙华寺一样蜚声中外的玉佛寺创建于1882年，建筑宏伟。豫园原为明代上海人潘允端的私人花园，有大小景点 30 多处，1982 年 3 月被评为全国重点文物保护单位。金茂大厦在 88 层楼设有观光厅，高度 340.1 米，是目前国内最高最大的观光厅，荣膺上海大世界基尼斯之最。东方明珠广播电视塔高 468 米，位居亚洲第一、世界第三的高塔和左右两侧的南浦大桥、杨浦大桥一起，形成双龙戏珠之势，成为上海改革开放的象征。虽说上海的郊区不及市区繁华，没有南京路步行街那样的购物天堂，但却坐拥着如朱家角、枫泾这样的江南古镇。2016 年 6 月 16 日开幕的上海迪士尼度假区位于上海国际旅游度假区核心区内，是中国大陆首个、亚洲第三个、全球第六个迪士尼度假区。

［**风物特产**］

上海中华商业第一街南京路、时尚高雅的淮海路是闻名全国的商业大街，正大广场、徐家汇的港汇恒隆广场规模巨大，南京西路的恒隆广场、中信泰富广场等云集顶级品牌、时尚商品、大众用品等。

上海汇聚世界各国的饮食文化，开设有 3 万多家中式、西式、休闲型、快餐连锁型餐饮企业。西餐汇聚了意大利、法国、日本、葡萄牙、印度等 30 多个国家和地区的风味；中餐则汇聚了苏、锡、宁、徽等近 20 个地方风味，并拥有著名的老城隍庙、云南路、黄河路、乍浦路、仙霞路等饮食文化区。

上海人称的本帮菜，指的是上海本地风味的菜肴，特色可用浓油赤酱（油多、味浓、糖重、色艳）概括。常用的烹调方法以红烧、煨、糖为主，品味咸中带甜、油而不腻。本帮炒菜中，荤菜中的特色菜有响油鳝糊、油爆河虾、油酱毛蟹、锅烧河鳗、红烧圈子、佛手肚膛、黄焖栗子鸡等，真正体现本帮菜浓油赤酱的特点。上海蔬菜按季节不同有各种时令菜，马兰头、荠菜、鸡毛菜、上海小油菜等都非常清爽。市民早点有四大金刚，即大饼、油条、粢饭、豆浆。

［**特色产业**］

上海作为世界金融中心，建立了较为完善的金融市场体系，已成为国际上金融市场门类最为完备的城市之一，集聚了股票、债券、货币、外汇、黄金、期货、票据、保险等各类金融要素市场，基本确立以人民币产品为主导、具有较强金融资源配置能力和辐射能力的全球性金融市场地位。此外，从 20 世纪 80 年代后期的上海石化、宝钢和上海大众等项目，到 20 世纪 90 年代微电子、汽车、石化和精品钢材四大基地建设，21 世纪前 10 年的重大装备、航空产业、核电产业、航天产业、海洋工程，包括981钻井平台、大飞机等，长期以来，上海一直是中国先进装备制造业中心。

第二节　江苏省基本概况与主要文旅资源

江苏，简称“苏”，位于中国大陆东部沿海中心，总面积约10万平方公里，江苏辖13个地级市，96个县（市、区）。截至2021年5月，常住人口8475万。

［**地理、气候**］

江苏省地处中国大陆东部沿海地区中部，长江、淮河下游，东濒黄海，北接山东，西连安徽，东南与上海、浙江接壤，是长江三角洲地区的重要组成部分。1667年，因江南省东西分置而建省，得名于“江宁府”与“苏州府”之首字。江苏，简称“苏”，省会南京。江苏省地形以平原为主，占总面积的86.90%，主要由苏北平原、黄淮平原、江淮平原、滨海平原、长江三角洲平原组成。江苏地势低平，河湖较多，平原、水面所占比例占江苏省的90%以上，比例仍居中国各省首位，这是江苏的地理特点。江苏是中国地势最低的一个省区，绝大部分地区在海拔50米以下，低山丘陵集中在西南部，占江苏省总面积的14.3%，主要有老山山脉、云台山脉、宁镇山脉、茅山山脉、宜溧山脉。连云港的市郊云台山玉女峰为江苏最高峰，海拔625米。

江苏属于温带向亚热带的过渡性气候，气候温和，雨量适中，四季气候分明，以淮河、苏北灌溉总渠一线为界，以北属暖温带湿润、半湿润季风气候，以南属亚热带湿润季风气候。各地年平均气温13℃~16℃，由东北向西南逐渐增高。最冷月为1月，平均气温-1.0℃~3.3℃，7月为最热月，沿海部分地区和里下河腹地最热月在8月，平均气温26℃~28.8℃。

［**交通状况**］

江苏铁路交通发达，现已覆盖全省，京沪铁路、陇海铁路两条铁路干线经过境内，京沪铁路主要呈东西向穿越江苏的南部，陇海铁路也呈东西向经过江苏的最北部，徐州则为两大干线交会的枢纽。连云港是第二亚欧大陆桥的东起点，终点在荷兰鹿特丹港。江苏高铁发达，现有京沪高铁江苏段（贯通徐州至昆山8座城市），沪宁城际高铁，宁杭高铁，宁安客运专线（南京至江宁），宁启铁路动车组（南京至南通），郑徐高铁（通过徐州站将河南、安徽、江苏三省串联在一起）。首轮规划的“四纵四横四联”高速公路网主骨架全面建成，包括京沪高速公路、沈海高速公路、沪宁高速公路、苏嘉杭高速公路、连徐高速公路、盐靖高速公路、宁宿徐高速公路、宁杭高速公路、沿江高速公路、徐济高速公路、宁连高速公路等。

［**历史沿革**］

古文化遗址。江苏是中国古代文明的发祥地之一。1993年发现的南京汤山直立猿人化石表明，早在50万年前就有古人类在此活动。而在此之前，考古工作者于1954年在泗洪双沟镇东下草湾发现的人类化石，据测定年代介于北京猿人和现代人之间，距今4万~5万年，属于旧石器时代晚期，古人类学界称之为下草湾人，又叫泗洪新人。距今六七千年前后，大江南北进入新石器时代兴盛阶段，据初步调查，江苏及相邻地区的新石器时代文化遗址有上千处。其中有淮安青莲岗文化、高邮龙虬文化、海安青墩文化、苏州草鞋山文化、南京北阴阳营文化、常州圩墩文化等。草鞋山遗址发现的6000年前马家浜文化水稻田，是目前中国发现最早有灌溉系统的古稻田。

江苏是《尚书·禹贡》所载九州中的徐、扬两州的一部分，后代先后设有吴、毗陵、丹阳、江都、下邱、彭城、东海诸郡。唐初分属江南、淮南、河南三道。北宋时属江南东路、两浙路、淮南东路和京东西路。明代江苏与安徽同属应天府，直隶南京。清初属于江南省。清康熙六年（1667年）析江南省为江苏、安徽两省。1928年，南京为特别市。中华人民共和国成立后，设苏南、苏北两个行政公署区，南京为中央人民政府直辖市。1953年合并，成立江苏省，省会南京。

［**民族风情**］

江苏是少数民族散居地区，55个少数民族齐全。截至2018年12月，全省少数民族常住人口38.49万，占全省总人口的0.49%。少数民族常住人口最多的是南京市，有9.91万人，占全市总人口的1.37%。超过万人的少数民族有：苗族、土家族、壮族、彝族、满族、布依族、水族、侗族、蒙古族。回族是江苏省世居少数民族，占全省少数民族总数的33.97%。

江苏的民俗风情多姿多彩，令人眼花缭乱。如文化娱乐风俗：有昆山的昆曲、苏州的评弹、扬州的扬剧、无锡的锡剧、南京的白局。民间文学有神话、传说、民间故事、民谣、民歌、谚语、谜语。江南丝竹开始产生于明代的苏州一带。“丝”指丝弦乐器，如胡琴、月琴、琵琶、三弦、秦琴、扬琴等。“竹”指管乐器，如笛、箫、笙、唢呐等，演奏的乐曲来自婚丧、喜庆和庙会活动中的风俗音乐。

又如农事和节气的风俗：根据二十四个节气进行农事和安排生活。如“春打六九头，耕牛满地走”，元旦日如阴则“岁朝乌云秃，高低田稻一齐熟”。立春日举行探春、采春、迎春和打春及迎春牛和送“春牛图”。夏日有“雨打立夏，无水浇耙”“小暑不见日头，大暑晒开石头”，立夏人们吃补食、称体重。秋季“雷打秋头，百事无收”、“八月十五云遮月，来岁元宵雨打灯”。寒冷的冬季主要是田间管理“庄稼要收成，土地要冬耕”“冬季清除田边草，来年肥多害虫少”。冬至大如年，人们吃年糕、做汤圆、穿新衣服、祭祀祖先。

还如农事的祭祀风俗：清明前后下稻，下稻要选时辰、选经验丰富的男性老农，说话要讨口彩。第一天插秧，谓“开秧门”，除一套程序外还需祭土地神，若干旱不雨，则去城隍庙祈求降雨。为了防治病虫害，正月半夜“甩火把”。太湖一带如遇上虫害，将扫帚插在田中，称为“扫虫”，或将刘猛春将军菩萨请出来巡游。中秋节后举行土地会、青苗会、稻花会和庆丰会。

［**文旅资源**］

吴文化是中华文化的一个重要组成部分，而且它“个性”非常突出，生命力异常强盛，历史上曾长期繁荣发展，有卓越贡献，在世界文明史中也占有光辉独特的一页。它曾一次次创造历史性奇迹，周代吴国的历史就是一例。3100 多年前，勾吴建立，逐步形成了吴文化。最初的政治中心在无锡、吴县交界处一带，2500 年前吴国迁都苏州，大为兴盛，吴文化发展也有了飞跃性的变化，历史的奇迹从此反复出现。春秋时期，楚、晋、齐是大国，吴是偏居南方的小国，竟能以 3 万之师打败 20 万之众的楚国，占领其郢都。后来吴又战败齐军，威震晋国，夺得天下之霸主地位。

江苏历史上文化名人辈出，灿若繁星。政治家、军事家有孙武、伍子胥、刘邦、项羽、韩信等，科学家有祖冲之、沈括、徐光启、徐霞客等，文学家有刘勰、李煜（南唐后主）、范仲淹、秦观、范成大、施耐庵、吴承恩、曹雪芹、吴敬梓、冯梦龙、刘鹗等，艺术家、书画家有顾恺之、张旭、米芾、唐寅、文徵明、祝枝山和以郑板桥为代表的“扬州八怪”，还有思想家顾炎武等。《水浒传》《西游记》《红楼梦》《儒林外史》等古典名著均出自江苏籍作者之手或与江苏有关。张謇、荣宗敬、荣德生、刘国钧等著名实业家，是我国近代民族工业的重要创始人。近代和当代著名的科学家有华罗庚、周培源、茅以升、钱伟长等，文化名人有柳亚子、朱自清、叶圣陶等，著名书画家有徐悲鸿、刘海粟、钱松喦、林散之等，著名表演艺术家有梅兰芳、周信芳、赵丹等。老一辈无产阶级革命家周恩来、张太雷、恽代英、瞿秋白等都是江苏籍。

江苏绘画艺术以山水画、水印木刻版画和水彩水粉画见长，被称为“江苏三水”。东晋无锡顾恺之善画人物，有“画绝”之称。王羲之书法艺术出神入化，被后人尊为“书圣”。梁吴县张僧繇擅作壁画，成语“画龙点睛”就和他有关。唐苏州张旭运笔纵横捭阖，世人尊之为“草圣”。晚唐苏州杨惠之创“塑壁”新技法，被称为“塑圣”。常熟黄公望、无锡倪瓒和王蒙、吴镇并称元代山水画四大家。据统计，明代中国知名画家约 4000 人，江苏一省就有 1700 多人，几乎占有半壁江山。

江苏素有“二胡之乡”美誉，“江南丝竹”是最富代表性的民间音乐。古琴艺术在中国具有突出地位，先后形成常熟虞山琴派、扬州广陵琴派、南京金陵琴派等重要的地方性音乐流派。江苏流传至今的民歌有 12800 余首，有六合民歌《茉莉花》、二胡演奏曲《二泉映月》等，广为流传。历史上产生过大小曲种 50 余种，现尚存 20 余种，苏州评弹（苏州评话、苏州弹词）、扬州评话、扬州弹词、扬州清曲、徐州琴书、南京白局都是代表性曲种。

江苏民间舞蹈种类丰富，秧歌舞、花鼓舞、龙舞、狮舞、灯舞、傩舞、高跷等，均有深厚的文化内涵和鲜明的地域特点，具有代表性的有 70 多个品种、1600 多个舞蹈。

江苏拥有丰富的旅游资源，自然景观与人文景观交相辉映，可谓是“吴韵汉风，各擅所长”。江苏的山虽不高，但多负盛名，其中有常州溧阳南山竹海，南京钟山，镇江北固山、金山，金坛和句容交界处的茅山，南通狼山，苏州天平山，徐州云龙山，新沂马陵山和连云港花果山等。截至 2019 年 7 月，江苏有世界遗产 4 处：苏州古典园林、明孝陵、京杭大运河（江苏段）、黄（渤）海候鸟栖息地（第一期）。有国家5A级旅游景区25家，如苏州园林、周庄、同里、中山陵、水浒城、秦淮河—夫子庙等。截至2016年1月，有国家生态旅游示范区6处，有国家级风景名胜区5处，国家级旅游度假区5处，国家地质公园4处（详见附录）。

江苏的水兼江河湖海，中国第一大河——长江横穿东西，江面辽阔。世界上最古老的运河——京杭大运河纵贯南北。我国第三大淡水湖——太湖及第四大淡水湖——洪泽湖烟波浩渺，苏南第二大湖泊——西太湖，碧波万顷。连云港的海滨浴场、南通盐城的湿地滩涂则是江苏的沿海旅游资源。江苏的名泉有“天下第一泉”镇江中泠泉，“天下第二泉”无锡惠山泉，苏州虎丘的“天下第三泉”及憨憨泉。

［**风物特产**］

江苏是物产丰饶的鱼米之乡。繁体“蘇”字拆开，即为“鱼米”。江苏与粮食相关联的地名也不少，太仓、常熟、大丰等地名都寄托了人们对五谷丰登、仓廪殷实的愿望。自唐代以来，中央王朝供给便仰仗东南，号称“苏湖熟、天下足”。后来江苏稻米种植减少，桑棉增多，丝织业和棉织业获得大发展，清朝便在江苏设了江宁、苏州两个织造府，足见当时纺织业之兴盛。虽然“苏湖熟、天下足”让给了“湖广熟、天下足”，却也赢回了一个“衣被天下”的美誉。今天，江苏经济发展走在全国前列，工业增加值列全国之首，即便如此，农业大省、粮食主产区的地位也始终没有动摇过，农业现代化水平全国领先，水稻单产连续多年居全国主产省之首，粮食总产量一直居全国第四、第五位。

江苏的特产还有常州梳篦、宿迁“黄狗猪头肉”、泰州三麻、南京板鸭、连云港的玻璃工艺制品、苏州碧螺春茶等。

苏菜（也叫淮扬菜）主要由淮扬菜（淮安、扬州、镇江）、金陵菜（南京）、徐海菜（徐州、连云港）及苏锡菜（苏州、无锡、常州）四种风味组成。与鲁菜、川菜、粤菜并称为中国四大菜系。淮扬菜，始于春秋，兴于隋唐，盛于明代，素有“东南第一佳味，天下之至美”之美誉。

［**特色产业**］

江苏省港口货物通过能力、万吨级以上泊位数、货物吞吐量、亿吨大港数等多项指标均位列全国第一。全省共有一类港口口岸17个，直接与世界上100多个国家和地区港口有贸易往来。全省拥有港口生产性泊位数5684个，万吨级以上泊位数524个，港口综合年通过能力达22.9亿吨。

第三节　浙江省基本概况与主要文旅资源

浙江省简称"浙"，省会杭州，素有"鱼米之乡""文物之邦"之称。浙江省地处中国东南沿海长江三角洲南翼，东临东海，南接福建，西与江西、安徽相连，北与上海、江苏接壤。陆域面积约10万平方公里，下辖2个副省级城市，9个地级市，90个县（市、区）。截至2021年5月，全省常住人口6457万。

［**地理、气候**］

浙江地形复杂，山地和丘陵占70.4%，河流和湖泊占6.4%，平原和盆地占23.2%，耕地面积仅208.17万公顷，故有"七山一水二分田"之说。地势南高北低，山地多呈东北、西南走向，大致可分为浙北平原、浙西丘陵、浙东丘陵、中部金衢盆地、浙南山地、东南沿海平原及滨海岛屿6个地形区。

浙江省山脉自西南向东北成大致平行的三支。西北支从浙赣交界的怀玉山伸展成天目山、千里岗山等；中支从浙闽交界的仙霞岭延伸成四明山、会稽山、天台山，入海成舟山群岛；东南支从浙闽交界的洞宫山延伸成大洋山、括苍山、雁荡山。龙泉市境内海拔1929米的黄茅尖为浙江省最高峰。舟山群岛是我国最大的群岛。

水系主要有钱塘江、瓯江、灵江、苕溪、甬江、飞云江、鳌江、曹娥江八大水系和京杭大运河浙江段。有杭州西湖、绍兴东湖、嘉兴南湖、宁波东钱湖四大名湖及新安江水电站建成后形成的全省最大人工湖泊千岛湖。钱塘江是浙江省内第一大江，又称"之江"。钱塘江有南、北两源，北源从源头至河口入海处全长668公里，其中在浙江省境内425公里；南源从源头至河口入海处全长612公里，均在浙江省境内。

浙江海域面积26万平方公里。面积大于500平方米的海岛有3061个，是全国岛屿最多的省份。其中面积502.65平方公里的舟山岛为中国第四大岛。在"2016中国海洋宝岛榜"中，浙江有21个海岛上榜，占总数的1/5。

浙江海岸线总长6486.24公里，居全国首位。

浙江属于典型的亚热带季风气候。受其影响，浙江气候呈现出如下特点；季风显著，四季分明，年气温适中，光照较多，雨量丰沛，空气湿润，雨热季节变化同步，气候资源配置多样，气象灾害频发。浙江年平均气温15℃~18℃；全省年平均降水量在980~2000毫米，年平均日照时数1710~2100小时。浙江是我国受台风、暴雨、干旱、寒潮、大风、冰雹、冻害、龙卷风等灾害影响最严重的地区之一。

［**交通状况**］

浙江交通已形成陆、海、空三维立体式交通网络。截至2020年年末，全省公路总里程12.33万公里，其中，高速公路5096公里，实现陆域县县通高速。

陆路交通方面，铁路有沪杭、浙赣两条干线和萧甬、宣杭、金千、金温等支线，其中杭州、宁波、温州为主要始发站，杭州东站、金华西站为主要中转站。高速公路有沪杭、杭甬、上三、金丽温、甬台温、杭金衢、宁杭、杭徽等。现已开通杭沪、杭宁、杭甬、杭温高铁。另有104国道和320国道经过浙江全境，省内有329国道（杭州——舟山沈家门）和330国道（寿昌——温州）。

杭州湾跨海大桥是国道主干线——沈海高速跨越杭州湾的便捷通道。大桥北起嘉兴市海盐郑家埭，跨越宽阔的杭州湾海域后止于宁波市慈溪水路湾，大桥于2008年5月1日建成通车，建成后缩短了宁波至上海间的陆路距离120公里。杭州湾跨海大桥是我国自主投资、自主建设的超级工程，施工地形之复杂、建设难度之大，在全国及世界建桥史上都十分罕见。大桥入选1949~2009年中国60大地标和美国媒体评选的“世界12大奇迹桥梁”，荣获鲁班奖、詹天佑奖、国家科技进步二等奖和菲迪克工程项目优秀奖等一系列国家级和世界级荣誉。

海运方面，宁波、上海、舟山群岛之间每天都有多班客轮往返，形成了中国最为繁忙的海上客运“金三角”；还有杭州湾、象山湾、台州湾、温州湾等深水港湾，建有万吨级以上泊位的港口有北仑港、乍浦港、舟山港、海门港和温州港，其中以北仑港最大。

航空方面，全省有杭州、宁波、温州、义乌、黄岩、衢州、舟山7个民用机场，其中杭州萧山国际机场和宁波栎社国际机场、温州龙湾国际机场为国际机场。2020年，全年旅客吞吐量4996万人次，其中发送量2523万人次。

［**历史沿革**］

浙江历史悠久，源远流长，是中国古代文明的发祥地之一。早在5万年前的旧石器时代，我们的祖先就开始在浙江大地上繁衍生息。1963年在建德县（今建德市）乌龟洞发现的5万年前的“建德人”，是迄今为止发现的浙江省最早的古人类化石。此后在浙江境内又发现了距今4000～5000年的良渚文化、距今5000～7000年的河姆渡文化、距今6000多年的马家浜文化、距今7000～8000年的跨湖桥文化、距今1万年的上山文化，近来在良渚遗址又发现了5000年前中国最大古城。

跨湖桥遗址中发现了七八千年前的“独木舟”；河姆渡是母系氏族社会繁荣时期的代表性文化遗址，遗址中发现了我国木结构建筑中最早的榫卯构件，出土了大量保存完好的稻米，这证明当时浙江先民已能人工栽培水稻。良渚属于父系氏族时期的文化遗址，遗址中发现了黑陶和玉琮、玉璧等大量玉器，这些在商周奴隶制国家中都属贵重礼器。湖州市区南部钱山漾遗址出土的一批珍贵的丝麻织物，证明了四五千年以前，浙江先民已开始养蚕缫丝。

浙江春秋时分属吴、越两国，战国时属楚；秦时分属会稽郡、鄣郡、闽中郡；汉时属扬州刺史部；三国时入东吴版图，仍属扬州；唐朝时先属江南道，后属江南东道，又分置浙江东道、浙江西道两节度使，“浙江”作为行政区名称自此始；五代十国时临安人钱镠建立吴越国，属江南道；北宋时属两浙路；南宋建都临安（即今杭州），分置两浙西路和两浙东路；元代时属江浙行中书省；明初置浙江行中书省，简称浙江省，省名自此出现，后改为浙江承宣布政使司，省界区域基本定型；清康熙初年改为浙江省，沿袭至今。

［**民族风情**］

浙江省是少数民族散杂居的省份，少数民族人口总量不多，但民族成分较多。其中世居浙江省的少数民族有畲族、回族和满族等，其他少数民族大多是在中华人民共和国成立后，特别是改革开放以来因工作、经商或婚嫁而落户浙江的。浙江省少数民族以畲族人口为多数，农村人口为主体，具有大分散和小聚居结合的特点。主要分布在温州、丽水、杭州、金华、宁波等市。

浙江省丽水市设有全国唯一的畲族自治地区——景宁畲族自治县，畲族是浙江省人口最多的少数民族。畲民自称“山哈”，意为山里的客人。畲族人崇拜祖先，重视祭祖，并带有原始社会图腾崇拜的色彩。畲族民歌是其人民在长期生产和生活中创造的民间口头文学，主要作品《高皇歌》是一部反映畲族祖先英雄事迹的民族史诗，长达400多行。2008年，畲族民歌经国务院批准，被列入《第一批国家级非物质文化遗产扩展项目名录》。畲族女性的传统服装“凤凰装”具有鲜明的民族特色。其特点是：红头绳扎的长辫高盘于头顶，象征着凤头；衣裳、裙上用大红、桃红、杏黄及金银丝线镶绣出五彩缤纷的花边图案，象征着凤凰的颈项、腰身和翅膀；金色腰带象征着凤尾；周身叮当作响的银饰象征着凤凰的鸣叫。整体装束色彩绚丽，端庄热烈。畲族人日常饮食以大米、薯类为主。畲族人喜喝茶、爱饮酒。闻名于世的畲族“惠明茶”历史悠久，明清时期曾被列为贡品，1915年获巴拿马万国博览会金质奖章。三月三是畲族最为重要的民族传统节日。其内容包括赶场对歌、吃乌米饭、民间体育竞技等形式。这些节日活动对畲族的生活、生产、婚嫁和娱乐等多方面产生了巨大的影响。

[**文旅资源**]

浙江省自然风光与人文景观交相辉映。境内山陵绵延起伏，平原阡陌纵横，江河滔滔不绝，海岛星罗棋布，构成了一幅幅绝美的画卷。

浙江省山川秀丽、人文荟萃。奇山异水哺育出一代代杰出人物，吸引了一批批四方豪客，造就了浙江省深厚的人文底蕴。六朝以后浙江文学逐渐兴起。谢灵运开创了中国古代山水诗派，对后世影响深远。南宋时期，陆游的作品不仅量大而且质优，世所罕见。晚清龚自珍、王国维皆为一代大家。民国时期的鲁迅、郁达夫、茅盾等人均在中国文学史上具有举足轻重的地位。此外浙江还是“中国戏曲的摇篮”和中国电影的发源地。深厚的文化底蕴产生了一处处人文遗迹。

浙江省境内有号称“东南第一山”的雁荡山风景名胜区，素有“海山第一”之盛名，有以“海天佛国”“南海圣境”著称于世的普陀山风景名胜区以及遍布神奇钟乳石景观的双龙洞风景名胜区等。此外，浙江省还有丰富独特的水域风光，如世界上最古老的运河之一京杭大运河、犹如一颗明珠镶嵌于群山之中的西湖等。

自古以来，“天下西湖三十六，就中最美是杭州”，西湖景区是国务院首批公布的国家重点风景名胜区，也是全国首批十大文明风景旅游区和国家5A级旅游景区。作为“东方文化名湖”，是中国历代文化精英秉承“天人合一”“寄情山水”的中国山水美学理论下景观设计的杰出典范，展现了东方景观设计自南宋以来讲求“诗情画意”的艺术风格，为中国传衍至今的佛教文化、道教文化以及忠孝、隐逸、藏书、印学等中国古老悠久的文化与传统的发展与传承提供了特殊的见证。坐落于浙江省杭州市西湖景区孤山南麓的西泠印社创建于清光绪三十年（1904年），由浙派篆刻家丁辅之、王福庵、吴隐、叶为铭等召集同人发起创建，吴昌硕为第一任社长。以“保存金石，研究印学，兼及书画”为宗旨。是海内外研究金石篆刻历史最悠久、成就最高、影响最广国际性的研究印学、书画的民间艺术团体，有“天下第一名社”之誉。2006年，“金石篆刻（西泠印社）”成为首批国家级非物质文化遗产代表作。2009年，由西泠印社领衔申报的“中国篆刻艺术”成功入选联合国教科文组织“人类非物质文化遗产代表作”，进一步确立了西泠印社作为篆刻传承代表组织和国际印学中心的地位。

2005年8月15日，在浙江省安吉县吉余村，时任浙江省委书记的习近平同志创造性地提出“绿水青山就是金山银山”的重要理念。“绿水青山就是金山银山”的重要理念已经并将继续对我国生态文明建设产生广泛而深远的影响。遵循这一理念，浙江省美丽乡村建设走在了全国前列，中国“洋家乐”发源地莫干山镇利用乡村闲置资源发展文化旅游度假新业态，以“裸心谷”“裸心堡”“法国山居”等为代表的“洋家乐”年营业收入突破20亿元。莫干山镇先后被评为全国美丽宜居小镇、首批中国特色小镇、首批省级旅游风情小镇、中国国际乡村度假旅游目的地等荣誉称号，并被《纽约时报》评选为全球最值得去的45个地方之一。

在国务院公布的四批《国家级非物质文化遗产名录》中，浙江每一批入选数量均居全国第一，现总入选数已达217项。杭州西湖、京杭大运河浙江段和浙东运河、良渚古城遗址入选世界文化遗产，江郎山入选世界自然遗产；有世界非物质文化遗产10项：龙泉青瓷传统烧制技艺、中国桑丝技艺（浙江、江苏、四川三省联合申报）、昆曲、妈祖信俗、皮影戏、农历二十四节气、传统木结构营造技艺、端午节、针灸、剪纸。

［**风物特产**］

浙江气候温润，四季分明，雨量充沛，物产极为丰富，茶叶、蚕丝、水产品、柑橘、竹制品等在全国占有重要地位。名茶有西湖龙井、径山香茗、湖州熏豆茶、普陀佛茶、开化龙顶茶和景宁惠明茶等。龙井茶色泽翠绿，香气浓郁，甘醇爽口，形如雀舌，即有“色绿、香郁、味甘、形美”四绝的特点。西湖龙井位列我国十大名茶之一，具有1200多年历史，明代列为上品，清顺治列为贡品。清乾隆游览杭州西湖时，盛赞龙井茶，并把狮峰山下胡公庙前的十八棵茶树封为“御茶”。龙井茶得名于龙井。龙井位于西湖之西翁家山西北麓的龙井茶村。龙井茶因其产地不同，分为西湖龙井、钱塘龙井、越州龙井三种，除了西湖产区168平方公里的茶叶称作西湖龙井外，其他两地产的俗称为浙江龙井茶。

名酒以黄酒为最，其中绍兴加饭酒与女儿红、金华的寿生酒和建德的致中和五加皮都是酒中珍品。中药以“浙八味”驰名中外，包括杭白菊、浙贝、白术、白芍、元胡、玄参、麦冬、郁金八味中药材。其他特产品种多样，如昌化山核桃、楚门文旦、黄岩蜜橘、金华火腿、太湖银鱼、太湖蟹、千岛湖淡水鱼等。

浙菜历史悠久。南宋时都城临安的饮食业就相当繁荣，浙菜就是在此基础上逐渐发展起来的。浙菜主要由杭帮菜、宁波菜、绍兴菜、温州菜和金华菜等地方菜组成。杭帮菜为浙菜的代表菜，口味浓淡适中，略带甜味，形成清鲜、爽脆、淡雅的特点；传统名菜有西湖醋鱼、龙井虾仁、东坡肉、宋嫂鱼羹、干炸响铃、蜜汁火方和西湖莼菜汤等。宁波菜取料以海鲜为主，注重“鲜咸合一”，口味较重，讲究鲜嫩、软滑；传统名菜有冰糖甲鱼、苔菜拖黄鱼、雪菜大黄鱼、新风鳗鲞等。绍兴菜取料以鱼虾河鲜与鸡鸭家禽及豆、笋、霉干菜为主，烹饪上常用鲜料配腌制食品同蒸或炖，且多用绍兴黄酒烹制，香味浓烈；传统名菜有霉干菜焖肉、清汤越鸡、清蒸鳜鱼等。温州菜以海鲜入馔为主，烹饪上讲究“两轻一重”（轻油、轻芡、重刀工）；传统名菜有三丝敲鱼、爆墨鱼花、炸蛏子筒等。金华菜以火腿为原料的各种菜肴多达四五百种，是金华菜的最大特色。名菜有火腿荷化爪、蜜汁火腿和金华筒骨煲等。

［**特色产业**］

浙江是我国农、林、牧、渔各业全面发展的高产综合性农区，农业产业门类齐全、特色产品丰富。浙江拥有多宜性的气候环境、多样性的生物种类，粮油、畜禽、渔业、蔬菜、茶叶、果品、食用菌、花卉等产业稳步发展，茶叶、蚕桑、蜂、食用菌等特色产业在全国占有较大份额。杭嘉湖平原、宁绍平原是著名的粮仓和丝、茶产地，舟山渔场是中国最大的渔场。2019 年，全省农副产品出口额 99.20 亿美元，居全国第四。茶叶、蜂王浆、蚕丝等产品出口居全国第一。

浙江工业门类齐全，综合配套能力强，以通用设备制造业、电气机械及器材制造业、纺织服装鞋帽制造业、塑料制品业、皮革毛皮羽毛及其制品业等为代表。矿产方面，以非金属矿产为主，石煤、明矾石、叶蜡石、水泥用凝灰岩、建筑用凝灰岩等储量居全国首位，萤石居全国第二位，东海大陆架盆地有着良好的石油和天然气开发前景。

第三产业是浙江省经济增长的重要引擎，服务业总量占全国比重位居前列。物联网、大数据、云计算、人工智能等现代信息技术迅猛发展，数据经济、共享经济等形成的新动能蓬勃发展，以阿里巴巴集团为代表的电子商务、网上购物、移动支付等一批新模式引领世界潮流，深刻改变了人们的生产生活方式。义乌小商品市场、海宁皮革市场、绍兴轻纺市场等已享誉国内外。义乌国际商贸城是全球最大的小商品集散地，180 多万种小商品销往全球 200 多个国家和地区，是“无所不有”的世界超市，享有“小商品海洋，购物者天堂”美誉。杭州的金融、旅游、文化创意和软件产业，宁波、舟山的临港物流和海运业，各地区独具特色的服务行业得到了充分的发掘和发展。

第四节　安徽省基本概况与主要文旅资源

安徽省简称“皖”，省会为合肥，地跨长江、淮河、新安江三大流域，世称江淮大地，地处长江、淮河中下游，长江三角洲腹地，总面积约 14 万平方公里，下辖 16 个地级市，105 个县（市、区）。截至 2021 年 5 月，全省常住人口 6102 万。

［**地理、气候**］

长江、淮河横贯东西，将全省分为淮北平原、江淮丘陵、皖南山区三大自然区域。淮河以北是一望无际的大平原，土地平坦肥沃；长江、淮河之间丘陵起伏，河湖纵横；长江以南的皖南地区山峦起伏，以黄山、九华山为代表的山岳风光秀甲天下。安徽主要山脉有大别山、黄山、九华山、天柱山，最高山峰为黄山莲花峰，海拔1864米。

长江流经安徽中南部，境内全长416公里；淮河流经安徽北部，境内全长430公里；新安江为钱塘江正源，境内干流长240公里。长江水系湖泊众多，较大的有巢湖、龙感湖、南漪湖，其中巢湖面积近800平方公里，为中国五大淡水湖之一。

安徽地处暖温带与亚热带过渡地区。淮河是中国南北气候的分界线，淮河以北属暖温带半湿润季风气候，淮河以南为亚热带湿润季风气候。其主要特点是：季风明显、四季分明、春暖多变、夏雨集中、秋高气爽、冬季寒冷。全省年平均气温在14℃~17℃，平均日照1800~2500小时，平均无霜期200~250天，平均降水量800~1800毫米。四季分明，雨量充沛，气候宜人。

［**交通状况**］

安徽省在国家交通运输网络中，承东启西、连南接北，具有左右逢源、双向多维的区位优势。安徽省是中华人民共和国各省级行政区中修建高速公路时间最早的省份之一，首条高速公路合宁高速公路于1991年4月建成通车，是全国第三条高速公路。铁路网密度和高铁里程均居全国前列，目前安徽省有16条国家级高速公路，19条省级高速公路，形成了高速公路网络。截至2020年，安徽省高速铁路线网包括已开通运营的京沪高速铁路、合蚌高速铁路、合福高速铁路、宁安高速铁路、徐郑高速铁路、杭黄高速铁路等9条高速铁路，在建的有合安高速铁路、安九高速铁路、合新高速铁路、池黄高速铁路等7条线路。

安徽水运条件优越。长江、淮河、新安江三大江横贯省境，截至2020年年底，全省内河航道总里程达到6628公里，有一类、二类口岸11个，有港口16个，其中长江流域主要有合肥港、芜湖港、安庆港、马鞍山港、铜陵港等港口，淮河流域有蚌埠港、淮南港、阜阳港、宿州港等港口，新安江流域有黄山港、宣城港。

安徽现有民用机场6个，其中合肥新桥、黄山屯溪为国际机场。

［**历史沿革**］

安徽省是中国史前文明的重要发祥地之一。在繁昌县人字洞发现距今约250万年前的人类活动遗址。在和县龙潭洞发掘出30万~40万年前旧石器时代的“和县猿人”遗址。蚌埠发现了距今约7000年的双墩遗址，是目前淮河中游地区已发现的年代最早的新石器时代文化遗存，是淮河流域早期文明的有力证据。潜山市发掘的薛家岗遗址，距今有五六千年历史，是一处以新石器时代遗存为主的古文化遗址，对研究长江中下游地区原始文化有着重要的学术价值。我国历史上的夏禹，与安徽有密切的关系。史书记载“禹会诸侯于涂山，执玉帛者万国”，涂山即今安徽怀远东南马头城的古当涂。这些文化遗址表明远古时期已有人类生息繁衍在安徽这片土地上。

秦朝实行郡县制，安徽境内淮北地区属砀郡、泗水郡，江淮之间属九江郡，皖南属鄣郡；两汉时期，安徽地属扬、豫、徐三州；三国时期安徽分属吴、魏，安徽境内曾发生多次战争；两晋、南北朝和隋朝，安徽分属扬、徐、豫三州；宋时，徽商崛起，徽州的经济和文化开始对全国产生重要影响；元朝安徽地属河南、江浙两行省；明时，安徽由南京直接管辖；清朝安徽建省时，辖安庆、徽州、宁国、池州、太平、庐州、凤阳7个府及滁州、和州、广德3个直隶州，疆域格局基本定型，安庆府作为临时省会的地位已经确立；民国初期，安徽省分为芜湖、安庆、淮泗三道。

中华人民共和国成立之初，安徽分为皖北、皖南两行署，皖北行署驻合肥市，皖南行署驻芜湖市。1952年合并皖南、皖北行署，恢复安徽省，省会设于合肥市。

［**民族风情**］

安徽省属少数民族散居省份。回族、满族、畲族为安徽省世居少数民族。少数民族在全省呈“大分散、小聚居”状分布。回族是安徽人口最多、分布最广的少数民族。安徽满族主要分布在肥东县完牌坊一带，以“完颜”为姓，自明朝初期就生活在这里。安徽畲族于清光绪年间，从浙江桐庐、兰溪、淳安等县迁来，落脚安徽省宁国市云梯乡一带，另有来自福建省蒲城等地，数量较少。

安徽是汉族聚居区，汉族的民俗风情在此获得生存与发展。其中的徽派建筑，犹如一幅幅迷人的风情画吸引着越来越多的中外旅客。中国封建社会后期，随着社会经济的发展和徽商的崛起，徽州村落、祠庙、水口园林和宅居建筑也有了令人瞩目的发展，形成了一种由白墙、黑瓦、马头墙和牌坊组成的古民居村落，并随着徽商走出徽州本土，影响了很多周边地区的建筑风格，发展成为一种江南地区特有的民居建筑风格。徽派建筑从布局到色彩都给人一种较为统一的格调和风貌。既具有形体组合的和谐美与韵律美，又具有深厚的徽州文化底蕴。

［**文旅资源**］

安徽名山胜水遍布全境，自然与人文景观交相辉映，有黄山、九华山、天柱山、琅琊山、齐云山五座名山，安徽省各类文物遗存2.5万多处，现有世界文化遗产3处：黄山、皖南古村落（西递宏村）、大运河（安徽段），总数居居全国第5位。国家考古遗址公园5个：凌家滩、寿春城、明中都城、双墩、禹会村，总数居全国第5位。全省现有非物质文化遗产5500多项，其中，世界级非物质文化遗产3项：宣纸制作技艺、徽州木结构营造技艺、珠算。

作为中国史前文明的重要发源地之一，安徽文化底蕴深厚、源远流长，曾培育出道教文化、建安文学、桐城派、北宋理学、徽文化等，涌现出老子、庄子、管子等一批著名历史人物。现代的文化名人有陈独秀、胡适、陶行知、朱光潜、吴作人等；晚清的李鸿章、丁汝昌、刘铭传、詹天佑等。安徽被称为中国戏曲之乡，地方戏种现存30余种，影响较大的有黄梅戏、徽剧等。此外，安徽的商帮文化一向发达。徽商是中国十大商帮之一，徽商又称新安商人、徽州商人、“徽帮”，它是旧徽州府籍商人集团之总称。徽人经商，源远流长，早在东晋时就有新安商人活动的记载，以后代代有发展，明朝成化、弘治年间形成商帮集团。作为古代中国商界中的一支劲旅，徽商商业资本之巨、从贾人数之众、活动区域之广、经营行业之多、经营能力之强，都是其他商帮所无法匹敌的，所以能在中国商界称雄数百年。

安徽江、河、湖、泉兼有，水域风光独特。长江横穿东西，江面辽阔。我国五大淡水湖之一巢湖是国家级旅游度假区；皖北第一大湖泊龙子湖及被称为“东方日内瓦湖”的太平湖。宿州的黄河故道是安徽的湿地旅游资源。安徽的名泉极多，有江南第一泉圣泉，天下第七泉白乳泉。安徽省名山众多，首屈一指的当数中国十大名山之一的黄山，素有“五岳归来不看山，黄山归来不看岳”之称，还有中国四大佛教名山之一的九华山。除此之外，还有富有皖南古建筑特色的西递宏村，粉墙黛瓦马头墙，诉说着当年徽商的传奇历史。

［**风物特产**］

安徽特产名品主要集中在茶和酒两大类饮料上。安徽是全国重要产茶省份之一。安徽茶叶不仅产量大、品种繁多，而且以历史悠久和品质优良而著称。在中国历次十大名茶评比中，安徽黄山毛峰、祁门红茶、太平猴魁、六安瓜片等多次入围。黄山毛峰是我国极品名茶，属绿茶类，产于黄山。于清代光绪年间开始生产。黄山毛峰分特级毛峰与普通毛峰两种。特级毛峰产于海拔 700 米以上的深山。其品质特点是：外形似舌，细扁而微卷曲，白毫显露，色泽嫩绿，泛象牙色，油润光滑；入杯冲泡，香气四溢，雾气结顶，水色清澈明净，品之醇鲜，味甘若饴。祁门红茶简称祁红，是我国传统名茶，产于祁门县。其品质特点是：条索细，色泽乌润，芳香馥郁，汤色红艳透明，滋味鲜醇爽口，色、香、味俱佳。在国内外市场上久负盛名，曾获巴拿马万国博览会一等金质奖章及国家金质奖章。太平猴魁属于烘青绿茶类的尖茶。产于黄山市太平县（今为黄山区）猴坑一带的高山茶园。其品质特点是：形状挺直，两端略尖，色泽苍绿，宛如橄榄。入杯冲泡，芽叶成朵，徐徐展开，茶汤青绿，香气高爽，回味香甜，被称“猴魁茶香百里醉”。六安瓜片主要产于六安、金寨、霍山等县，尤以金寨县齐云山蝙蝠洞一带所产的齐云瓜片品质最佳，是我国著名的绿茶，其品质特点是：外形平展如瓜子形的单片，大小均匀，色泽鲜绿，清香四溢。六安瓜片制工考究，采、扳、炒和烘等工艺全靠手工操作。

安徽酒主要有口子窖、古井贡酒、迎驾贡酒、文王贡酒等。安徽美食名目繁多，主要有徽州菜、沿江菜、沿淮菜等。安徽菜为中国八大菜系之一。徽州菜起源于歙县，绩溪的徽帮厨师将它发扬光大。徽菜素以重油、重色、重火功，色、香、味、形俱全而盛行于世，在烹调方法上擅长烧、炖、蒸，代表菜肴有沙地马蹄鳖、雪天牛尾狸、问政山笋、臭鳜鱼、凤炖牡丹等。沿江菜盛行于芜湖、安庆及巢湖地区，以烹调河鲜、家禽见长，代表菜有清香砂焐鸡、生熏仔鸡、八大锤等。沿淮菜主要由蚌埠、宿州、阜阳、淮北等地的地方风味构成，菜品讲究咸中带辣，汤汁味重色浓，并习惯用香菜佐味和配色。

［特色产业］

安徽农产品资源丰富，粮、棉、油产量均居全国前列，是全国重要的无公害农产品和绿色食品生产基地，农业产业化前景广阔。此外，在发展茶叶、烟草、中药材和蔬菜、水果等特色农业、高效农业方面也具有比较优势。歙县被称为“枇杷之乡”，有上千年的枇杷种植史。宁国市被称为“山核桃之乡”，砀山被称为“酥梨之乡”，祁门被称为“红茶之乡”。工业方面，安徽省家电产业规模位居全国第二，家电企业增加值逐年提升；品牌高度集聚，配套产业完善。

第五节　福建省基本概况与主要文旅资源

福建省简称“闽”，省会为福州市。位于祖国东南沿海，东北与浙江省毗邻，西部、西北与江西省接界，西南与广东省相连，连接长江三角洲和珠江三角洲，东隔台湾海峡与台湾省相望。全省陆地面积约 12 万平方公里，海域面积 13.6 万平方公里。福建省现辖福州、厦门（副省级城市）、漳州、泉州、三明、莆田、南平、龙岩、宁德 9 个设区市和平潭综合实验区，下设 12 个县级市、31 个市辖区和 42 个县（含金门县）。根据第七次全国人口普查统计结果，福建人口数约 4154 万，占全国人口比重为 2.94%。

［地理、气候］

福建的地理特点是“依山傍海”，地势总体上西北高、东南低，山地、丘陵面积占全省土地总面积的 89%，享有“东南山国”之称，也被称为“八山一水一分田”。福建以侵蚀海岸为主，陆地海岸线长达 3752 公里，位居全国第二，海岸线曲折率居全国第一位。岛屿众多且星罗棋布，共有岛屿 1500 多个，平潭岛为全省第一大岛。

福建靠近北回归线，受季风环流和地形的影响，形成暖热湿润的亚热带海洋性季风气候，热量丰富，雨量充沛、光照充足，平均降水量 1400 ~ 2000 毫米，是中国雨量最丰富的省份之一；由于海洋的调节作用，冬季较温和，夏季较凉爽，年平均气温 17℃ ~ 21℃；气候条件优越，适宜人类聚居以及多种作物生长。

［交通状况］

铁路交通跨入“高铁时代”，实现设区市快速铁路环线闭合，福建省成为全国第一个市市通高铁的省份，运营里程突破 3500 公里，路网密度是全国平均水平的 2 倍。高速公路通车里程突破 5700 公里，路网密度居全国第三，实现县县通高速。福建位于东海与南海的交通要冲，是历史上海上丝绸之路和郑和下西洋的起点，也是海上商贸集散地。福建省可建万吨级泊位的深水自然岸线 501 公里，全国领先。港口实际年吞吐能力超过 7 亿吨，厦门、福州两大港口均跨入亿吨港行列，目前福建省港口合计 120 多条国际航线，通达近 60 个国家和地区的 130 多个港口。在航空方面，目前拥有民用机场 6 个：福州长乐国际机场、厦门高崎国际机场、南平武夷山机场、泉州晋江机场、龙岩冠豸山机场、三明沙县机场，航线近 400 条，通达世界主要城市。福建水系密布，河流众多，闽江为全省最大河流，全长 577 公里，流域面积 60992 平方公里，约占全省面积的一半。内河航运则主要以闽江为主。

［历史沿革］

据《禹贡》，福建属扬州。在周朝为七闽地，春秋以后为闽越地。秦南平百越，置闽中郡。唐朝，福建属江南道。唐景云二年（711 年），立闽州都督府。北宋时期，置福建路，行政区划为福、建、泉、漳、汀、南剑六州及邵武、兴化二军。元朝时期，置福建等处行中书省。明洪武九年（1376 年），置福建等处承宣布政使司。清代，福建区划继承明制，设福建布政使司。清康熙元年（1662 年），郑成功驱逐荷兰殖民者后，改台湾为东都，又在澎湖设安抚司。郑经治理台湾时，把东都改名东宁。清康熙二十三年（1684 年），清廷统一台湾后增设台湾府，属福建统辖，下设三县一厅。辛亥革命后，历届中央政权均置福建省。中华人民共和国成立后，福建省人民政府驻福州市，直辖福州、厦门 2 市，分设 8 个专区 67 县。

［民族风情］

福建民族民俗文化源远流长，有着丰富独特的文化内涵。

福建省是少数民族散杂居省份，全省 56 个民族成分齐全，少数民族人口占全省总人口的 2.16%。全省有 19 个民族乡（其中畲族乡 18 个、回族乡 1 个）、1 个省级民族经济开发区（福安畲族经济开发区）和 566 个民族村。世居福建的少数民族主要有畲族、回族、满族、蒙古族。福建省畲族人口全国最多，是全国回族发祥地之一，也是大陆高山族人口较多省份之一。

福建畲族人口占全国首位，畲族的节日主要有“二月二”的“会亲节”、“三月三”的“乌饭节”、牛歇节等，祭祖是畲族最隆重、最虔诚的信仰习俗活动，盘唱民歌是畲族民间最流行的文娱活动。畲族婚俗最大的特点是“俗不离歌”，畲族以女性尊贵而世代相传，婚礼上有“男拜女不拜”仪式，霞浦畲族婚俗列入《国家级非物质文化遗产名录》。畲族的女性服饰造型美观、色彩斑斓、风格独特，被称作“凤凰装”，罗源畲族服饰入选《第二批国家级非物质文化遗产名录》。畲族武术与畲族医药也是畲族人民智慧的结晶。

福建节日习俗异彩纷呈，例如元宵节。莆田元宵节从正月初六开始到二月初二结束，以跨越时间长、活动规模大、民间习俗奇、参与人数多等特色而闻名。闽台东石灯俗、马尾—马祖元宵节俗、枫亭元宵游灯习俗、泉州闹元宵习俗、闽西客家元宵节庆等多地的元宵节习俗和活动被列入《国家级非物质文化遗产名录》。端午节的习俗极具地方特色，如福州端午节有贴午时书、制午时茶等独特习俗；连江定海的海上赛龙舟；长乐江田镇三溪村的夜赛龙舟等，其中福建安海端午“嗦啰嗹”习俗和石狮端午闽台对渡习俗入选《国家级非物质文化遗产名录》。此外，福建特有的民俗节庆还有福州的“拗九节”、厦门的“中秋博饼”、长汀的“百壶宴”、连城北团的“游大粽”、莆田的妈祖节、周宁浦源村的护鱼习俗、南平漳湖镇的崇蛇习俗等。

福建海岸曲折绵长，海边有着美丽的三大渔女：惠安女、蟳埔女和湄洲女，她们勤劳、能干，还以各自漂亮的服饰和独特的头饰吸引着世界的目光。其中惠安女服饰和蟳埔女习俗被列入《国家级非物质文化遗产名录》。

［**文旅资源**］

福建旅游鲜明的特色是“山海一体，闽台同根，民俗奇异，宗教多元”。

截至2020年12月，福建拥有世界遗产项目4处，有世界文化与自然遗产——武夷山；世界文化遗产——福建土楼和鼓浪屿历史国际社区；世界自然遗产——中国丹霞（福建泰宁）。世界地质公园2处：泰宁、宁德。

福建文化旅游资源灿烂多元，悠久的历史孕育了闽都文化、客家文化、闽南文化、闽北文化、莆仙文化、畲族文化和红土地文化等地域文化，还有朱子文化、妈祖文化、海丝文化、茶文化、船政文化、闽台文化等一批内涵深刻、特色鲜明的专题文化。福建人杰地灵，英才辈出，有宋代四大书法家之一蔡襄、北宋著名词人柳永、北宋天文学家苏颂，南宋理学大师朱熹、南宋法医学鼻祖宋慈、民族英雄郑成功、“睁眼看世界第一人”林则徐、船政之父沈葆桢、“西学第一人”严复、华侨旗帜陈嘉庚、“哥德巴赫猜想第一人”陈景润、世纪老人冰心等历代名人光耀史册，造就了福建辉煌的历史。

朱子文化。朱熹（1130～1200年），宋朝著名的理学家、思想家、哲学家、教育家、诗人。朱熹祖籍徽州府婺源县（今江西省婺源），出生于福建省尤溪县。他生于闽，长于闽，终老于闽，其门人亦多为闽人，其学也称为闽学，他是闽学派的代表人物，世尊称为朱子。朱熹作为宋代理学的集大成者，其所创立的闽学体系包含丰富的哲学思想、人文精神、道德理念，被称为朱子文化，对后世影响深远，是中华传统文化的重要组成部分。

闽南文化。起源于泉州、漳州，是指生活在福建南部地区的人（主要是闽南人）共同创造并代代传承发展与创新的地区性文化，是源远流长、博大精深的中华文化的一个支系。闽南文化的内涵除广义中也含农耕文化、海商文化外，而狭义中所含的建筑文化、民俗文化、宗教文化、民间艺术、宗族文化及方言等。独具特色的闽南建筑中首推民居中的“古厝”建筑，坐落于泉州南安官桥漳里村的蔡氏古民居是其代表。闽南语起源于泉州，在外省传播闽南话最广的地区是中国台湾，外国是新加坡，不少马来人也会使用闽南语。据初步统计，海内外说闽南方言的人超过4000万。

妈祖文化。妈祖文化是劳动人民千百年来尊崇、信仰妈祖过程中遗留和传承下来的物质及精神财富的总称，是中华民族的重要文化瑰宝之一。作为中国海洋文化的代表，妈祖文化近千年来一直与我国诸多和平外交活动、海上交通贸易有着密切关联，体现仁爱助人、天人合一的内涵。妈祖文化肇于宋、成于元、兴于明、盛于清、繁荣于近现代。2009年，“妈祖信俗”被联合国教科文组织列入《人类非物质文化遗产代表作名录》。

船政文化。1866年，闽浙总督左宗棠在福州马尾创办了福建船政，轰轰烈烈地开展了建船厂、造兵舰、制飞机、办学堂、引人才、派学童出洋留学等一系列“富国强兵”活动，培养和造就了一批优秀的中国近代工业技术人才和杰出的海军将士。船政文化开风气之先，开创近代中国新式教育、军事工业、海军建设、矿山开采、机器制造、电信建设、铁路建设，开启社会科学领域的科研、教育、翻译事业及对外交往活动，影响近代社会风气的转变。福州马尾是船政文化的发祥地，在中国近代发展史上留下了不可磨灭的印记。送王船是广泛流传于中国闽南地区和马来西亚马六甲沿海地区禳灾祈安的民俗活动，是闽南人表达对海洋的敬畏和感恩而举行的一种祭祀活动，有 600 多年的历史，通过一系列祭祀仪式以祈求“国泰民安、风调雨顺”。2020 年 12 月 17 日，中国与马来西亚联合申报的“送王船——有关人与海洋可持续联系的仪式及相关实践”项目，经委员会评审通过，列入《联合国教科文组织人类非物质文化遗产代表作名录》。

［风物特产］

福建是乌龙茶、红茶、白茶、茉莉花茶的发源地，乌龙茶的主要代表有安溪铁观音和武夷岩茶，大红袍则是武夷岩茶的精品，而红茶的代表有武夷山“正山小种”、福安“坦洋工夫”等，白茶的代表有白毫银针、白牡丹等，茉莉花茶的代表有福州茉莉花茶等。此外各地市的土特产品种众多，如福州的橄榄、长乐漳港海蚌、线面、金鱼等，莆田的龙眼、荔枝、南日鲍鱼等，漳州天宝香蕉、平和蜜柚、片仔癀、水仙花等，泉州的永春老醋，三明建宁莲子、黄花梨等，宁德有宁德大黄鱼、福鼎桐江鲈鱼、古田银耳、柘荣太子参等，南平有顺昌海鲜菇、浦城桂花、邵武笋干等，还有著名的闽西八大干：明溪肉脯干、长汀豆腐干、连城地瓜干、宁化老鼠干、清流笋干、上杭萝卜干、武平猪胆干、永定菜干。

福建工艺品及技艺已入选《国家级非物质文化遗产代表性项目名录》的有福州的寿山石雕、脱胎漆器髹饰技艺、软木画、送王船；厦门的蔡氏漆线雕技艺；漳州的木偶头雕刻、漳州木版年画；泉州的德化瓷烧制技艺、惠安石雕、泉州花灯、安溪竹藤编；莆田的留青竹刻、莆田木雕；南平的建窑建盏烧制、浦城剪纸；宁德的福安银制品加工制作工艺、宁德畲族银器锻制等。而中国剪纸（含漳州漳浦剪纸、宁德柘荣剪纸）则入选《人类非物质文化遗产代表作名录》。

福建菜，简称闽菜，是我国八大菜系之一，闽菜以闽东、闽南、闽西、闽北、闽中地方风味菜为主形成的菜系，以闽东和闽南风味为代表。闽东菜代表名菜有：佛跳墙、鸡汤氽海蚌、鸡茸金丝笋、淡糟香螺片、荔枝肉，醉糟鸡等；闽南菜主要名菜有：红烧通心鳗、沙茶焖鸭块、“东璧龙珠”、加力鱼煲白菜、八宝芙蓉蟳等。2016 年曾评出福建十大名菜：佛跳墙、半月沉江

（素菜）、白斩河田鸡、竹香南日鲍、客家生鱼片、武夷熏鹅、鸡汤汆海蚌、海蛎煎、大黄鱼吐银丝、涮九门头。福建小吃以用料讲究、制作精细、品种丰富而闻名。2016 年曾评出福建十大名小吃：莆田卤面、宁德福鼎肉片、平潭时来运转、福州肉燕、龙岩芋子包、南平和平游浆豆腐、厦门沙茶面、漳州面煎粿、三明沙县扁肉、泉州崇武鱼卷。此外，福州的芋泥、泉州安海土笋冻、厦门南普陀素饼等小吃闻名遐迩。

［**特色产业**］

福建毛茶产量、茶产业全产业链产值均居全国第一，福建武夷岩茶产业集群被列入《2020 年优势特色产业集群建设名单》。

武夷岩茶是中国传统名茶，是具有岩韵（岩骨花香）品质特征的乌龙茶。产于福建闽北“秀甲东南”的武夷山一带，茶树生长在岩缝之中。武夷岩茶具有绿茶之清香、红茶之甘醇，是中国乌龙茶中之极品。武夷岩茶属半发酵的青茶，制作方法介于绿茶与红茶之间。最著名的武夷岩茶是大红袍茶。项目实施区域包括武夷山、建瓯、建阳、沙县、泰宁 5 个市（县、区），以武夷山市为龙头，建瓯市和建阳区为重点，辐射带动沙县和泰宁县共同发展，进一步提升武夷岩茶的品牌知名度，将武夷岩茶产业集群建设成为中国乌龙茶产业最具知名度、最有竞争力的产业集群。力争到 2022 年 5 个实施县的茶叶总产量达 4 万吨，全产业链产值突破 200 亿元。

第六节　江西省基本概况与主要文旅资源

江西省，位于祖国东南部，东邻浙江省、福建省，南连广东省，西接湖南省，北毗邻湖北省、安徽省而共接长江，属于华东地区，是“江南鱼米之乡”，古有“吴头楚尾，粤户闽庭”之称。因 733 年唐玄宗设江南西道而得省名，又因省内最大河流为赣江而简称“赣”，别称“赣鄱大地”。江西省共辖 11 个地级市，依次是南昌市、九江市、上饶市、抚州市、宜春市、吉安市、赣州市、景德镇市、萍乡市、新余市和鹰潭市，27 个市辖区、11 个县级市、62 个县。江西省面积约 17 万平方公里，常住人口约 4519 万。

［**地理、气候**］

江西地貌上属江南丘陵的主要组成部分。省境东、西、南三面环山，中部丘陵和河谷平原交错分布，北部则为鄱阳湖平原。赣中南以丘陵为主，多由红色砂页岩及部分千枚岩等较松软岩石构成，经风化侵蚀，呈低缓浑圆状，海拔一般为 200 米。丘陵之间夹有盆地，多沿河呈带状延伸，较大的有吉泰、赣州、于都、瑞金、兴国、宁都、南丰、贵溪等盆地。山地大多分布于省境边缘。

江西位于长江以南，纬度较低，属亚热带季风湿润气候，四季分明且天气复杂多变。冬季冷空气活动频繁；春季多对流性天气；4～6 月降水集中，是江西的雨季，这一时期易发生洪涝灾害；雨季结束后全省主要受副热带高压控制，天气以晴热高温为主，常有干旱发生。7～8 月有时受台风影响会出现较明显降水。秋季晴天多、湿度较小、气温适中，是江西省一年中最宜人的季节。江西年平均气温 18.0℃，最冷月 1 月平均气温 6.1℃，最热月 7 月平均气温 28.8℃。

［**交通状况**］

江西为长江三角洲、珠江三角洲和闽南三角地区的腹地，与上海、广州、厦门、南京、武汉、长沙、合肥等各重镇、港口的直线距离，大多在 600～700 公里。境内高速公路里程突破 6234 公里，出省主要通道全部高速化。南昌铁路局为中国最重要铁路局之一，管辖江西和福建的铁路，京九线、浙赣线纵横贯穿全境。江西民用航空运输形成了一个以南昌为轴心，以九江、樟树、泰和、吉安、景德镇、赣州连接全国和世界各地的航空运输网，南昌昌北国际机场是中国重要的枢纽干线机场、国际客运及货运的航空枢纽，江西还有赣州、九江、景德镇、井冈山民航机场。江西水路运输发达，九江市为重要内河港口，水运干线形成以赣江和信江为两纵、长江和昌江为两横的格局，通航里程 4937 公里。

［**历史沿革**］

江西开发的历史，可以上溯到距今 1 万年以前。江西作为明确的行政区域建制，始于汉高帝初年（约前 202 年），时设豫章郡（赣江原称豫章江），郡治南昌，与后来的江西省区大致相当。汉武帝时划全国为 13 个监察区，称 13 部州，此时的江西属扬州部。西晋永平元年（291 年），改设江州，其主体为江西地区原有郡县。唐时增加到8州37县，唐贞观元年（627年）唐太宗划全国为10道监察区，唐玄宗时增为15道。宋代在州之上改道为路，其大部分隶属于江南西路，另有一部分隶属于江南东路。元朝开始确立行中书省制度（简称行省或省）。江西行省辖区远远大于今天的江西省区，除包括今江西绝大部分地区外（元时江西东北地区隶属于江浙行省），还包括了今天广东省的大部分。明朝虽然基本上保留了元朝的省区建制，但改行中书省为布政使司（习惯上仍然称省），改路为府、改州为县。江西布政使司辖13府，下辖78县，地域基本等同今天的江西省区。清代改江西布政使司为江西省，行政区域基本承袭明建制。1934年从安徽划婺源县并入江西，1947年划回安徽，1949年再次划归江西。

［**民族风情**］

江西省共有38个民族，其中汉族人口最多。少数民族中人口较多的有回族、畲族、壮族、满族、苗族、瑶族等，其中人口较多的是回族和畲族。

江西为我国畲族的主要分布区之一，主要分布于贵溪和铅山等县山区，有自己独特的服装和民族风俗习惯，分布于全南等县的瑶族，居住在深山老林，擅长打猎，使用本族语言而无本族文字。

江西的居民以汉族为主，但在许多山乡农村保留着各自的传统乡土风情习俗。南丰县遍布各乡、村的民间傩舞，为国内所罕见，乡人于春节期间头戴面具、身穿仿树皮或树叶状舞衣，走村串户“跳傩”（傩舞）。此外，景德镇瓷俗，婺源的茶俗，樟树药俗，鄱阳湖畔的渔村风情，鄱阳湖颇具特色的捕捞方式有沉船捕鱼、栈湖捕鱼和开港捕鱼等，贵溪河上渔翁与鸬鹚捕鱼、竹排载客以及古越族悬棺葬俗，宜春地区偏僻山乡的传统庙会以及物资交流集会，南昌市西山万寿宫庙会，进贤县文港笔市和皮毛市，萍乡市的烟花节等，都具有浓厚的人文气息，极具旅游与文化价值。

［**文旅资源**］

江西历史悠久，旅游资源丰富。现有世界遗产地5处：庐山（世界文化景观）、三清山（世界自然遗产）、龙虎山（世界自然遗产）、龟峰（世界自然遗产）、铅山武夷山（世界文化与自然双遗产地）；世界地质公园3处：庐山、龙虎山、三清山；国际重要湿地2处：鄱阳湖国家级自然保护区和鄱阳湖南矶湿地国家级自然保护区。江西的旅游资源可以概括为：红色摇篮、绿色家园、古色厚土。与之定位相对应的18个具有经典意义的景区分别是：四大摇篮、四大名山、四个千年、六个“一”，这3个“四”和6个“一”用阿拉伯数字排列，可概括为“3461”。它们是江西旅游的代表。

四大摇篮：中国革命的摇篮井冈山、人民军队的摇篮南昌、共和国的摇篮瑞金、工人运动的摇篮安源。

四大名山：匡庐奇秀甲天下的庐山、养生福地井冈山、峰林奇观三清山、道教祖庭龙虎山。

四个千年：千年瓷都景德镇、千年名楼滕王阁、千年书院白鹿洞、千年古刹东林寺。

六个“一”，即：一湖（鄱阳湖）、一村（婺源）、一海（庐山西海）、一峰（龟峰）、一道（小平小道）、一城（共青城）。鄱阳湖是中国最大的淡水湖，鄱阳湖被列入《世界重要湿地名录》，主要保护对象为珍稀候鸟及湿地生态系统；婺源是中国最美乡村，中国旅游强县，境内拥有1个国家5A级旅游景区、13个国家4A级旅游景区，被誉为“中国最美的乡村”。九江庐山西海被列为国家5A级旅游景区及“中国最美的湖光山色”。龟峰是世界地质公园龙虎山—龟峰地质公园和世界自然遗产“中国丹霞”的组成部分。小平小道，1978年的中共十一届三中全会唱响了中国改革开放“春天的故事”，这一切最早发源于江西一条平凡的小道；共青城本是荒芜之地，通过青年人克服困难，努力奋斗，打造了羽绒服世界级品牌，将共青城建成一座青年之城、创业之城。原中共中央总书记胡耀邦亲自倡导建设共青城并长眠于此。

江西历来文风昌盛、名人辈出，有东汉时期著名高士贤人徐孺子，东晋田园诗人代表陶渊明，北宋婉约词人代表晏殊，北宋文坛领袖欧阳修，北宋散文家曾巩，北宋著名改革家王安石，北宋著名诗人、书法家黄庭坚，心学创始人陆九渊，宋末政治家、文学家、抗元名臣文天祥，明代文学家、戏剧大师汤显祖，明代科学巨匠宋应星等。其中欧阳修、曾巩、王安石同属于“唐宋八大家”之列。还有朱耷、陈三立、詹天佑等一大批学识渊博、才华横溢的历史名人，如群星灿烂、光耀史册。

书院文化。书院以私人创办和主持为主，是相对独立于官学之外的民间性学术研究和教育机构，极大地丰富和发展了我国古代教育思想。江西是古代书院的起源地，江西最早的书院是创办于814年的桂岩书院，它不仅是我国历史上最早的书院之一，而且是唐代办学时间最长的书院，长达55年。宋代白鹿洞书院名列中国四大书院之一，是书院模式的成熟标志。理学大师朱熹制定的《白鹿洞书院揭示》是我国大学最早的章程，成为后世书院遵行的准绳和法规。华林书院延四方讲席，鹅湖书院首创学术自由争辩之风，白鹭洲书院以人才辈出、延续办学800年而著称。江西的书院文化滋养了一代又一代的学子，为中国文化事业做出了不可磨灭的贡献。

红色文化。四大摇篮的所在地：中国革命的摇篮井冈山、人民军队的摇篮南昌、共和国的摇篮瑞金、工人运动的摇篮安源。第二次国内革命战争期间，中国共产党领导人民群众先后在江西建立了大片革命根据地。其中著名的有赣西井冈山革命根据地，湘赣革命根据地，赣东北革命根据地（后发展为闽浙赣革命根据地）以及包括铜鼓、修水、万载、宜丰等县的湘鄂赣革命根据地。当时的中央革命根据地在赣南和闽西地区的有21县，中华苏维埃共和国临时中央政府设在端金，故瑞金有“红都”之称。江西红色资源丰富，开国将军最多，烈士占全国的六分之一，红色基因浸透在江西人的血液和江西的山水之中。

赣南客家文化。赣南生活着700多万客家人。客家是汉民族共同体的一个分支，祖籍中原，自东晋以来，由于战乱、灾荒等原因，客家先民举族而迁，定居在赣、闽、粤三省毗邻的山区，并发展成为既保留古代中原文化传统，同时又适应南方山区生产生活的客家人。赣南擂茶是独具特色的客家茶俗。客家围屋又被称为“东方城堡”，是一种融祠、家、堡为一体，具有鲜明防卫特征的封闭式客家民居。赣南客家文化最突出的特点就是客家方言。还创造出客家山歌、赣南采茶戏等文化艺术，客家山歌中兴国客家山歌最为著名，采茶戏、兴国山歌都被列入《第一批国家级非物质文化遗产名录》。

［**风物特产**］

景德镇的瓷器源远流长，以“白如玉、明如镜、薄如纸、声如磬”的特色闻名中外，樟树的四特酒，被周恩来总理赞誉为“清、香、醇、纯”，四特酒由此而得名。遂川狗牯脑茶，曾获巴拿马国际食品博览会金奖。婺源的“婺绿”同修水一带所产红茶，被誉为“绝品”。九江庐山所产的“庐山云雾茶”被列为中国十大名茶之一。水果以南丰蜜橘、遂川金橘、南康早熟柚等为名贵地方品种，南丰蜜橘，历史上是皇室贡品。此外，中华猕猴桃、赣南脐橙、南安板鸭、泰和乌鸡、江铃汽车、金圣卷烟等，列入中国驰名商标的品种有159个。

江西菜包括南昌、九江、景德镇以及井冈山山区等地的特色风味。江西菜因料施艺、物尽其用，善烹山珍野味和水产，保持原汁原味，调味宜淡不宜重。南昌菜讲究配色、造型。山区讲究火功，菜肴丰满朴实、注重原味，尤以当地土产制撰最搏口碑。江西小吃面点多，制法各异，颇有特色。江西著名菜点有：三杯仔鸡、香质肉、冬笋干烧肉、原笼船板肉、石鱼炒蛋、浔阳鱼片、炸石鸡、鄱湖胖鱼头、余干辣椒炒肉、井冈烟笋、兴国豆腐、米粉牛肉、金钱吊葫芦、信丰萝卜饺、樟树包面、黄元米果等。赣菜传统菜肴闻名遐迩，还有许真君常以之待客的“藜蒿炒腊肉”、以文天祥名字命名的“文山肉丁”、毛主席命名的“四星望月”等。

［**特色产业**］

江西农业在全国占有重要地位，生态农业前景可喜，有机食品、绿色食品、无公害食品均位居全国前列。江西省中药材和农副产品资源丰富，有着独特的天然优势，江中集团建成中医药研发创新的重要基地，成为中医药产业龙头企业，特色农业产业集群中的江西鄱阳湖小龙虾产业集群已入选2020年农业农村部、财政部批准建设的50个优势特色产业集群之一。到2022年，江西省小龙虾养殖面积将达300万亩、年产量30万吨、综合产值突破300亿元。

“十三五”期间，江西省打造了稻米、蔬菜、果业、畜牧业、水产、休闲农业和乡村旅游六个超千亿元产业，和茶叶、中药材、油茶三个超百亿元产业。

第七节　山东省基本概况与主要文旅资源

山东省，中国华东地区的一个沿海省份，简称“鲁”，自北而南与河北、河南、安徽、江苏4省接壤，陆域面积约16万平方公里，辖16个地级市，137个县（市、区）。全省常住人口10153万。

［**地理、气候**］

山东省位于中国东部沿海、黄河下游。境域包括半岛和内陆两部分，山东半岛突出于渤海、黄海之中，同辽东半岛遥相对峙。全境南北最长420多公里，东西最宽700多公里。山东，因居太行山以东而得名，简称“鲁”，省会济南。

山东省境内中部山地突起，西南、西北低洼平坦，东部缓丘起伏，形成以山地丘陵为骨架、平原盆地交错环列其间的地形大势。泰山雄踞中部，主峰海拔1532.7米，为山东省最高点。黄河三角洲一般海拔2~10米，为山东省陆地最低处。境内主要山脉集中分布在鲁中南山区和胶东丘陵区。主要有泰山、蒙山、崂山、鲁山、沂山、徂徕山、昆嵛山、九顶山、艾山、牙山、大泽山等。

山东的气候属暖温带季风气候类型，降水集中，雨热同季，春秋短暂，冬夏较长，年平均气温11℃~14℃，气温地区差异东西大于南北。光照资源充足，光照时数年均2290~2890小时，热量条件可满足农作物一年两作的需要。年平均降水量在550~950毫米，由东南向西北递减。降水季节分布很不均衡，全年降水量有60%~70%集中于夏季，易形成涝灾，冬、春及晚秋易发生旱象，对农业生产影响较大。

［**交通状况**］

山东有10座机场，济南、青岛、烟台、威海4座机场为国际空港，已有法兰克福、洛杉矶、大阪、曼谷、中国香港、新加坡、釜山、东京等众多国际航线。沿海主要海港有青岛港、日照港、烟台港、威海港、东营港、龙口港、潍坊港、滨州港。公路通车总里程26.3万公里，其中高速公路5820公里。铁路网络完备，境内京沪高铁开通后，动车组列车从济南到北京仅需1.5小时，从济南到青岛仅需2.5小时。

［**历史沿革**］

古文化遗址。目前发现的最早的山东人——“沂源人”，可以把山东的历史上推到四五十万年以前。新石器时代早、中期的藤县北辛文化，距今也有7000年左右。举世闻名的原始社会末期的大汶口文化、龙山文化都是在山东首先发现的。

大汶口文化。大汶口文化是分布于黄河下游一带的新石器时代文化，因山东省泰安市大汶口遗址而得名，距今6500~4500年，延续时间约2000年。大汶口文化盛行枕骨人工变形以及拔牙。早期以红陶为主，晚期发展为轮制陶器，出现了硬质白陶。彩陶较少但富有特色，石器磨制精美。中期以后出现了制作精良的玉器。

夏朝开始，山东进入奴隶制社会。商朝建立以前，山东是商族活动的中心，商前期的五次迁都，有三次在山东境内。商朝建立后，山东仍是其统治的中心地区。西周实行“封邦建国”之策，封吕尚于齐，封周公旦于鲁，另外尚有曹、滕、卫诸国。齐国“通商工之业，便鱼盐之利，而人民多归”；鲁国融合周文化与东方文化，为“礼仪之邦”。金大定八年（1168 年）置山东东、西路统军司，山东遂成为正式行政区划名称。明代山东布政司（又称行省）管辖 6 府 104 县，大致奠定了今山东省行政区域范围。清代山东基本沿袭明代山东的版图，称山东省。1949 年 3 月，山东省政府改称山东省人民政府。

［**民族风情**］

山东省 55 个少数民族成分齐全。根据第六次人口普查数据显示，山东省少数民族常住人口 72.17 万，占全省总人口的 0.75%。总人口过万人的少数民族有 4 个，分别是回族、朝鲜族、满族、蒙古族，其中回族人口为 53.33 万，占少数民族人口 74.23%。其中少数民族过 5 万人的市 7 个，过万人的县（市、区)28 个，民族乡镇 4 个，少数民族过千人的重点乡镇 125 个。

山东素称“齐鲁之邦，礼仪之乡”，鲁中平原以农耕文化为特色，潍坊风筝、杨家埠年画散发着浓郁的泥土气息；胶东沿海渔家风情浓郁，粗犷奔放；鲁西地区传统深重，是孔孟之乡。在特有的地域文化熏陶下，山东的民俗风情风格多样、生生不息。在这片土地上，山东民俗艺术叫响全国。

高密扑灰年画全国独此一家，年画艺人用柳木炭条起线稿，再用画纸在线稿上扑抹印，一稿可扑数张，因有这一招，便有“扑灰”之名。扑灰起稿之后，再加手绘一整套工序，才能画出一张漂亮的画来。扑灰年画起源于明初，最初的作品大多是神像和墨屏花卉。到乾隆末年地方上作扑灰年画的人渐多。到清末，发展成两个主要的流派：“老抹画”和“红货”。

山东济南被称为“面塑之都”，在济南工艺美术中，面塑成为最具地域特色的一个种类。济南的面塑色彩鲜明、手法细腻，应用手指的捻、揉、搓，再配以刀、篦、针的搓、切、点成的人物形象，衣饰容貌逼真传神，特别是对中国古装戏剧人物的塑造尤为专业。

山东潍坊是中国著名的风筝产地，明代就已在民间出现扎风筝的艺人。后来，随着放风筝习俗的流行，风筝艺术亦达到鼎盛阶段。潍坊风筝主要有3种基本造型：串、硬翅和简形，其中以龙头蜈蚣最突出。现代风筝在继承传统精华的基础上，不断花样翻新，赢得了“风筝艺术，潍坊第一”的美誉。现在潍坊已成为国际风筝节的固定举办地。

[**文旅资源**]

齐鲁文化是“齐文化”和“鲁文化”的合称。东临滨海的齐国产生了以姜太公为代表的道家思想学说，又吸收了当地土著文化（东夷文化）并加以发展。两种古老文化存在差异，相对来说，齐文化尚功利，鲁文化重伦理；齐文化讲求革新，鲁文化尊重传统。两种文化在发展中逐渐有机地融合在一起，形成了具有丰富历史内涵的齐鲁文化。作为齐鲁文化核心的儒学产生于春秋时期的鲁国，由孔子开创，孟子、荀子等延续。孔子在这里诞生，泰山从这里崛起，黄河由这里入海。这里有中国最早的文字和最早的讲坛，有中国最早的城邦和最古老的长城，这里还是陶瓷和丝绸的发源地。山东独具特色的齐鲁文化，在中国传统文化中占有重要地位。山东不仅诞生了中华民族的人文始祖轩辕黄帝，还出现过一大批至今仍然对中华文化产生重要影响的历史名人。至圣孔子、亚圣孟子、科圣墨子、书圣王羲之、医圣扁鹊、工圣鲁班、农圣贾思勰、智圣诸葛亮、世界短篇小说之王蒲松龄等也都出生在山东。古代著名山东籍军事家孙武的《孙子兵法》，至今仍然是中外军界和商界推崇的经典。

山东是三国时期蜀汉丞相诸葛亮、东晋著名书法家王羲之和清代短篇小说家蒲松龄的故乡，诸葛亮的《出师表》挚诚感动天下，成为后世公文写作的典范；王羲之的《兰亭序》被誉为“天下第一行书”；蒲松龄因作《聊斋志异》获誉“世界短篇小说之王”。山东是中国较早有戏剧活动的地区之一。隋代齐倡名动全国，到了唐代参军戏在山东流行。宋杂剧形成后亦波及山东，金末元初产生用北曲演唱的戏曲形式，即元杂剧，山东是主要流行地区之一，元人钟嗣成的《录鬼簿》和明初贾仲明的《录鬼簿续篇》中记载的山东籍戏曲作家共28人，能歌擅唱者4人。戏曲到明清时进入蓬勃发展时期。

李开先的《宝剑记》和孔尚任的《桃花扇》成就突出。山东有现代戏曲剧种30多种，可分为梆子腔系、弦索腔系、肘鼓子腔系和民间歌舞及说唱形成的戏曲剧种等。山东秧歌各处流行，其中影响最大的“鼓子秧歌”“胶州秧歌”和“海阳秧歌”并称为“山东三大秧歌”。秧歌多在大年正月期间表演。

山东是中国旅游资源大省，全省旅游景点千余处，世界遗产4处，其中孔子故里曲阜“孔庙、孔林、孔府”被联合国教科文组织列为世界文化遗产。孔庙以“建筑时间最久远、保存最完整”被誉为“天下第一庙”。孔府作为中国封建社会中延续时间最长、最具东方建筑风格的官衙与内宅二合一贵族庄园，号称“天下第一家”。孔林是世界上规模最大、延时最久、墓葬最多、保存最完整的家族古墓群。“五岳独尊”泰山以其雄伟壮丽的风光和蕴含丰富的文化，被誉为“中华之魂”，被列为世界自然和文化双遗产。2014年6月，大运河被列为世界文化遗产，大运河流经山东省枣庄、济宁、泰安、聊城、德州5市16个县（市、区），全长643公里。齐长城，始建于春秋时期，完成于战国时期，西起黄河河畔，东至黄海海滨。作为中国长城的一部分，被列为世界文化遗产。山东还拥有国家级风景名胜区5处：泰山风景名胜区、青岛崂山风景名胜区、胶东半岛海滨风景名胜区、博山风景名胜区、青州风景名胜区；国家5A级旅游景区13家、国家级旅游度假区4处、国家生态旅游示范区4处、国家级非物质文化遗产173项。

山东省省会济南素有“泉城”之称，“家家泉水，户户垂杨”“四面荷花三面柳，一城山色半城湖”的美景名扬四海。著名的青岛啤酒产地青岛，是2008年北京奥运会伙伴城市，与“人间仙境”烟台，甲午海战之地、“最适合人类居住的范例城市”威海，海滨城市日照连成一片，构成中国东部唯一的黄金海滨城市群。齐国故都淄博是齐文化的发源地，东周殉马馆、齐国历史博物馆等文物古迹丰富，并开发了原山国家森林公园、陶瓷博物馆等景点。国际风筝都潍坊，每年举办大型国际风筝会，杨家埠木版年画、风筝乡土气息浓厚，民俗风情特色浓郁；历史文化名城青州龙兴寺出土的1000多年前的窖藏佛教造像，被称为20世纪中国考古十大发现之一。中华民族的“摇篮”黄河，流经山东570公里，汇入渤海。黄河入海口自然风光原始独特。此外，山东还有水泊梁山遗址、枣庄万亩石榴园、菏泽五万亩牡丹花、微山湖十万亩荷花，令人叹为观止。

［**风物特产**］

山东特产极为丰富，主要表现为“山东十大特产”：东阿阿胶、德州扒鸡、苍山大蒜、烟台苹果、乐陵金丝小枣、章丘大葱、平阴玫瑰、鱼台大米、荣成大花生和马家沟芹菜。

山东是中国四大菜系之一鲁菜的发源地，济南菜、孔府菜、胶东菜三大系列各具特色、各有所长，充分体现了孔子“食不厌精，脍不厌细”的思想。还有许多地方风味小吃，如德州扒鸡、泰山“三美”（白菜、豆腐和水）、淄博酥锅、潍坊朝天锅等。渗透齐鲁文化的美味佳肴，加之名扬海内外的青岛啤酒、烟台张裕葡萄酒，让人流连忘返、意犹未尽。

［**特色产业**］

山东的工业发达，工业总产值及工业增加值居中国各省前三位，特别是一些大型企业较多，号称“群象经济”，重点工矿业企业有齐鲁石化、山东电力、山东钢铁（济钢、莱钢、金岭铁矿、日照钢铁）、山东海化、胜利油田、兖矿集团、中国铝业山东铝厂、南山集团、晨鸣纸业等。此外，由于山东是中国重要的粮棉油肉蛋奶的产地，因此轻工业特别是纺织和食品工业相当发达。

山东寿光是国务院命名的“中国蔬菜之乡”，是全国冬暖式蔬菜大棚的发源地，也是中国最大的蔬菜生产基地和批发市场。寿光蔬菜品种繁多，绿色无公害，营养丰富，品牌响亮，能引领新品种、新产品、新技术的潮流。目前寿光蔬菜已销往全国30多个省（区市）的200多个大中城市，并远销日本、韩国、俄罗斯、美国、委内瑞拉等国家。

第四章
华中地区各省导游基础知识

本章导读

【本章概述】 本章主要介绍了华中三省的基本概况和主要文旅资源等方面的基本知识，包括历史、地理、人口、区划、交通、旅游资源、文化艺术、民族风情、特产美食，以及地域文化、民族文化和特色产业等。

【学习要求】 了解河南省、湖北省、湖南省的历史、地理、气候、人口、区划、交通等概况；熟悉这三个省列入《世界遗产名录》的中国遗产地景观，列入《人类非物质文化遗产代表作名录》的中国遗产项目，国家5A级旅游景区，国家级旅游度假区和国家生态旅游区；各民族具有代表性的历史文化和民族风情。掌握各地有代表性的饮食特点、主要美食和风物特产；国内知名的地域文化、民族文化及特色产业。

第一节 河南省基本概况与主要文旅资源

河南省简称豫，辖郑州、开封、洛阳、平顶山、安阳、鹤壁、新乡、焦作、濮阳、许昌、漯河、三门峡、南阳、商丘、信阳、周口、驻马店 17 个地级市，济源 1 个省直辖县级行政单位。全省面积约 17 万平方公里。截至 2021 年 5 月，全省总人口 9937 万。

［**地理、气候**］

河南位于中国中东部、黄河中下游，因大部分地区位于黄河以南，故称河南。河南东接安徽、山东，北界河北、山西，西连陕西，南临湖北，呈望北向南、承东启西之势。河南地理位置优越，古时即为驿道、漕运必经之地，商贾云集之所。今天，河南地处沿海开放地区与中西部地区的接合部，是中国经济由东向西梯次推进发展的中间地带，具有独特的区位优势。地势西高东低，北、西、南三面由太行山、伏牛山、桐柏山、大别山沿省界呈半环形分布；中、东部为黄淮海冲积平原；西南部为南阳盆地。灵宝市境内的老鸦岔为全省最高峰，海拔 2413.8 米；海拔最低处在固始县淮河出省处，仅 23.2 米。河南地跨长江、淮河、黄河、海河四大流域。

河南大部分地处暖温带，南部跨亚热带，属北亚热带向暖温带过渡的大陆性季风气候，同时还具有自东向西由平原向丘陵山地气候过渡的特征，具有四季分明、雨热同期、复杂多样和气象灾害频繁的特点。全省由南向北年平均气温为 10.5℃~16.7℃，年均降水量 407.7 ~ 1295.8 毫米，降水以 6 ~ 8 月份最多，年均日照 1285.7 ~ 2292.9 小时，全年无霜期 201 ~ 285 天，适宜多种农作物生长。

［**交通状况**］

河南交通区位优势明显，是全国承东启西、连南贯北的重要交通枢纽，全国“十纵十横”综合运输大通道中有五个通道途经河南。郑州是全国重要的铁路枢纽，普铁、高铁形成“双十字”交会，郑州北站是亚洲作业量最大的列车编组站，郑州东站是全国最大的高铁站之一。2019 年年末，全省铁路营运里程 6407 公里，其中高速铁路 1936 公里，时速 350 公里以上的高速铁路 1728 公里，分别位居全国第 7 位、第 5 位、第 1 位。高速公路通车里程 6967 公里，位居全国第 5 位；普通干线公路 3.1 万公里，农村公路 23.1 万公里。内河航道 1675 公里。

［**历史沿革**］

河南是中华民族的发祥地之一。50 万年前就有人类在这里生息和繁衍。七八千年前的裴李岗文化时期，这里就产生了农业、畜牧业和制陶等手工业；到了 4000 多年前的龙山文化中晚期，中原进入了石、铜器并用时代，以后，商代的首都西亳、和殷均在河南境内。在安阳殷墟发现的甲骨文，是世界上最早的文字，也是世界上最早的历史文献。

秦王朝建立后，在今河南境内设置三川、南阳、颍川、河内、东郡、陈郡。以后的两汉时期，河南地区的经济和文化仍处于全国前列。东汉王朝建都洛阳，河南更成了全国政治、经济、文化中心。东汉之后形成三国鼎立局面，河南是四战之地，战乱连年，农业、手工业生产遭到严重破坏。隋朝末年，在洛阳建立了东都，又以洛阳为中心开凿了沟通南北的大运河，一直通航到北宋时代，北宋建都开封，当时开封人口达100多万，为全国第一大城市。南宋以后，是河南社会历史发展的中衰时期。代宋而兴的元朝实行的行省制度，被明、清两朝沿袭下来，其河南的疆域大体上与今天的河南省相近。总体来说，从夏代到北宋，先后有20个朝代建都或迁都于此，长期是全国的政治、经济、文化中心。中国八大古都河南有4个，即九朝古都洛阳、七朝古都开封、殷商古都安阳、商都郑州。

[**民族风情**]

河南省56个民族成分齐全，少数民族分布呈大分散、小聚居的显著特征，截至2019年年底，全省少数民族人口约152万，其中，占比较高的少数民族有回族、蒙古族、满族、维吾尔族。全省有3个城市民族区、21个民族乡（镇），少数民族10万人以上的省辖市4个（南阳、商丘、周口、郑州），少数民族万人以上的县（市、区）55个。

[**文旅资源**]

中原地区在古代是中国政治、经济中心，是中华文明的摇篮，是主流文化和主导文化的发源地。中原文化是中华文化的重要源头和核心组成部分，中国历史上先后有20多个朝代定都中原地区，河南省占据中国八大古都的一半，包括洛阳、开封、安阳和郑州。中原地区以特殊的地理环境、历史地位和人文精神使中原文化在漫长的中国历史中长期居于正统主流地位，中原文化在一定程度上代表着中国传统文化。

河南省是中原文化的集中代表。河南省地处黄河中下游流域的中原腹地，是中华民族历史文化的重要发源地。8000年前的裴李岗文化遗址，6000年前的仰韶文化遗址，5000年前的龙山文化、炎黄文化遗址，可以证明中原地区很早就已经进入了人类社会的早期文明。河南省洛阳市被称为九朝古都，先后有13个王朝在此建都，累计时间达1500多年，是当时政治、经济、文化的中心。著名的旅游景点有龙门石窟、白马寺、关林、古墓博物馆等。开封市古时称为汴梁，是一座有2300多年历史的七朝古都，因其历史的更迭及黄河水患形成了“开封城城摞城，地下埋着几座城”的特殊景观。著名景点有清明上河园、龙亭、开封府、大相国寺等。安阳是河南省的北大门，素有豫北咽喉、四省要道之称，举世闻名的殷商文化以及最早的文字甲骨文诞生于此。著名景点有殷墟、岳飞庙、袁林等。

河南文物储备量极高，地下文物居全国第一，地上文物居全国第二，馆藏文物130万余件，如出土于河南安阳的后母戊鼎（原称司母戊大方鼎）举世闻名，现存于中国国家博物馆。展现北宋时期汴京繁荣景象的名仕佳作《清明上河图》现存于中国故宫博物院。存放于河南省博物院的镇院之宝莲鹤方壶、武则天除罪金简、贾湖骨笛、中华第一剑玉柄铁剑等也是极具代表性的馆藏文物。

河南既是历史文化资源大省，也是自然景观荟萃之地。现拥有世界遗产6项：洛阳龙门石窟、安阳殷墟、登封“天地之中”历史建筑群（少林寺、东汉三阙）、长城（河南段）、大运河（河南段）、丝绸之路（河南段）；共有云台山、嵩山、王屋山—黛眉山、伏牛山世界地质公园4个，黄河、嵖岈山等国家地质公园15个，永城芒砀山等省级地质公园14个，南阳独山玉、新乡凤凰山、焦作缝山国家矿山公园3个，南阳恐龙蛋化石群等国家级自然保护区13个。

全省共有A级景区519家，其中5A级景区14家。云台山景区、尧山大佛景区、嵖岈山景区、淇河生态旅游区、重渡沟风景区为国家生态旅游示范区。龙门石窟是首批国家旅游示范单位，被评为“中国人文旅游示范基地”。黄河自西向东流经河南700余公里，郑州至开封段由于泥沙淤积，河床平均高出两岸地面3～5米，形成“地上悬河”的独特自然景观。“人工天河”红旗渠被誉为世界第八大奇迹，是国家首批“全国研学旅游示范基地”。

河南还是全国重要的矿产资源大省和矿业大省，矿业产值连续多年位居全国前5位。优势矿产可归纳为钼、金、铝、银“四大金属矿产”以及天然碱、盐矿、耐火黏土、萤石、珍珠岩、水泥灰岩、高铝三石、晶质石墨“八大非金属矿产”。在已探明储量的矿产资源中，保有资源储量居全国首位的有10种，居前3位的有33种，居前5位的有46种，居前10位的有70种。灵宝、栾川、桐柏、叶县先后被命名为“中国金城”“中国钼都”“中国天然碱之都”和“中国岩盐之都”。

在中国文学史上，河南文学曾长期占有极其重要的地位。安阳出土的甲骨文负载着我国最早的散文，其中已有诗歌的萌芽。最早的散文总集《尚书》和诗歌总集《诗经》，都是经过东周洛阳的朝廷史官整理编辑成书的。河南是中国古代歌谣特别是《诗经》中作品产生最多的地区。我国最早的哲学著作《周易》是文王拘囚在今河南汤阴时整理推演而成。上古的神话宝库《山海经》，是洛阳人根据当时流传最多的河洛地区神话资料编写而成。

春秋战国时期的河南，涌现出一大批文化巨人，老子的哲学诗、庄子的散文、韩非子的寓言等，既是中国文化的元典，也是中国文学的奠基之作。到了汉代，辞赋是最具代表性的文学形式，西汉洛阳贾谊的《吊屈原赋》开汉代骚体抒情赋的先河，确立了汉代骚体赋的基本形式：东汉南阳张衡的《二京赋》是汉大赋中的极品，其《归田赋》则开抒情小赋之先声。汉魏时期的“建安七子”中的阮瑀、应玚，以及蔡琰，都是河南人。

西晋时期“竹林七贤”中有四位是河南人。左思所写《三都赋》轰动一时，留下了“洛阳纸贵”的历史佳话。东晋以后，河南的士族大批南迁，其中阳夏（今河南太康）的成就最突出的当数谢灵运、谢惠连、谢朓的山水诗，其他如新蔡（今属河南）干宝的《搜神记》，长社（今河南长葛）钟嵘的《诗品》和宗炳的《山水画序》、宗测的《衡山记》、殷芸的《小说》以及范晔的《后汉书》等，不仅以丰富特殊的内容取胜，而且创造了崭新的文学体式，开后世文学的先河。隋唐时代的中国文学迎来了空前的繁荣时期。在唐代留名的2000多名作家中，河南作家多至400余人。盛唐时期的杜甫是巩县（今河南巩义市）人。晚唐成就最高的诗人李商隐，是怀州河内（今河南沁阳）人。

诗歌之外，成就最大的文学门类是散文。散文领域最引人注目的是“古文运动”。古文运动的领袖人物之一则是“文起八代之衰”的河阳人（今河南孟州）韩愈。宋代是中国文学的新变时期。孟元老的《东京梦华录》、岳珂（岳飞之孙）的《桯史》、金盈之的《醉翁谈录》，堪称宋人笔记、小说中的上品。

河南有光辉灿烂的戏曲文化，被称为“戏曲之乡”，主要有豫剧、曲剧、越调、大平调、宛梆、杯梆、杯调、落腔、道情戏、四平调、柳琴戏、坠剧、豫南花鼓戏、蒲剧、大弦戏、京剧、二夹弦等。《花木兰》《穆桂英挂帅》《七品芝麻官》《朝阳沟》等剧目家喻户晓。豫剧代表作有《小二黑结婚》《刘胡兰》《冬去春来》等。有名的豫剧表演艺术家有常香玉、阎立品、马金凤等。河南剪纸历史悠久，早在宋代，剪纸就已在民间广泛流行，还出现了以此为生的剪纸艺人，而且技艺已经达到了较高的水平。

河南的牡丹文化也广传海内外。早在《隋志·素问篇》中就有"清明次五日，牡丹华"，以记载隋朝洛阳人的赏花场面。中国洛阳牡丹文化节前身为洛阳牡丹花会，始于1983年，由文化和旅游部、河南省人民政府主办。

河南少林武功是中国传统武术的一个重要组成部分，名扬四海，在我国武术史上占有重要的一页，是正宗的中国功夫。"中国功夫惊天下，天下功夫出少林。"少林武功起源于河南嵩山少林寺，是中国体系最庞大的武术门派，集北派武术之大成，汇外家武术之精华，武功套路高达700种以上，已成为中华武术的象征，与古代的茶叶、丝绸、瓷器一样，成为中国的文化符号。

［**风物特产**］

悠久的历史造就了河南丰富的特产，河南特产有新郑大枣、少林寺素饼、方中山胡辣汤、河南烩面、马蹄馓子、洛阳老八件、洛阳水席、杜康酒、唐三彩、武陟油茶、四大怀药（铁棍山药、怀菊花、怀地黄、怀牛膝）、信阳毛尖、原阳大米、民权葡萄酒等。

豫菜坚持五味调和、质味适中的基本传统，突出和谐、适中，平和适口不刺激是其显著特点。各种口味以相融、相和为度，绝不偏颇是基本原则。豫菜特色是中扒（扒菜）、西水（水席）、南锅（锅鸡、锅鱼）、北面（面食、馅饭）。就烹饪技术来说，豫菜的特色是选料严谨、刀工精细、讲究制汤、口味适中。而河南菜的烹调方法也有50余种。扒、烧、炸、熘、爆、炒、炝别有特色。其中，扒菜更为独到，素有"扒菜不勾芡，汤汁自来黏"的美称。另外，河南爆菜时多用武火，热锅凉油，操作迅速，质地脆嫩，汁色乳白。有众多名品：糖醋软熘黄河鲤鱼焙面、牡丹燕菜、白扒广肚、开封第一楼灌汤小笼包、甜美宜人的开花馍、外酥里嫩的鸡蛋灌饼，以及拉面、壮馍、土馍、菜盒、水花糖糕等。

河南民俗风情丰富多彩。腊八枣树"吃"米饭。在汉族传统的腊八节，我国大多数地区都要吃腊八粥，在豫北，腊八早上熬好粥之后，第一件事情是将粥喂给枣树。在枣树身上砍一些小口子，再虔诚地把粥抹在树痕上，这是来源于用粥敬枣树后，枣树丰收的传说。其实这个风俗里包含了科学道理，枣树上的小口子可以让枣树将营养集中供应地上部分，保证果实的营养需求，当地有民谣：腊八枣树吃米饭，枣儿结得干连蛋。

祭灶。农历腊月二十三，是“祭灶节”。每到腊月二十三这天，中原城乡噼里啪啦燃放起新年的第一轮鞭炮。城镇居民忙于购买麻糖、火烧等祭灶食品。而在广大农村，祭灶仪式多在晚上进行。祭灶人跪在灶爷像前，怀抱公鸡。也有让孩子抱鸡跪于大人之后。焚烧香裱后，男主人斟酒叩头，祭灶人高喊一声“领”，然后执酒浇鸡头。相传，若鸡头扑棱有声，说明灶爷已经领情。若鸡头纹丝不动，还需再浇。祭灶仪式结束后，人们开始食用灶糖和火烧等祭灶食品，在河南，人们把祭灶节看作仅次于中秋的团圆节。

二月二炒黄豆。这天是龙抬头节，也叫青龙节，河南的乡村会炒黄豆。相传除非金豆开花，玉帝才能饶恕玉龙。百姓发现玉米和黄豆就是金黄金黄的，炒炒不就是金豆开花吗，所以各家各户都炒金豆供起来，玉龙回到天上后哗哗下起雨，此时正是春雨贵如油的季节。

庙会。河南有许多赶庙会的风俗，如农历三月三的盘古山庙会，一般持续5天，善男信女抬着整猪、整羊等供品，一路焚香燃表，吹吹打打到盘古寺祭拜，之后会安排戏班唱戏等活动。还有中岳庙会，春季农历三月初十和秋季十月初拉开序幕，会期长达10天，活动丰富，热闹非凡。还有浚县一年一度的“正月庙会”闻名遐迩，是中原民俗文化的活化石，2007年，“浚县古庙会”和“浚县民间社火”被列入河南省非物质文化遗产名录，同时被评为河南民俗经典。

［**特色产业**］

2018年，河南省香菇全年产量达288.8万吨，占全国香菇总产量28.33%，列全国第一位，香菇产业已成为河南省农业的支柱产业之一。目前，伏牛山地区灵宝市、西峡县、卢氏县、汝阳县为豫西香菇产业集群发展优势区域。

2020年，河南伏牛山香菇产业集群、河南豫西南肉牛产业集群已经被列入《2020年优势特色产业集群建设名单》。其中，肉牛产业集群由新野、泌阳、确山、郏县4县联创共建。仅泌阳县2021年屠宰肉牛30万头，精细化分割达16个部位300余个品种。年精深加工牛肉产品20万吨，产品达600多个品种，年产值突破50亿元。泌阳县还注重打造夏南牛品牌，2012年就注册了“夏南牛”商标。

第二节　湖北省基本概况与主要文旅资源

湖北省简称鄂，位于中国的中部。全省有 13 个地级行政区，即武汉市、黄石市、襄阳市、荆州市、宜昌市、十堰市、孝感市、荆门市、鄂州市、黄冈市、咸宁市、随州市和恩施土家族苗族自治州。下辖 103 个县级行政区，即 39 个市辖区、25 个县级市、36 个县、2 个自治县、1 个林区，其中，仙桃市、潜江市、天门市和神农架林区由省直管。武汉市是湖北省的省会。全省总面积约 19 万平方公里。截至 2021 年 5 月，全省人口 5775 万。

［**地理、气候**］

湖北东邻安徽，南接江西、湖南，西连重庆，西北与陕西接壤，北与河南毗邻。湖北省地势大致为东、西、北三面环山，中间低平，略呈向南敞开的不完整盆地。

湖北地处亚热带，位于典型的季风区内。全省除高山地区外，大部分为亚热带季风性湿润气候，光能充足，热量丰富，无霜期长，降水充沛，雨热同季。全省年平均气温 15℃~ 17℃，大部分地区冬冷夏热，春季气温多变，秋季气温下降迅速。全省各地平均降水量为 800 ~ 1600 毫米。6 月中旬至 7 月中旬是湖北的梅雨期。

［**交通状况**］

湖北是中国中部最大的综合交通枢纽之一。京九线、京广线、武广高铁、焦枝线、枝柳铁路纵贯南北，武大、汉宜、汉丹、襄渝等铁路横穿东西。京珠、沪蓉和宜黄、黄黄、武十等高速公路纵横交错，连接武汉、宜昌、襄阳等大中城市。武汉天河国际机场已开通美、法、日、韩等国际航班，宜昌、襄阳、恩施、荆州、神农架等地也开通了连接全国各地的空中通道。湖北有内河港口 163 个。武汉、黄石、沙市、宜昌等港口先后对外开放，海轮可直航我国港澳地区和日本、韩国、新加坡等国家。省会武汉素有“九省通衢”之称，是全国重要的交通、通信枢纽。

［**历史沿革**］

湖北历史悠久。夏王朝时期，夏文化的影响已经到达江汉地区。商朝建立后，湖北即纳入商的版图。西周时期，湖北境内已出现诸多小国。春秋战国时期，南方诸国逐渐统一于楚。秦始皇统一中国（前 221 年）后，湖北大部属南郡。西汉时期，湖北大部分属荆州刺史部；东汉时置南郡、南阳郡、江夏郡以及汉中郡、庐江郡等。三国时期，魏、蜀、吴争夺荆州，后魏、吴分置江夏郡、武昌郡、南郡、宜都郡、建平郡等。隋朝统一全国后，今湖北除西北部分和东部一隅外，绝大部分属荆州。隋开皇九年（589 年）江夏郡曾一度改称鄂州，治江夏，后来鄂州又成为治所，今湖北简称鄂即源于此。唐初，全国分为十道，后增至十五道。湖北西部为山南东道，东部为淮南道，东南部为江南西道，西南部为黔中道。

宋代在湖北中部设荆湖北路（湖北之名始此），北部设京西南路，东部约以长江为界，北部属淮南西路，南部属江西南路，西部的施州属夔州路；鄂西南为羁縻州。元代，长江以南属湖广行省（治江夏，今武汉市武昌），长江以北属河南行省，西北部一隅属陕西行省，西部夔州路、羁縻州属四川行省。明代初，湖北属湖广行省，今湖北全境基本属于湖广布政使司。清代初仍沿用明制，至清康熙三年（1664 年）湖广分治，大体以洞庭湖为界，南为湖南布政使司；北为湖北布政使司，定为湖北省，省会武昌。此为湖北省建省之始，省名从此确立并沿用至今。

［**民族风情**］

湖北是一个多民族省份，现有 55 个少数民族，其中，过万人的少数民族有土家族、苗族、回族、侗族、满族、壮族和蒙古族，主要分布在鄂西南民族自治地方、武汉市、荆州市等地。湖北是全国 8 个既有自治州又有自治县的省份之一，现有 1 个自治州（恩施土家族苗族自治州）、2 个自治县（长阳土家族自治县、五峰土家族自治县）。湖北少数民族呈大分散、小聚居的分布格局，除土家族、苗族、侗族主要聚居在民族自治地方外，其余少数民族散居在全省各地，其中回族主要散（杂）居在武汉、襄阳等大中城市以及鄂西北和江汉平原的一些乡镇。

湖北的民俗风情主要包括土家族风情和汉族习俗。

湖北土家族风情除了独具特色的服饰和美食外，特别值得一提的是“跳丧”的习俗。土家族“跳丧”又叫“跳撒叶儿嗬”，是土家族人在逝去的亲人、好友葬礼上，纵情歌唱舞蹈的习俗。这种把丧事当作喜事办的独特丧葬习俗，彰显了乐观、豁达的土家族精神，表达了土家人对生命价值的肯定，是土家族文化传承的重要载体。

湖北汉族习俗主要有以下几项内容：

崇阳人的老风习。鄂南崇阳县由于远离大城市，乡民们保持了许多民间传统老风习。当青年男女嫁娶成婚时，打造的家具样式仍按古老的形式。例如睡觉的木质床为古式雕木的花床，床四周有雕花杆，床前面雕花板上方有三层雕“滴水沿”，床下前方有三层踏板。床入口处仅留可供两人并坐的“口子”，床两头和后面用整块木板钉死。这种讲究的崇阳花床，已是一种十分罕见的习俗了。此外，热情待客的崇阳人给客人泡的茶是花椒盐巴家焙茶，吃的菜是大块肉、大块鱼、红苕粉丝、煎豆腐四大菜。一寸来宽、两三寸长的大块烟熏肉，令城里人吃一两块就足够了。

吃粽子和赛龙舟。吃粽子和赛龙舟是中国许多地方的风俗。然而这一习俗是因纪念屈原而来，这使得在屈原的家乡湖北，此俗更甚。每逢农历五月初五端午节，湖北各地均有赛龙舟、吃粽子的习俗。只要有湖、河、江的地方，人们早早就把龙舟修整或清理好，一至初五，龙舟便纷纷下水了，一条条“黄龙”“白龙”“红龙”“青龙”劈波斩浪，箭一般前驶，锣声、鼓声、吆喝声、喝彩声响成一片，江河两岸观看赛龙舟的人黑压压一大片，场面极其壮观。

朝武当习俗。湖北武当山有很多习俗，最著名的是朝武当习俗，意思就是上山去拜祭山神，跟清明时候所做的扫墓踏青差不多，可以在祭拜山神的时候踏青游玩，也是一种别样的乐趣。

［**文旅资源**］

湖北是中华民族灿烂文化的重要发祥地之一。湖北早期文化的代表是江汉地区的屈家岭文化遗址，这里出土了大量新石器时代的石器和陶器，其中的蛋壳彩陶、壶形器和带谷壳的红烧土具有很高的研究价值，反映出当时农耕、水利、渔猎、手工业、纺织业已经发展到相当的程度，是楚文化发展的源头。

春秋战国时期，精神文化方面的成就异常突出，从哲学到文学，产生了老子、庄子、屈原等一批名垂青史的大家；历经800年，政治、经济、文化都达到一个鼎盛时期，创造了辉煌灿烂的楚文化，对中华民族的文化发展做出了重大贡献。秦汉时期，荆楚地区医学、数学等都取得了很高的成就。唐代，经济发展带来文化的兴盛，出现了一批著名诗人、学者，如孟浩然、皮日休、岑参、陆羽等，李白、杜甫、白居易等游历荆楚都留下了大量瑰丽诗篇。宋元时期，培育了著名的书法家米芾。

湖北地方文化汇东西南北之长，承楚文化之魂，具有悠久的文化历史，创造和发展了富有楚文化传统的多种艺术形式，大致可分为戏曲、说唱、歌舞等几大类。湖北现有22个地方剧种，其中最具影响力的是汉剧、楚剧和荆州花鼓戏。这些地方剧种乡土气息浓厚、语言质朴、通俗易懂，为中外宾客所喜闻乐见。

湖北山水风光独特，自然景观异彩纷呈，文化沉淀丰富，文物古迹众多，共有1500多处旅游景观。湖北有武当山古建筑群、钟祥明显陵、咸丰唐崖土司遗址、神农架等世界遗产；秭归端午习俗、黄石西塞神舟会、鄂州雕花剪纸、沔阳雕花剪纸等项目被列入《人类非物质文化遗产代表作名录》；有武汉东湖风景名胜区、武当山风景名胜区、大洪山风景名胜区、隆中风景名胜区、九宫山风景名胜区、陆水风景名胜区、神农架风景名胜区等国家级风景名胜区；有恩施州神龙溪纤夫文化旅游区、十堰市武当山风景区13家国家5A级旅游景区；有荆州、武汉、襄阳、随州、钟祥等中国历史文化名城；湖北省武当太极湖旅游度假区为国家级旅游度假区；有国家生态旅游示范区神农架林区、黄冈市龟峰山风景区、武汉市东湖生态旅游风景区、襄阳市尧治河生态旅游景区等。雄伟的长江三峡驰名世界；道教名山武当山被誉为道教“第一山”；号称“华中屋脊”和“绿色宝库”的神农架是重要自然保护区，不仅珍稀动物种类多，“野人之谜”更令人关注。神农架、武当山、明显陵和咸丰唐崖土司遗址分别被联合国教科文组织列入“人与自然保护圈计划”。长江三峡、黄鹤楼、葛洲坝被评为“中国旅游胜地四十佳”。发掘于枣阳市的距今约6000年的雕龙碑遗址将中国文明上溯了1000年。被誉为“东方第八大奇迹”的编钟出土于随州擂鼓墩；堪称古代世界青铜冶炼技术顶峰的铜绿山古矿冶遗址和越王勾践剑、商代盘龙城出土于荆楚大地；工艺精湛的战国漆绘、木雕制品和古代丝绸大都出土于荆州江陵；中国古代四大发明家之一的毕昇故里，以其独特的文化内涵著称于世。

湖北人文旅游景观具有时代跨度大、历史价值高的特点，这里既有古人类长阳人遗址，屈家岭文化遗址，又有众多的古三国胜迹和楚都遗址“纪南城”；既有辛亥革命遗址起义门、阅马场，又有中央农民运动讲习所旧址及“八七会议”会址。文物古迹与革命圣迹遍布湖北全省，从随州炎帝庙、秭归屈原故里、纪南故城、昭君故里、武汉古琴台、黄鹤楼、三国赤壁直到武汉起义军政府旧址、京汉铁路工人运动“二七”纪念馆，可以了解中国历史上的许多重大历史事件。

［**风物特产**］

湖北物产丰富，土特产品众多。如武昌鱼、精武鸭、竹溪腊肉、枝江蜂蜜、湖北贝母、孝感麻糖、沙湖盐蛋等。

湖北菜，简称鄂菜，按有文字记载的时间算，至今已有2000多年的历史。主要名菜有清蒸武昌鱼、天门三蒸、红烧义河蚶、红烧木琴鱼、天门滑鱼、八卦汤、茄汁鳜鱼、黄陂三合、沔阳三蒸、橘瓣鱼圆等。湖北的名小吃有虾球、豆皮、欢喜砣、咸糍粑、热干面、藕圆子、糯米包油条等。

［**特色产业**］

冶金工业。冶金工业是湖北的支柱产业之一，已形成了包括矿山采选、冶炼、加工开发、设计等比较完整的工业体系。2021年1月，科技部发文公布2021年度第一批国家火炬特色产业基地名单，湖北省黄石大冶有色金属材料特色产业基地和黄石西塞山特钢特色产业基地成功获批国家级火炬特色产业基地。

汽车工业。汽车工业是湖北重要的优势特色产业。湖北最有名的汽车企业是东风汽车集团，它的总部在湖北武汉市。东风本田、东风雪铁龙等汽车品牌国内知名。

建材产业。湖北是全国建材大省，是平板玻璃、石膏、机制砖瓦等建材产品的发祥地或最早产地之一。

第三节　湖南省基本概况与主要文旅资源

湖南省位于我国中部、长江中游，因大部分区域处于洞庭湖以南而得名“湖南”，因省内最大河流湘江流贯全境而简称“湘”。湖南自古盛植木芙蓉，五代时就有“秋风万里芙蓉国”之说，因此又有“芙蓉国”之称。湖南省现有13个地级市、1个自治州（湘西土家族苗族自治州）。长沙市是湖南省的省会。湖南省总面积约21万平方公里。截至2021年5月，全省人口6644万。

［**地理、气候**］

湖南东以幕阜、武功诸山系与江西交界；西以云贵高原东缘连贵州；西北以武陵山脉毗邻重庆；南枕南岭与广东、广西相邻，北以滨湖平原与湖北接壤。“三湘四水”是湖南的又一称谓。“三湘”因湘江流经永州时与“潇水”、流经衡阳时与“蒸水”、入洞庭湖时与“沅水”相汇而得名，分别称“潇湘”“蒸湘”和“沅湘”；“四水”则指湘江、资江、沅江和澧水。

湖南属亚热带季风气候，四季分明、光热充足、降水丰沛、雨热同期，气候条件比较优越。年平均气温16℃~18℃，冬季寒冷，春季温暖，夏季炎热，秋季凉爽，四季变化较为明显。适宜人居和农作物、绿色植物生长。

［**交通状况**］

湖南交通便利，水陆空综合交通体系立体衔接、纵横交错、通江达海。岳阳城陵矶港是全国10个吞吐量过亿吨的内陆港之一。京广、湘桂、洛湛等9条铁路干线贯穿全省，京广高铁、沪昆高铁与建设中的渝长厦高铁在长沙交会；全省14个市州已全部通高速。省内机场有长沙黄花机场、张家界荷花机场等。

［**历史沿革**］

湖南省现行行政区域在周朝为荆州南境，春秋战国时期纳入楚国版图。秦统一中国后，实行郡县制，湖南地区设置有黔中郡、长沙郡。三国时期，湖南地区为蜀汉和东吴角逐之所，零陵、武陵郡属蜀，长沙、桂阳郡属吴。东晋偏安江左，湖南分属荆州、湘州和江州。唐武德四年（621年）置潭州总管府，管辖8州。广德二年（764年）置湖南观察使，湖南之名自此始。宋朝时湖南分属荆湖南路和荆湖北路。元代时湖南属湖广行省。清康熙三年（1664年）。湖广行省南北分治，湖南独立建省。

国内革命战争时期，在中国共产党领导下，湖南省境的平江、浏阳、醴陵、岳阳等25县建立了革命根据地，或者成为游击区，并成立县苏维埃政府，成为湖南最早的基层工农政权。省一级区苏维埃政府有湖南省苏维埃政府、湘鄂西省苏维埃政府、湘鄂赣省苏维埃政府、湘赣省苏维埃政府、湘鄂川黔省革命委员会，成为中华人民共和国成立后人民政权的先声。

［**民族风情**］

湖南共有55个少数民族，人口700多万，少数民族人口占全省总人口的10.23%。湖南是全国土家族、苗族、侗族、瑶族、白族的主要分布区域，5个民族人口均超过10万。省内少数民族分布广泛，遍及全省14个市州及所辖各县市区。

湖南的汉族民俗与全国各地大同小异，湖南苗族和土家族的民俗风情值得一谈。

赶秋节。湖南花垣县麻栗场至吉首市矮寨一带的苗民，每年立秋日到来前，要过赶秋节，以此纪念神农的恩德。农历立秋日到来之前，四面八方的苗民都去赶秋集会举行对歌、跳鼓、打秋千及其他娱乐活动，纪念神农先祖与秋公秋婆。后来，赶秋节插入英雄美女的爱情传说，使赶秋节成为具有祷念神农取谷种伟业和歌颂自由爱情意义的群众性娱乐节俗活动。

跳香节。湖南苗族在秋收完成后，还要举办大祭神农的节庆，苗民称为跳香。跳香节，一般在秋后农历十月举行，节期一般为一天一夜。除祭祀五谷神与神农外，苗族祭司还要主持男青年跳苗舞。

土家族简介

土家族人自称“毕慈卡”，意为本地人。土家族的先民与古代巴人有直接的渊源关系。史籍中将湘鄂西一带土家族称为“土人”“土民”等，清末地方志中开始用“土家”名称。

土家族主要居住在湖南、湖北、四川、贵州、重庆一带的崇山之中。现有人口约835.4万。

土家族主要从事农业，崇山峻岭的自然环境构成了其山林经济的特征。土家族有本民族的语言，属汉藏语系。大多数人通用汉语，少数聚居地区还完整地保留着土家语。无本民族文字，通用汉字。

土家人尊奉祖先，崇拜鬼神，相信兆头。最为敬奉的是土王神，“祭土王”是土家族村寨每年最隆重的集体祭祀。

织绣艺术是土家族妇女的传统工艺。土家族的传统工艺还有雕刻、绘画、剪纸、蜡染等。土家织锦又称“西兰卡普”。土家族爱唱山歌，山歌有情歌、哭嫁歌、摆手歌、劳动歌、盘歌等。传统舞蹈有“摆手舞”“八宝铜铃舞”及歌舞“茅古斯”。其中，“摆手舞”是最著名的土家舞蹈，包括狩猎、军事、农事、宴会等方面的70多个动作，节奏鲜明，动作优美、朴素，有浓郁的生活气息。“摆手舞”是与祭祀祖先、祈求丰收相联系的，不论什么盛大的聚会都要跳。土家族的傩戏，被称为“中国戏剧的活化石”。

土家族文化遗存中被列入《国家级非物质文化遗产名录》的主要有摆手舞、织锦技艺等。

土家族恋爱“以山歌为媒”自由择偶，婚礼中有“哭嫁”习惯。女子在出嫁前7～20天开始哭，哭嫁歌有“女哭娘”“姐哭妹”“骂媒人”等。开始是轻歌唱，越接近嫁期越悲伤。土家人把是否善于哭嫁作为衡量女子才德的标准。

土家族的房屋依山而建，俗称吊脚楼。土家吊脚楼的基本特点是正屋建在实地上，厢房除一边靠在实地和正房相连，其余三边皆悬空，靠柱子支撑。正屋和厢房（即吊脚部分）的上面住人，厢房的下部有柱无壁，用来喂养牲畜、堆放杂物。

土家族的传统服装多以自纺自织的土布为布料。男装为对襟短衫，下着长裤，爱用青布包头。女装为短衣大袖，左衽开襟，滚镶花边，下着镶边筒裤，头缠墨青丝帕或布帕。

土家族多食苞谷、稻米、红苕，习惯做成苞谷饭、豆饭、粑粑和团馓。土家族最爱吃腊肉、油茶等食品。菜肴以酸辣为主要特点，有“辣椒当盐”的嗜好。爱喝用糯米、高粱酿制的甜酒和咂酒。

土家族的传统节日主要有“赶年”“六月六”等。过“赶年”，就是比汉族提前1～2天过年。相传明嘉靖年间，土家子弟奉命赴东南沿海抗击倭寇，土家族人提前过年团圆，以送子弟出征。如今，有些地区的土家人吃罢年夜饭，仍有戴上面具，拿起梭镖、长矛等到山上走一圈的习俗。

土家族的主要禁忌：禁食狗肉；忌随意移动火坑中的三脚架，忌用脚踩灶或坐在灶上以及将衣裤、鞋袜或其他脏东西放在灶上；客人不能与少妇坐在一起，但可以与姑娘坐在一条长凳子上；忌在家里吹口哨和随意敲锣打鼓。

［**文旅资源**］

古文化遗址。坐落于株洲市的炎帝陵成为凝聚中华民族的精神象征；明永州九嶷山为舜帝陵寝之地；凤凰古南方长城、岳麓书院、岳阳楼，是湖南悠久历史的浓缩与见证。其中，出土于宁乡黄材镇的四羊方尊，是目前世界上发现的最精美的商代青铜器，也是中国仍存最大的商代青铜方尊；长沙马王堆汉墓的发掘震惊世界，出土的素纱禅衣薄如蝉翼，仅重49克；长眠其中已2100多年的辛追夫人出土后仍保存完好。

傩文化。傩文化是一种远古的原始文化，在传统的华夏文明中，“傩”是历史久远并广泛流行于汉民族中的具有强烈宗教和艺术色彩的社会文化现象，它起源于汉族先民的自然崇拜、图腾崇拜和巫术意识。远古先民在征服自然中获得生息，繁衍后代，生存的欲望需要宗教（自然宗教）观念的帮助来超越自我，龙的传人以伟大的浪漫主义心性创造了巫傩文化。“傩”就是人避其难，意为“惊驱疫疠之鬼”。傩舞又称鬼戏，是汉族最古老的一种祭神跳鬼、驱瘟避疫、表示安庆的娱神舞蹈。巫傩活动在生命意识上满足了广大信仰者的心理要求，长期以来，巫傩之风的传承与流布融入习俗之中，即使在现代，仍以传统文化的形态存留于民间。

战国屈原在开创一个与《诗经》风格迥异的南方楚辞文学流派的同时，也奠定了湖南文学的基石。到魏晋时期，湖南出现了刘巴、蒋琬等本土作家。唐代是我国古代诗歌的鼎盛时期，湖南文学也渐有起色，较著名的作家有诗人欧阳询、李群玉、胡曾以及散文家刘蜕等。当时著名诗人李白、孟浩然、王昌龄、杜甫、韩愈、柳宗元、李商隐等都曾流寓湖南，并留下了很多不朽之作。宋元明时期湖南著名的文学人物有周敦颐、欧阳玄、李东阳等。在近代，湖南出现了以魏源、何绍基、曾国藩等为代表的宋诗派。

新文化运动时期，正在长沙求学、后来成为中国现代文学著名作家的田汉、丁玲、谢冰莹、白薇等人，都曾在此接受过新文化的洗礼，并形成了他们最初的人生观和独特的创作倾向。而田汉等人远涉重洋，旅美、旅欧或旅日，在接受西方或异域文化熏陶的同时，还以其独特的生命历程和青春才华开拓了湖南文学创作的新领域。发出“心灵上负着时代苦闷的创伤的青年女性的叛逆的绝叫者”（茅盾《女作家丁玲》）的声音而走上文坛的丁玲，代表作有《梦珂》《莎菲女士的日记》《太阳照在桑干河上》等。

抗日战争时期，大批文化、文学名流如郭沫若、茅盾、闻一多、朱自清等聚集长沙，著名湘籍作家如田汉、沈从文、张天翼、周立波等也返回家乡，致力抗战文学的建设。在抗战文学的建设中，湖南籍作家张天翼、谢冰莹的创作成就尤为引人注目。张天翼的《华威先生》、谢冰莹的《从军日记》和《新从军日记》，以及她的散文长卷《女兵自传》，都曾蜚声中外。沈从文是“京派”作家中一名最重要的代表，他的作品为读者创造出了一个中国现代文学史上独一无二的充满野性与灵气的“湘西世界”。周立波是湖南现代文学“茶子花”派的创始人，也是湖南文学界的一面旗帜。代表作有长篇小说《暴风骤雨》《铁水奔流》《山乡巨变》等。杨沫是我国当代文学史上一位杰出的女作家，代表作有《青春之歌》等。1958 年问世的历史话剧《关汉卿》、1960 年发表的历史京剧《谢瑶环》则代表了田汉戏剧创作的最高水平。被郭沫若称为诗词中的“泰山北斗”的《毛泽东诗词》，以中国文学最传统、最精粹的体裁形式，真实记录了中国人民在风云变幻的国际环境中的前进步伐，激越地抒发了一代伟人光辉的生命活动和壮阔的革命情怀。在首届茅盾文学奖评选中，莫应丰的《将军吟》和古华的《芙蓉镇》双双折桂。文学作品的大面积获奖，成就了“文学湘军”的美誉。

湖南艺术文化多姿多彩。湘绣、滩头木版年画、皮影戏等 99 项民俗艺术被列入《国家非物质文化遗产目录》；花鼓戏、昆剧、湘剧、祁剧和常德丝弦等民间歌舞享誉中外；湘西苗族的巫傩文化、德夯苗寨风情、以“茅古斯”和“摆手舞”为特色的土家情调等民俗别具一格。

湖南历史悠久，物产丰富，风光秀丽，名胜古迹众多。湖南有武陵源、崀山丹霞地貌、湖南土司遗址等世界遗产；有湖南昆剧、汨罗江畔端午习俗、湖南皮影戏项目被列入《人类非物质文化遗产代表作名录》；有邵阳市崀山景区、长沙市花明楼景区、长沙市岳麓山—橘子洲旅游区、湘潭市韶山旅游区、张家界武陵源—天门山旅游区等国家 5A 级旅游景区；有衡山风景名胜区、武陵源（张家界）风景名胜区、岳阳楼—洞庭湖风景名胜区、韶山风景名胜区、岳麓山风景名胜区等 19 个国家级风景名胜区；有中国历史文化名城 4 座，分别是长沙、岳阳、凤凰、永州；湖南省灰汤温泉旅游度假区、常德柳州湖旅游度假区为国家级旅游度假区。截至 2016 年 1 月，拥有国家生态旅游示范区 5 处：长沙市大围山、郴州市东江湖、株洲市神农谷国家森林公园、永州市阳明山国家森林公园、邵阳市黄桑生态旅游区。

湖南的旅游资源以名山、名水、名城、名人为特色。湖南有古建筑及历史纪念建筑物 51 处，古遗址、古墓葬、古碑刻 70 余处。湖南名胜古有“潇湘八景”美誉（潇湘夜雨、平沙落雁、烟寺晚钟、山市晴岚、江天暮雪、远浦归帆、洞庭秋月、渔村夕照）。西部的张家界，集大自然奇、险、秀、幽于一身，1992年被联合国教科文组织列入《世界自然遗产名录》；中部南岳衡山，有“五岳独秀”之称，是中国南方著名佛教禅林和避暑胜地；北部洞庭湖，昔日号称“八百里洞庭”，水天一色，景色壮观。南岳衡山是中华五岳之一，岳阳楼是江南三大名楼之一。此外，伟人故里韶山、佛教圣地大乘山、千年学府岳麓书院、凤凰古城、常德桃花源等景区景点光彩夺目，受到了越来越多海内外游客的青睐。湖南还是名人辈出之地，曾哺育出魏源、曾国藩、毛泽东等对中国历史有重大影响的人物，许多地方留有他们当年活动的遗迹。

［**风物特产**］

湖南省因地处长江南岸洞庭湖之南而得名，先秦两汉时期为楚国境地，历史悠久，物产富饶，是著名的“鱼米之乡”。湖南特产有：浏阳烟花、菊花石雕、浏阳豆豉、浏阳黑山羊、铜官陶器、湘绣、臭豆腐、株洲唐人神、株洲太子奶、醴陵陶瓷、醴陵烟花、攸县香干、茶陵黄牛、炎陵白鹅等。

湘菜，又叫湖南菜，是中国历史悠久的八大菜系之一，早在汉朝就已经形成菜系。以湘江流域、洞庭湖区和湘西山区三种地方风味为主。湘菜制作精细，用料上比较广泛，口味多变，品种繁多；色泽上油重色浓，讲求实惠；口味上注重香辣、香鲜、软嫩；制法上以煨、炖、腊、蒸、炒诸法见长。湘菜的主题是下饭，其实很多湖南人也是怕辣的，由辣而产生多吃米饭的结果，像外婆菜就是非常下饭的菜。湘菜代表菜品以组庵湘菜为代表，如组庵豆腐、组庵鱼翅等；民间湘菜代表菜品有剁椒鱼头、辣椒炒肉、湘西外婆菜、吉首酸肉等。

［**特色产业**］

文化产业。湖南文化产业走出了一条有特色的发展道路，创造了一种“湖南文化现象”，“广电湘军”“出版湘军”“动漫湘军”全国知名。湖南卫视收视率一直位居全国省级卫视第一。

电子信息产业。湖南软件产业居中部地区首位，原创动漫产量居全国第一。

汽车产业。形成了以“长株潭”为核心，衡阳、邵阳、常德、永州相呼应的汽车产业格局。永州长丰集团旗下的长丰猎豹、三菱帕杰罗等汽车品牌国内知名。

第五章
华南地区各省自治区导游基础知识

本章导读

【本章概述】 本章主要介绍了华南二省一区的基本概况和主要文旅资源等方面的基本知识，包括历史、地理、人口、区划、交通、旅游资源、文化艺术、民族风情、特产美食，以及地域文化、民族文化和特色产业等。

【学习要求】 了解广东省、广西壮族自治区和海南省的历史、地理、气候、人口、区划、交通等概况；熟悉这三个省（区）列入《世界遗产名录》的中国遗产地景观，列入《人类非物质文化遗产代表作名录》的中国遗产项目，国家5A级旅游景区，国家级旅游度假区和国家生态旅游区；各民族具有代表性的历史文化和民族风情。掌握各地有代表性的饮食特点、主要美食和风物特产；国内知名的地域文化、民族文化及特色产业。

第一节　广东省基本概况与主要文旅资源

广东省简称粤，地处中国大陆最南部。广东省下辖21个地级市，划分为珠三角、粤东、粤西和粤北4个区域。广州和深圳为副省级城市。深圳为计划单列市，深圳、珠海和汕头为经济特区。全省共122个县级行政区。广州市是广东省的省会。广东省面积约18万平方公里，截至2021年5月，全省常住人口约12601万，是中国第一人口大省。

［**地理、气候**］

广东省地处中国大陆最南部，东邻福建，北接江西、湖南，西连广西，南临南海，珠江口东西两侧分别与香港特别行政区和澳门特别行政区接壤，西南部雷州半岛隔琼州海峡与海南省相望。受地壳运动、岩性、褶皱和断裂构造以及外力作用的综合影响，广东省地貌类型复杂多样。地势总体北高南低，最高峰为石坑崆。

广东省属于东亚季风区，从北向南分别为中亚热带、南亚热带和热带气候，是全国光、热和水资源最丰富的地区之一，且雨热同季，降水主要集中在4～9月。年降水量分布不均，呈多中心分布。全省年平均气温21.8℃。

［**交通状况**］

广东交通四通八达。广州港、深圳港、汕头港和湛江港已成为中国国内对外交通和贸易的重要通道。广东省正完善以广州白云国际机场为国际复合型门户枢纽机场，深圳宝安国际机场及湛江国际机场为区域性枢纽机场，其他支线机场为补充的全省民用机场布局。到2016年年末，全省已建成机场19座。到2020年，广东铁路出省通道将由京广铁路、京九铁路、广深铁路、黎湛铁路、赣韶铁路、柳韶铁路、粤海铁路和梅坎铁路8条增至12条，形成以广州为中心，“三纵二横”的主干线。高铁线路有武广高铁、广深港高铁、厦深高铁、贵广高铁、南广高铁、广东西部沿海高铁（在建）等。

［**历史沿革**］

考古发现显示，距今约12.9万年以前，岭南出现了早期古人——马坝人。秦统一六国后，今广东省的大部分地区属南海郡，这是广东历史上第一次划分行政区。秦末，赵佗建立南越国。当时，广东除今连州及乐昌北境属长沙郡管辖外，都属南越国地盘。汉武帝平定南越后，汉朝将南越地划分为南海、苍梧、郁林、合浦、交趾、九真、日南、儋耳、珠崖9个郡。东汉末，交趾部改为交州。吴景帝永安七年（264年），东吴把南海、苍梧、郁林、高梁4个郡（今两广大部）从交州划出，另设广州，州治番禺，广州由此得名。宋代，今广东省境包括广南东路14州和广南西路境内的7州，共61县。宋太宗至道三年（997年），广南路分为广南东路和广南西路，东路治所在广州，西路治所在桂州，广东大部分属广南东路，“广东”即广南东路的简称。元朝，今广东省境分为广东道和海北海南道。明洪武二年（1369年），改广东道为广东等处行中书省，广东成为明朝的十三行省之一。清初将明朝时的布政使司正式改称为省，广东省名称正式使用。清设总督管辖广东、广西两省，称“两广总督”，初驻肇庆。中华人民共和国成立后，成立广东省人民政府，省会为广州市。1988年，中央政府将海南行政区从广东省划出，另设海南省。

［**民族风情**］

广东省是56个民族成分齐全的省份。世居少数民族有壮族、瑶族、畲族、回族、满族。广东省设立连南瑶族自治县、连山壮族瑶族自治县、乳源瑶族自治县3个自治县和连州市瑶安瑶族乡、三水瑶族乡，龙门县蓝田瑶族乡，怀集县下帅壮族瑶族乡，始兴县深渡水瑶族乡，阳山县秤架瑶族乡，东源县漳溪畲族乡7个民族乡。

南粤民众在岭南大地上繁衍生息，形成了许多具有地域特点的民风民俗，例如龙舟竞渡、舞狮舞龙艺术、飘色、水色、秋色、木偶戏、皮影戏、元旦花车巡游、迎春花市、元宵灯会、冼太诞、乞巧节、盂兰节、龙舟节、中秋灯会、荔枝节、波罗诞等。

人龙舞。人龙舞是湛江市雷州半岛一带流行的民间舞蹈，被誉为“东海一绝”。其节奏鲜明，鼓点强劲，气势雄伟，催人奋进。人龙舞的龙体全部由人组成，龙首、龙身、龙尾都用人体接架组合。这种“人龙舞”一般长10多米，由50～60人组成；也有长数十米，由百余人甚至数百人组成的。舞起来轻便灵活，动作粗犷而又威武逼真，时而左盘右旋，时而腾舞戏珠，时而摇头摆尾，操作自如。

狮舞。根据表演风格的不同，狮舞可以分为北狮和南狮两种。北狮在长江以北较为流行；而南狮则流行于华南、南洋及海外。南狮又称醒狮，寓意沉睡东方的中华猛狮已经苏醒。广东醒狮出现于明代，起源于南海区。清末民国初南海黄飞鸿以武术、醒狮闻名于世，其飞砣采青、竹梯青、蟹青等技艺，开了广东醒狮技艺的先河，流传很广。南狮有出洞、上山、巡山会狮、采青、入洞等表演方式。南狮狮头有脸谱化的特点：黄脸为刘备狮，代表泽被苍生、仁义及皇家贵气；红脸为关公狮，代表忠义、胜利；黑脸为张飞狮，代表勇猛、霸气等。它们是参照了戏曲中的人物脸谱创作出来的，这在其他地方的狮头艺术中是少见的。

民间娱乐色相。广东民间娱乐色相异彩缤纷，有春色、秋色、火色、水色等。这里的“色”内涵相当广泛。例如，“佛山秋色”，是指佛山秋色赛会的各种工艺品、灯饰、车心、旱船、十番等。当地人称之为“出色”，也就是指这些色相的展览和表演。佛山一带的出色活动，多在秋季进行，故称“秋色”；紫坭一带出色多在春天，故称“春色”；吴川、沙湾的“色板”，凌空飘逸，技艺超群，称为“飘色”；市桥、小榄一带的“色”，有在水上表演的，称“水色”；有在夜间进行，又称为“夜色”。这些千姿百态的色相，熔音乐、舞蹈、工艺、美术、体育竞技于一炉，门类齐全，风格各异，使岭南民俗艺术显得更为多姿多彩。

传统龙舟活动。赛龙舟，俗称扒龙船，在珠江三角洲水乡地带盛行已久。清初著名学者屈大均在《广东新语》一书中，对珠三角每年赛龙夺锦以及赛后的喜庆场面都有描述。其中记述龙舟活动的时间是“岁五六月间”。在举办龙舟活动前，组织者都会根据当地习惯准备相应的奖品，以便在活动结束后给获胜者赠“状元标，张伎乐，簪花挂红”。当然还有其他奖品，如具有传统特色的罗伞、高标、烧猪、米酒“四大件”。珠江三角洲的龙舟活动，一般包括制作歌标、起龙仪式、采青、应景活动、斗龙过程、洗龙舟水、食龙船饭等步骤。

［**文旅资源**］

岭南文化。岭南文化是悠久灿烂的中华文化重要的有机组成部分，是祖国文化百花园中的一朵奇葩。它由三大部分构成：一是固有的本土文化；二是南迁的中原文化；三是舶来的域外文化。岭南文化主要有广府文化、客家文化、潮州文化、雷州文化等分支。

客家文化。客家文化是指客家人共同创造的物质文化与精神文化的总和，包括客家方言、客家民俗、客家民居、客家山歌、客家童谣、客家民歌、客家饮食等。客家文化的基本特质是儒家文化。客家人的祖先崇拜、重教观念、寻根意识、开拓精神，以及奇特而丰富多彩的民俗风情等，在很大程度上是这三种文化特质的外化。客家人遍布中国的广东、福建、江西、广西、四川、台湾等省份，甚至远及印度尼西亚、马来西亚、老挝、柬埔寨、加拿大、美国、日本、澳大利亚、新加坡、泰国等地，分布广泛，影响深远。

广东的戏曲剧种有粤剧、潮剧、广东汉剧、粤北采茶戏、粤西白戏等，以粤剧、潮剧、广东汉剧三种流行最广、影响最大、观众最多。粤剧是岭南最重要的地方剧种，流行于粤语方言地区。粤剧唱腔优美、多样化，具有丰富的表现力和感染力，影响遍及粤语华人地区，有“南国红豆”的盛誉。粤剧 2009 年被列入《人类非物质文化遗产代表作名录》。广东音乐又称粤乐，其实是指广府音乐，它是中国民间音乐的一颗璀璨明珠，是我国传统丝竹乐的一种。代表性剧目有《步步高》《雨打芭蕉》《平湖秋月》等。

岭南建筑文化极具特色。广州骑楼形式多样、保存完整，是粤派骑楼的代表；客家围屋（也称为围龙屋、围屋、转龙屋、客家围龙屋）是中华客家文化中著名的特色民居建筑；开平碉楼具有突出的历史、艺术和科学价值。岭南园林呈现浓厚的地方民间色彩，由自然景观所形成的自然园林和适合于岭南人生活习惯的私家园林，它不同于北方园林的壮丽、江南园林的纤秀，而具有轻盈、自在与敞开的岭南特色。

南粤民众在岭南大地上繁衍生息了十余万年，他们创造了许多具有地域特点的民风民俗，虽然岭南是全国改革开放、科技发展的前沿阵地，但是这些古老的习俗惯制并未在现代化的风云中黯然失色，仍然是岭南的象征。例如：龙舟竞渡、舞狮舞龙艺术、飘色等。岭南工艺美术有着强烈的地方文化特色。广绣、广彩、端砚、石湾陶塑、潮州金漆木雕等，无不包含独特的艺术个性，体现了丰富的岭南文化内涵。

广东省拥有丰富的旅游资源。广东有韶关丹霞山、开平碉楼与村落 2 处世界遗产；有粤剧、古琴艺术（岭南派）、广东剪纸、陆丰皮影戏 4 个项目列入《人类非物质文化遗产代表作名录》；有广州长隆旅游度假区、深圳华侨城旅游度假区、广州白云山景区、韶关丹霞山景区、肇庆市星湖旅游景区和江门市开平碉楼文化旅游区等 15 家国家 5A 级旅游景区；有国家级旅游度假区 2 处：华侨城旅游度假区、河源巴伐利亚庄园。截至 2016 年 1 月，拥有国家生态旅游示范区 4 处：深圳东部华侨城、韶关市丹霞山、梅州市雁南飞茶田景区、惠州市南昆山生态旅游区。广东海岸线绵长，多温泉，地貌形态复杂，丹霞山为丹霞地貌典型，肇庆岩溶地貌发育明显，西樵山熔岩地貌构成美景，汕头海蚀地貌奇特，鼎湖山自然保护区为北回归线上的绿洲。岭南园林别具一格，顺德清晖园、番禺余荫山房、东莞可园、佛山梁园合称为四大名园。近代史迹数量多，分布广。从鸦片战争起，历次革命斗争中的名人故居、重要遗址、陵园等不胜枚举。近年来各改革开放城市的建设和发展也成为旅游吸引力之一。

广东旅游资源种类多样，主要有：罗浮山、西樵山、丹霞山等山峦风光；飞沙滩、大梅沙、小梅沙等滨海沙滩；惠州西湖、肇庆星湖、湛江湖光岩等湖泊水库；九泷十八滩、三榕峡、大鼎峡等川峡险滩；七星岩、宝晶宫、古佛岩等岩溶奇景；从化温泉、银盏温泉、金山温泉等温泉；光孝寺、开元寺、佛山祖庙等宗教寺庙；佗城、珠玑巷、西汉南越王墓博物馆等文物古迹；黄花岗七十二烈士墓、中山纪念堂、孙中山故居等近现代史迹；六榕塔等古塔；可园、余荫山房、清晖园等古园林及仿古园林；锦绣中华微缩景区、中国民俗文化村、世界之窗等游乐园和主题公园；端砚、石湾陶瓷、刺绣等工艺品；深圳观澜湖等高尔夫球场。

［**风物特产**］

广东物产丰富，特产众多。广东特产主要有：荔枝、槟榔、阳桃、波罗蜜、荔枝蜜、香蕉、椰子、椰雕、香包、广式点心、广式腊味、清平鸡、东江盐焗鸡、潮汕膏蟹、沙井鲜蚝、万宁燕窝、透明马蹄糕、沙河粉、拉肠粉、及第粥、春饼、盲公饼、油头烙饼、黑皮冬瓜、帝一神酒等。

粤菜即广东菜，是中国传统的八大菜系之一。狭义上的粤菜指广州府菜，也就是广州菜；广义上的粤菜又称“潮粤菜”，由广州菜（顺德菜）、客家菜、潮州菜（汕尾菜）发展而成，三大菜系类型各异，其中广州菜和客家菜（东江菜）近似。粤菜因其选料严格、做工精细、中西结合、质鲜味美、养生保健等特点而名扬天下，2010年入选“岭南文化十大名片”。经典粤菜有：大良双皮奶、客家白切鸡、深井烧鹅、烤乳猪、客家梅菜扣肉、蜜汁叉烧、东江客家盐焗鸡、白灼虾、广州文昌鸡、煲仔饭、广式烧填鸭、豉汁蒸排骨、菠萝咕噜肉、清蒸石斑鱼等。著名的粤菜餐饮品牌有：莲香楼、陶陶居、广州酒家、杏花楼、利苑酒家等。

在中国，自古有“食在广州，厨出风城（顺德）”的民间谚语，顺德不仅是中国厨师之乡，2014年12月1日，联合国教科文组织还授予广东顺德“世界美食之都”的称号，成为中国第二个获此殊荣的城市。

［**特色产业**］

广东是中国工业强省，在电子信息业、电器制造业、食品药品业、汽车制造业、造纸和建材业等领域，占据全国前列。

电子信息业。深圳电子信息制造业规模已占全国规模的1/6，领跑全国。深圳华为的5G技术领先世界。

电器机械业。广东机械产品出口居全国第一位，也是全球的家电产品出口基地。顺德“美的”、珠海“格力”名扬中外。

食品饮料业。健力宝、乐百氏、珠江啤酒、致美斋、海天等品牌家喻户晓。

建材业。佛山卫浴陶瓷全国市场占有率第一。

森工造纸业。广东是中国造纸及纸制品的生产大省。目前，中国造纸行业唯一的制浆造纸工程国家重点实验室和国家研究中心设在广东。

汽车。在汽车整车制造领域，广东省汇集了东风日产、广汽本田、广汽丰田、比亚迪、一汽大众、长安标致等知名整车厂商，形成了广州、深圳、佛山三个整车制造产业集群。

医药。广东医药产业实力居全国前列。在抗击新冠疫情战斗中，广药集团旗下白云山和黄中药、王老吉药业、陈李济药厂等企业生产的板蓝根颗粒、抗病毒口服液、小柴胡颗粒等产品发挥了重要作用。

第二节　广西壮族自治区基本概况与主要文旅资源

广西壮族自治区简称桂，地处祖国南疆，北回归线横贯中部。广西壮族自治区下辖14个地级市，分别是南宁市、柳州市、桂林市、梧州市、北海市、防城港市、钦州市、贵港市、玉林市、百色市、贺州市、河池市、来宾市、崇左市。南宁市是广西壮族自治区首府所在地。广西陆地面积约24万平方公里，管辖北部湾海域面积约4万平方公里。截至2021年5月，全区常住人口5013万。

［**地理、气候**］

广西壮族自治区东连广东省，南临北部湾并与海南省隔海相望，西与云南省毗邻，东北接湖南省，西北靠贵州省，西南与越南社会主义共和国接壤。广西地形西北高、东南低，呈西北向东南倾斜状。山岭连绵、山体庞大、岭谷相间，四周多被山地、高原环绕，中部和南部多丘陵平地，呈盆地状，有“广西盆地”之称。境内喀斯特地貌广布，集中连片分布于桂西南、桂西北、桂中和桂东北，发育类型之多世界少见。受太平洋板块和印度洋板块挤压，广西境内山脉多呈弧形。山脉盘绕在盆地边缘或交错在盆地内，形成盆地边缘山脉和内部山脉。盆地边缘山脉中的猫儿山主峰海拔 2141 米，是华南第一高峰。区内河流大多随地势从西北流向东南，形成以红水河—西江为主干流的横贯中部以及两侧支流的树枝状水系。河流分属珠江、长江、桂南独流入海、百都河四大水系。

广西属亚热带季风气候区。气候温暖，雨水丰沛，光照充足。夏季日照时间长、气温高、降水多，冬季日照时间短、天气干暖。干旱、暴雨、热带气旋、大风、雷暴、冰雹、低温冷（冻）害气象灾害较为常见。年平均气温 17℃~23℃。是全国降水量比较多的地区之一，大部分地区年平均降水量为 1200 ~ 2000 毫米，时空分布差异大。

［**交通状况**］

广西壮族自治区境内海航、铁路、公路、航空等交通基础设施较为完善，为自治区的发展提供了坚实的交通保障。区内有南宁吴圩国际机场、桂林两江国际机场等民航机场 11 座；港口有北部湾港等；有南凭等高铁线路以及湘桂、南昆、焦柳、黔桂等普铁线路纵横区内；高速公路、等级公路网四通八达。

［**历史沿革**］

据考古发现，今广西地域早在 80 万年前就有原始人类繁衍生息。秦始皇统一岭南后，今广西地域纳入中央王朝版图，分属桂林郡和象郡。秦末汉初，今广西区域属代行南海尉赵佗割据岭南而建立的南越国。汉元鼎六年（前 111 年），武帝平定南越，在今广西区域设置苍梧、郁林、合浦 3 郡。唐咸通三年（862 年），岭南道分东、西两道，并以邕管经略使为岭南西道节度使，成为一级独立政区。宋初，今广西大部地域属广南路。宋至道三年（997 年），分广南路为广南东路和广南西路，今广西大部属广南西路，广西之名源于此。

清初，广西兵祸连年。先是南明永历政权反清与瞿式耜、李定国抗清，继后有孙延龄起兵追从以吴三桂为首的“三藩之乱”。清中期以后，天地会在广西发展迅速。鸦片战争爆发后，广西反帝反封建斗争形成高潮。1851年，太平天国起义在广西爆发。同时，天地会的反清起义也勃然兴起；民众和西方教会冲突日益加深，1856年法国借口“西林教案”悍然发动第二次鸦片战争。广西军民在抗法侵略的陆路战场取得震惊中外的“镇南关大捷”。

1919年五四运动爆发后，广西的革命运动进入新的历史时期。中国共产党广西地方组织首先在梧州建立。此时，李宗仁等旧桂系中下级军官借助广东革命阵营的力量乘机形成新桂系集团。“四一二政变”后，新桂系追随蒋介石清党反共，广西的革命和工农运动转入低潮。1929～1930年，邓小平等在百色、龙州发动武装起义，创建红七军、红八军和左江、右江革命根据地。1949年11月7日，人民解放军发起解放广西战役，在中共广西地方组织的配合下，于1949年12月11日解放广西。中华人民共和国成立初期设广西省，1958年3月5日成立广西壮族自治区。

[**民族风情**]

广西是多民族聚居的自治区。区内世居民族有壮族、汉族、瑶族、苗族等12个。在常住人口中，少数民族人口总数在全国居第1位，壮族是中国人口最多的少数民族。仡佬族是广西少数民族中人口最少的民族。

广西的少数民族都保持着他们淳朴的民族习俗，在饮食、服饰、居住、节日、礼俗方面都有鲜明的民族特色，其中壮族的歌、瑶族的舞、苗族的节、侗族的楼和桥是广西民族风情旅游不可不看的四绝。

瑶族的舞。广西的金秀瑶族自治县居住着一支保持了瑶族古老文化及习俗的瑶族同胞。他们的歌舞民族色彩极为浓厚，其旋律、歌词、服装、舞姿、形象与道具均独立构成。18种舞蹈尤以《长鼓舞》《捉龟舞》《黄泥鼓舞》《盘古兵舞》《八仙舞》《蝴蝶舞》等最为盛行。每年在中国农历十月十六日、七月初七、六月初六等瑶族节日都可以看到各种瑶舞的表演。

苗族的节。苗族以节日多、场面大而出名。广西融水苗族自治县每年有苗年节、芦笙节、拉鼓节、芒歌节、新禾节、斗马节等众多节日，纪念丰收、祭祀等。节日中可以欣赏到动听的芦笙曲和优美的芦笙舞表演，到苗寨旅游或做客，可以享受到拦路歌、拦路酒、拦路鼓、挂彩带、挂彩蛋、打酒印等众多苗族好客习俗的款待。

侗族的楼和桥。三江侗族自治县的风雨桥是我国闻名的木建筑，是侗族的象征。桥身建筑不用一枚铁钉，全是榫卯结合，高超的建筑技艺令人惊叹不已。侗族的楼，包括吊脚楼、鼓楼、凉亭、寨门、水井亭等几种木结构建筑，都是独具特色的侗族建筑。近年来，侗族的建筑艺术展，更是轰动了全中国，人们一致称赞侗族的建筑艺术是“凝固的诗，立体的画”。

壮族简介

壮族是中国岭南的土著民族。早在旧石器时代晚期，壮族先民就广泛分布在广西一带。他们与布依、傣、侗、水、毛南等族同源于古代越人中的瓯越、骆越，后被称为乌浒、俚、僚、土，旧称“僮”，1965 年改族名为“壮族”。

壮族是我国少数民族中人口最多的民族，主要分布在广西，云南、广东、贵州、湖南亦有分布。现有人口约 1700 万。

壮族以农业为主，种植水稻、玉米、薯类等。壮族地区气候温和，雨水充沛，森林面积广，盛产樟木、银杉等名贵木材。果品也很丰富，甘蔗产量居全国首位。南珠、三七、蛤蚧是壮族地区最负盛名的特产。

壮语属汉藏语系，分南北两大方言。1955 年创制了以拉丁字母为基础的壮文。

摩教曾是壮族的主要宗教信仰，以自然崇拜和祖先崇拜为主。唐、宋以后，佛教、道教先后传入，建立了寺庙，对壮族农村影响较大。

壮族具有悠久灿烂的民族文化。民间文学丰富，有传统的歌舞和壮戏。“歌圩”是壮族人民对歌、赛歌的盛大集会，相传与歌仙刘三姐有关。

歌圩上所唱的歌，主要以男女青年追求美好爱情理想为主题，未婚青年常借此寻找意中人。歌圩上还举办各种庙会活动，形成商品集散盛会。壮族铸造使用铜鼓已有 2000 多年历史，铜鼓既是祭器、乐器，也是权力和财富的象征。壮锦以织工精巧、图案别致、色彩绚丽、结实耐用而著称，与南京的云锦、成都的蜀锦、苏州的宋锦并称“中国四大名锦”。壮族的刺绣、竹编亦闻名遐迩。壮族的文化遗产中被列入《国家级非物质文化遗产名录》的主要有刘三姐歌谣、壮族织锦技艺、壮族歌圩、铜鼓习俗等。

壮族早年有婚后“不落夫家”的习俗，一般两三年后才住夫家。过去有断发文身的习俗，认为这样可以得到神的保护。凿齿也曾是盛行的习俗。

壮族多住干栏式房屋，竹木结构，分上下两层。上层一般为三开间或五开间，住人。下层为木楼柱脚，多用竹片、木板镶拼为墙，可作畜厩，或堆放农具、柴火、杂物。有的还有阁楼及附属建筑。

壮族男子多穿对襟上衣，纽扣以布结之，下裤短而宽大，缠绑腿，扎绣有花纹的头巾。妇女穿藏青色或深蓝色矮领、右衽上衣，下着黑色宽肥的裤子或黑色百褶裙，戴绣有花纹图案的黑色头巾，节日或赶场穿绣花鞋、披戴绣花垫肩。

壮族的主食是大米、玉米。蔬菜品种比较丰富，常以水煮的方法烹制。壮族自家还酿制米酒、红薯酒和木薯酒，度数都不太高，其中米酒是过节和待客的主要饮料。年节时，用大米制成各种粉糕、五色花饭及外形奇特的各种粽子。喜吃腌制的酸食。妇女有嚼槟榔的习俗。

壮族最隆重的节日莫过于春节，其次是农历七月十五中元鬼节、三月三歌圩节、清明上坟、八月十五中秋节，此外还有端午、重阳、尝新、冬至、牛魂、送灶等节，几乎每个月都要过节。三月三按过去的习俗为上坟扫墓的日子，届时家家户户都要携带五色糯米饭、彩蛋等到祖先坟头去祭祀、清扫墓地，并由长者宣讲祖传家史、族规，共进野餐，还有的对唱山歌，热闹非凡。

壮族的主要禁忌：忌食牛肉、蛙肉；忌讳用脚踩踏锅灶、禁止在灶上煮狗肉；吃饭时忌用嘴把饭吹凉，更忌把筷子插到碗里；忌从晾晒的妇女裤子下走过；夜间行走禁止吹口哨；无论家人、客人，忌坐门槛中间；家有产妇时，门上悬挂草帽一顶，暗示外人不得入内。

［**文旅资源**］

在几千年的历史长河中，广西各族人民创造了丰富灿烂的民族文化。春秋时期，铜鼓作为一种打击乐器，已出现在骆越人（壮族先民）的生活当中。左江沿岸大量的崖壁画，说明早在旧石器时代晚期广西古代的民族已有相当高的文化水平。1972 年发现于广西北流市六靖镇的汉代云雷纹大铜鼓，被誉为“铜鼓之王”。该鼓现陈列于南宁市广西博物馆内，是世界上最大的铜鼓。陈钦，西汉末年出生于苍梧，是广西最早的学者，著有《陈氏春秋》（今已失传）一书，为左氏学博士。

左江花山岩画文化。地处广西崇左市左江及其支流明江流域，与其依存的山体、河流、台地共同构成壮丽的左江花山岩画文化景观，包含约 105 公里左江、明江河段。面积 6621 公顷。岩画绘制年代可追溯到战国至东汉时期，已有2000多年历史，其地点分布之广、作画难度之大、画面之雄伟壮观，为国内外罕见，具有很强的艺术内涵和重要的考古科研价值。花山岩画因其景观、岩画与中国南方壮族先民骆越人生动而丰富的社会生活融合在一起所显示的独特性，于2016年7月15日，以“左江花山岩画文化景观”项目被列入《世界遗产名录》。

20世纪50年代，代表广西文化艺术最高水平的民间歌舞剧《刘三姐》享誉国内外。抗战时期，以“文化城”桂林为中心，抗日救亡文化运动在广西蓬勃开展，影响全国。在当时的民国广西省政府顾问马君武博士和著名戏剧家欧阳予倩的主持下，以改良桂剧为先锋，有力地推动了广西文化艺术向前发展。三月三歌节，又称三月歌圩，是壮族盛大的传统歌节。桂剧是广西主要的地方剧种。少数民族戏剧和地方戏种有壮剧、彩调剧、邕剧、苗剧、毛南剧等。广西少数民族舞蹈比较出名的有“扁担舞”“铜鼓舞”“绣球舞”“芦笙舞”等。

广西山川秀丽，历史悠久，旅游资源得天独厚。广西有左江花山岩画文化景观、广西桂林、环江（中国南方喀斯特2014年增补项目）等世界遗产地；广西“壮族霜降节”作为中国“二十四节气”的扩展项目被列入《人类非物质文化遗产代表作名录》；有桂林漓江风景区、兴安县乐满地度假世界、桂林独秀峰·靖江王城景区、南宁市青秀山旅游区、桂林市两江四湖·象山景区、崇左市大新县德天跨国瀑布景区、百色市百色起义纪念园景区和北海市涠洲岛南湾鳄鱼山景区等8家国家5A级旅游景区；有全国重点文物保护单位84处；有漓江风景名胜区、桂平西山风景名胜区、宁明花山风景名胜区等国家级风景名胜区；有桂林、柳州、北海等国家级历史文化名城；有国家级旅游度假区：桂林阳朔遇龙河旅游度假区；有贺州市姑婆山、柳州市大龙潭景区、崇左市大德天景区等国家生态旅游示范区；有北海冠头岭国家森林公园、桂林国家森林公园等12个国家级森林公园。

广西桂林山水绝佳，桂林、阳朔一带的石灰岩峰林，曾被明代旅行家徐霞客誉为“碧莲玉笋世界”。广西壮族自治区洞穴众多且景观优美，素有“无山不洞，无洞不奇”之称。比较著名的有旱洞型的桂林芦笛岩、七星岩等。位于中越交界归春河上游的德天瀑布闻名遐迩，其瀑面宽100多米、高约80米，呈三叠状飞泻而下，水声轰鸣，势若奔马，非常壮观。广西壮族自治区历史悠久，古人类、古建筑、古文化遗址、古水利工程、石刻、墓葬等古文物及革命斗争纪念遗址众多。比较著名的有年代久远的柳州白莲洞等古人类遗址；著名的古建筑有桂林王城、容县真武阁、柳州柳侯祠等。近现代的一些革命活动纪念地，如太平天国的发祥地——桂平金田村、百色红七军军部、龙州红八军军部旧址、抗战时期的八路军驻桂林办事处等都具有考察、参观和瞻仰的价值。

广西民族文化旅游资源极为丰富。如壮族的铜鼓、壮锦、绣球、干栏式建筑、花山崖壁画，侗族风雨桥、鼓楼等民族建筑，瑶族、苗族等民族的医药，以及丰富多彩的民族民间文学、音乐、舞蹈等文化艺术品。此外，民族的节庆、风土人情也是吸引游客的亮点。如壮族的三月三歌节、瑶族的达努节和盘王节等。广西的文化创意产业（《印象·刘三姐》、大明山骆越文化主题园、伊岭岩壮乡之旅等），使广西旅游业的发展如虎添翼。

［**风物特产**］

广西地处亚热带，气候温暖湿润，阳光充足，利于作物生长。广西特产有：罗汉果、容县沙田柚、荔枝、香蕉、广西柑橙、砂糖橘、阳朔金橘，融安金橘、波罗蜜、菠萝、桂圆、田东杧果、七香、山楂、桂花糕、山葡萄、猕猴桃、白果、八角、茴油、香菇、黑木耳、广西名茶（如苍梧六堡茶等）、甜茶、甘蔗和梅花牌白糖、荔浦芋头、桄榔粉、桂林马蹄、富川脐橙等。博白县是广西桂圆肉的主要产区，素有“桂圆肉之乡”的称誉。钦江坭兴陶烧制技艺为国家级非物质文化遗产。合浦珍珠驰名中外，历代皆誉之为“国宝”，作为进贡皇上的贡品。壮锦是中国四大名锦之一，图案生动，结构严谨，色彩斑斓，充满热烈、开朗的民族格调。

桂林三宝是指：三花酒、桂林腐乳、桂林辣椒酱。“三宝”之一三花酒是中国米香型白酒的代表，被誉为米酒之王，是桂林人的骄傲。

广西菜由南宁、桂林、柳州、梧州等城市菜和壮族、瑶族、京族、侗族等少数民族菜组成。少数民族的小吃、点心非常有特色。菜肴取料奇特，制作也极有个性。城市菜以野味烹调最为著名，而且刀功精细、制作考究，讲究原料鲜活。烹调方法受粤菜影响很深，口味清淡、爽嫩而又喜好辣味。广西著名的风味菜点有：天火烹饪鸡、虫草炖海狗鱼、葵花马蹄肉饼、桂乳荔芋扣、梧州纸包鸡、花雕醉鸡等。桂林米粉、柳州螺蛳粉、梧州龟苓膏、玉林猪脚粉等小吃家喻户晓。

［**特色产业**］

食品饮料业。广西容县南方黑芝麻、柳州螺蛳粉、桂林辣椒酱、桂林三花酒、横县茉莉花茶、梧州龟苓膏等特色食品、饮料均已形成规模化生产、加工产业，享誉全国。

广西石化业，有色金属产业、钢铁冶金产业、汽车产业以及机械产业。玉林的玉柴机器，柳州的柳州重工、柳州五菱等品牌全国知名。

医药。柳州金嗓子喉宝、两面针牙膏，花红片，桂林西瓜霜、西瓜霜润喉片、三金片等产品国内著名。

第三节　海南省基本概况与主要文旅资源

海南省简称琼，位于中国最南端。海南省现有 4 个地级市，分别是海口市、三亚市、三沙市、儋州市。省会为海口市。海南省陆地（主要包括海南岛和西沙、中沙、南沙群岛）总面积约 3.4 万平方公里，海域面积约 200 万平方公里，是我国海域面积最大的省。截至 2021 年 5 月，全省常住人口约 1008 万。

［**地理、气候**］

海南省北以琼州海峡与广东省划界，西隔北部湾与越南相对，东面和南面在南海中与菲律宾、文莱、印度尼西亚和马来西亚为邻。海南省的行政区域包括海南岛、西沙群岛、中沙群岛、南沙群岛的岛礁及其海域，海南岛形似一个呈东北至西南向的椭圆形大雪梨。海南岛与广东省的雷州半岛相隔的琼州海峡宽约 18 海里，南沙群岛的曾母暗沙是我国最南端的领土。海南岛四周低平，中间高耸，呈穹隆山地形，以五指山、鹦哥岭为隆起核心，向外围逐级下降，由山地、丘陵、台地、平原构成环形层状地貌，梯级结构明显。

海南是我国最具热带海洋气候特色的地方，全年暖热，雨量充沛，干湿季节明显，台风活动频繁，气候资源多样。海南岛年日照时数为 1750 ~ 2550 小时，年平均气温 23℃~ 26℃，全年无冬。全岛降雨充沛，年平均降水量在 1600 毫米以上，东多西少，中部和东部相对湿润，西南部沿海相对干燥。降雨季节分配不均匀，冬春雨少，夏秋雨多。时空分布差异大。

［**交通状况**］

长期以来，海南交通运输事业的发展一直十分缓慢。1988 年，海南建省办经济特区，海南交通运输事业终于进入了快速发展的新时期。如今基本建成了“公路四通八达、火车跨海通行、邮轮畅游世界、飞机纵横晴空”的现代化立体运输体系。公路一直是海南的主要交通方式。环岛高速公路和“三纵四横”等路网建设格局基本形成。全省港口已形成北有海口港、南有三亚港、西有洋浦港和八所港、东有龙湾港的“四方五港”格局。船队的国内航线可到达沿海及长江中下游各港口，国际航线可到达俄罗斯、日本、朝鲜、东南亚、非洲和欧洲等国家和地区。随着海口美兰和三亚凤凰两个国际机场相继建成，我国第一条跨海铁路粤海铁路通道全线投入运营，如今，在 3.54 万平方公里的海南岛上，由机场、铁路、港口、公路、管道 5 种运输方式组成的立体交通网粗具规模，把海南岛与祖国大陆及世界各地紧紧连在了一起。

［**历史沿革**］

历史上海南岛有三种古称：珠崖、儋耳、琼台。根据考古工作已发现的新石器时代的 200 处遗址和历史文献来推断，至少在 6000 年以前，海南岛就有人类活动。据《琼州府志》记载，秦代海南属其遥领的范围，没有任何建制。西汉武帝元鼎七年（前 110 年）始设儋耳、珠崖两个郡。南北朝梁武帝时，设置为州，称“崖州”。隋朝时设临振、珠崖两郡，明代海南设琼州府，领儋、万、崖三州 10 个县。清代海南建制仍沿袭明代。民国初期，海南废道设公署，后经改行政督察区、特别行政区。

1950 年 5 月，海南岛宣告解放，成立海南军政委员会，实行军政管制。

1951 年成立广东省人民政府海南行政公署。1952 年成立了海南黎族苗族自治区。1955 年 3 月改为广东省海南行政公署。1968 年 4 月成立广东省海南地区革命委员会，1976 年 10 月改称广东省海南行政区革命委员会，1980 年 1 月改称广东省海南行政区公署。1984 年 10 月撤销海南行政区公署，成立海南行政区人民政府。海南岛南部是黎族、苗族等少数民族聚居地区，1988 年 4 月 13 日全国人民代表大会第一次会议通过，决定撤销广东省海南行政区，设立海南省，划定海南岛为海南经济特区。

［**民族风情**］

汉族、黎族、苗族、回族是海南省世居民族，黎族是海南岛上最早的居民。世居的黎、苗、回族，大多数聚居在中部、南部的琼中、保亭、白沙、陵水、昌江等县和三亚市、五指山市；汉族人口主要聚集在东北部、北部和沿海地区。海南居民语言种类多，主要使用的方言有海南话、黎话、临高话、儋州话、军话等10种。此外，还有三亚市、陵水县等沿海渔民使用船上话，港口、铁路、矿山、国有农场职工使用白话（粤语）、客家话、潮州话、浙江话、云南话、福建话等。

古朴独特的民族风情使海南岛社会风貌显得更加丰富多彩。其中最具有特色的便是黎族与苗族的生活习俗。海南的民俗节庆有：农历正月十五的换花节；农历二月初九至十九为期10天的“军坡节”，这是纪念冼夫人而举行的民间奉祀活动；农历三月初三黎族青年男女追求爱情和幸福的传统佳节“三月三”；每年3月下旬或4月上旬（农历“三月三”期间）的海南国际椰子节，它是融旅游、文化、民俗、体育、经贸为一体的大型旅游文化节庆活动；每年中秋的儋州民间歌节，歌节的主要活动内容包括儋州山歌、调声对歌比赛和“赏月”等项目；每年11月下旬举办的“海南欢乐节”等。

黎族简介

黎族为我国岭南民族之一，是古代“百越”人的后裔。“黎”作为族称始于唐末，到宋代固定下来，沿用至今。黎族主要分布在海南省，现有人口约146.3万。

黎族以从事农业为主，种植稻、薯、玉米等作物。手工业、渔猎、饲养家畜家禽、采集野生植物是重要的家庭副业。黎族居住的地方处于亚热带，水稻可以一年三熟，也是我国热带经济作物的主要产地，热带经济作物如橡胶、油料、甘蔗、胡椒、咖啡、腰果、水果等的种植已成为黎族经济的重要来源。

黎语属汉藏语系。先前，黎族没有自己的文字，1957年创建了以拉丁字母为基础的黎文。由于长期与汉族接触，不少黎族人兼通汉语，使用汉字。黎族没有形成统一的宗教信仰，各地均奉行祖先崇拜与自然崇拜，还保留着氏族图腾崇拜的痕迹。靠近汉族的地区受道教的影响，部分地区还曾传入基督教。

黎族是能歌善舞的民族，音乐和舞蹈具有鲜明的民族特色。“竹竿舞”场面欢快热烈，鼻箫是黎族独特的乐器。口头文学形式活泼，内容丰富，包括神话、传说、故事等。黎族擅长制作独木器，所使用的任何器具，原料都必须是一块整木。黎族手工纺织技术历史悠久，早在唐宋时代就领先于中原，并以黎锦、黎单闻名于世。元初，我国著名的纺织能手黄道婆，就是到海南学习了黎族的纺织技艺才名垂青史的。黎族文化遗产中被列为国家非物质文化遗产的主要有打柴舞、纺染织绣技艺以及“三月三”节日等。

黎族民居多为竹木结构的楼房或草房。金字塔形屋顶，上盖茅草，用竹条或树枝扎成墙架，再以泥糊。屋内间隔成厅房。有的住宅为“船形屋”，用竹木扎构成轮廓，状如船篷，盖以茅草，呈半圆筒形。黎族儿女成年后就住在屋外的“寮房”里，以便自由恋爱，俗称“放寮”。

黎族男子穿无领对襟上衣，下穿前后两幅布的吊幨，结鬃缠头。女子穿对襟无扣上衣，下穿无褶筒裙，多绣织花纹，筒裙有长短之分。束发于脑后，插有牛骨、金属、箭猪毛制成的发簪，披绣花头巾，盛装时戴项圈、手镯、脚环、耳环等。有些地方妇女耳环多且重，耳根下垂至肩，俗称“儋耳”。妇女曾有文面文身的习俗，称为“雕题”。黎族服饰图案的取材，多采用青蛙、蟒蛇、坡鹿、榕树等图腾崇拜物，配色和谐，绚丽华美。

黎族的饮食比较简朴，以稻米、玉米、番薯为主食，多以狩猎、采集所得为副食，只种少量蔬菜。日进三餐，喜稀不喜干，并习惯腌制生鱼、生肉。竹筒烧饭是黎族日常生活中独特的野炊方法。黎族妇女爱嚼槟榔。

黎族大多数节日与汉族相同。“三月三”是最盛大的民间传统节日，也是青年男女自由交往的日子。每年的农历三月三这一天，具有敬老美德的黎族同胞带上自家腌制的山菜、酿成的米酒、做好的糕点去看望寨内有威望的老人，青年男子则结伙外出狩猎、打鱼，姑娘们烤鱼、煮饭。夜幕降临，小伙子们跳起了传统的舞蹈，男女青年对唱山歌、互诉衷情。

黎族的主要禁忌：敬神之物，忌乱翻动；睡觉忌头朝门外；禁食狗、马等动物肉；忌讳影子被别人踩踏；妇女文身忌男人参与或偷看。

［**文旅资源**］

海南是中国历史悠久、文化灿烂的地区之一，漫长的海南历史展示出具有海南特色的古代贬官文化、海南革命文化。并非一些人所说的蛮荒之地和“文化沙漠”。在悠久的华夏文明中，海南历史文化源远流长、独树一帜，从远古到现代，它都是中华文明中重要的分支，是中国历史文化精华的一部分。海南有《鹿回头》《大力神》《黎母神话》等十大经典神话传说。它们在历史的长河中为“南海明珠”添上了神秘而迷人的色彩。我们从这古老的文学形式中感受先人的智慧与胸怀，沿着神话传说的印迹，追寻海南岛历史文化的无穷魅力。

海南有十大最值得关注的文化遗产：黎族树皮布制作技艺、黎族“打柴舞”、黎族钻木取火、黎族传统纺染织绣技艺、昌江黎族泥条盘筑法制陶技艺、黎族骨簪、临高人偶戏、黎族茅草屋、南洋骑楼、秀英炮台。海南代表性的传统节日有军坡节（公期）、换花节、“三月三”、龙水节、儋州民歌节等。

海南省旅游资源丰富，特色鲜明。海南境内有三亚南山文化旅游区、三亚南山大小洞天旅游区、保亭县呀诺达雨林文化旅游区、分界洲岛旅游区、海南槟榔谷黎苗文化旅游区、三亚市蜈支洲岛旅游区等国家5A级旅游景区；有全国重点文物保护单位42处；有国家级旅游度假区1处：三亚市亚龙湾旅游度假区；有国家级风景名胜区1处：三亚热带海滨风景名胜区；有中国历史文化名城2个：琼山、海口；有国家生态旅游示范区2处：呀诺达雨林文化旅游区、三亚市亚龙湾热带天堂森林公园。2009年，“黎族传统纺染织绣技艺”被列入《急需保护的非物质文化遗产名录》。

海南省的海岸带景观在海南岛长达1500多公里的海岸线上，一年中多数时候可进行海浴、日光浴、沙浴和风浴。自海口至三亚东岸线就有60多处可辟为海滨浴场。环岛沿海有不同类型滨海风光特色的景点，在东海岸线上，还有一种特殊的热带海涂森林景观——红树林和一种热带特有的海岸地貌景观——珊瑚礁，均具有较高的观赏价值。已在琼山区东寨港和文昌市清澜港等地建立了4个红树林保护区。

海南岛有海拔1000米以上的山峰81座。颇负盛名的有五指山、东山岭、太平山等，均是登山旅游和避暑胜地。海南有乐东县尖峰岭、昌江县霸王岭、陵水县吊罗山和琼中县五指山4个热带原始森林区，其中以尖峰岭最为典型。

海南已建立若干个野生动物自然保护区和驯养场，有昌江县霸王岭黑冠长臂猿保护区、东方市大田坡鹿保护区、万宁市大洲岛金丝燕保护区、陵水县南湾半岛猕猴保护区、屯昌县养鹿场等。

海南省大河、瀑布、水库风光各具特色，滩潭相间，蜿蜒有致，河水清澈，是旅游观景的好地方，尤以闻名全国的“万泉河风光”最佳。大山深处的小河或山间小溪，洄于深山密林之中，山间大石叠置，瀑布众多。

海南的火山、溶洞、温泉资源也很有特色。历史上的火山喷发，在海南岛留下了许多死火山口。最为典型的是位于琼山区的石山。海南有不少千姿百态的喀斯特溶洞，其中著名的有三亚的落笔洞、保亭的千龙洞、昌江的皇帝洞等。岛上温泉分布广泛，兴隆温泉、南平温泉、蓝洋温泉等，适于发展融观光、疗养、科研等为一体的旅游。

海南具有历史意义的古迹主要有：为纪念唐、宋两代被贬谪来海南岛的李德裕等5位历史名臣而修建的五公祠，北宋大文豪苏东坡居琼遗址——东坡书院以及为纪念苏氏而修建的苏公祠，为分巡雷琼兵备道焦映汉所修建的琼台书院，丘濬（明代名臣）之墓，海瑞（明朝大清官）之墓，受汉武帝派遣率兵入海南的伏波将军为拯救兵马而下令开凿的汉马伏波井，以及崖州古城、韦氏祠堂、文昌阁等。革命纪念地有琼崖纵队司令部旧址、嘉积镇红色娘子军纪念塑像、金牛岭烈士陵园、白沙起义纪念馆等，还有宋庆龄故居及陈列馆等。

海南是全国唯一的黎族聚居区。黎族颇具特色的民族文化和风情，有独特的旅游观光价值。

［**风物特产**］

海南的土特产品主要有：

（1）椰子食品：椰子糖果、椰子糕、椰子酱等；

（2）民族工艺品：牛角雕、藤器、海南红豆、木画、木雕、根雕、椰雕系列产品等；

（3）金饰品和珠宝：琼珠、海水珍珠、天然水晶等；

（4）热带果脯及鲜果：芭蕉、菠萝、波罗蜜、橙子、番荔枝、番石榴、海南柚子等。

海南的“吃”有四大特点：新鲜、天然、奇特、丰富。在海南吃山珍海味，讲究清淡鲜活、原汁原味。来海南旅游，特别要吃海鲜，鱼类肉嫩味鲜，为宴席首选；各种虾如基围虾、对虾、龙虾及各种贝类如鲍鱼、扇贝、鸡腿螺、剪刀贝等也是必食之珍。文昌鸡、加积鸭、东山羊、和乐蟹是海南四大名菜，另有临高乳猪、石山壅羊、曲口海鲜和三亚三绝（梅花参、鲍鱼和鱼翅）全岛有名。曲口海鲜以青蟹、血蚶、蚝、对虾为最佳。梅花参是海南省特有的海珍，主要产在南海诸岛海域。海参为“海产八珍”之首，尤以梅花参为最珍贵。梅花参最长可达1.2米，重12~13千克，故称“海参之王”。

海南的风味美食有临高乳猪、石山壅羊、温泉鹅、万泉鲤等。海南的风味小吃有海南粉、海南鸡饭、海南粽、海南火锅等。

［**特色产业**］

旅游产业。海南旅游全域规划、全域打造、全民参与、全民共享，被称为中华民族的“四季花园”和中外游客的“度假天堂”。

热带特色高效农业。海南素有“天然温室”美誉，具有发展热带高效农业的独特条件。热带水果、冬季瓜菜、天然橡胶、海洋渔业等一批国家级农渔基地打造成富足农民、服务全国的王牌产业。海南天然橡胶产业集群被列入《2020年优势特色产业集群建设名单》。

会展业。海南发展会展业既有生态环境优势，也有博鳌亚洲论坛品牌优势。大型展馆、大型会议、品牌展览、特色节庆、国际文体赛事等工程建设成效显著，海南会展国际化水平享誉世界。

现代物流业。海南大力发展保税物流、跨境电商物流、中转物流，积极发展第三方物流、第四方物流和供应链管理模式，努力将海南打造成为面向东南亚和大洋洲、连接南北经济带的区域航运枢纽和物流中心。

医药产业。海南南药、黎药和海洋生物资源丰富。海南医药产业已培育了“养生堂”“快克”“康芝”等中国驰名商标。

第六章
西南地区各省市自治区导游基础知识

本章导读

【本章概述】 本章主要介绍了西南一市三省一区的基本概况和主要文旅资源等方面的基本知识，包括历史、地理、人口、区划、交通、旅游资源、文化艺术、民族风情、特产美食，以及地域文化、民族文化和特色产业等。

【学习要求】 了解重庆市、四川省、贵州省、云南省、西藏自治区的历史、地理、气候、人口、区划、交通等概况；熟悉这五个省（区、市）的列入《世界遗产名录》的中国遗产地景观，列入《人类非物质文化遗产代表作名录》的中国遗产项目，国家5A级旅游景区，国家级旅游度假区和国家生态旅游区；各民族具有代表性的历史文化和民族风情。掌握各地有代表性的饮食特点、主要美食和风物特产；国内知名的地域文化、民族文化和特色产业。

第一节　重庆市基本概况与主要文旅资源

重庆简称“渝”，位于祖国内陆西南部，长江和嘉陵江汇合处。重庆是中国西部地区唯一的直辖市，总面积约8.24万平方公里，现下辖38个行政区县（自治县），包括26个市辖区，8个县，4个自治县。截至2021年5月，重庆市常住人口约 3205 万。

［**地理、气候**］

重庆位于四川盆地的东南边缘，盆地向四周山地的过渡地带的川东平行岭谷。川东平行岭谷是我国北东—西南走向山脉组合最整齐地区，山脉与丘陵谷地相间有序排列，也是世界上特征最显著的褶皱山地带，与美洲的阿巴拉契亚山、安第斯—落基山并称世界 3 大褶皱山系。作为建在平行岭谷的特大城市，城市主要功能区域布局谷底其间，山中有城，城中有山，故有“山城”之称。重庆城内水系丰富，流经的主要河流有长江、嘉陵江、乌江等，长江干流自西向东横贯全境。

重庆主要气候特点可以概括为：冬暖春早，夏热秋凉，四季分明，无霜期长；空气湿润，降水丰沛；太阳辐射弱，日照时间短；多云雾，少霜雪；光温水同季，立体气候显著。重庆属亚热带季风性湿润气候，春夏之交夜雨尤甚，素有“巴山夜雨”之说。重庆在地形和气候双重作用下，多雾，故也有“雾都”之称。璧山区的云雾山全年雾日多达 204 天，堪称“世界之最”。

［**交通状况**］

重庆是西南地区综合交通枢纽，国家物流枢纽。

铁路方面，重庆是全国性综合铁路枢纽，从 1952 年成渝铁路通车开始，截至 2019 年，重庆铁路营运里程 2394 公里，建成“一枢纽十干线”铁路网络格局，“米”字形高铁网建设迅速，在建和通车里程达到 1319 公里。公路方面，重庆是国家公路运输枢纽，2020 年，重庆高速公路通车总里程 3400 公里，路网密度继续保持西部第一。特别是奉节至巫溪高速公路的建成，标志着“4 小时重庆”全面实现。民航方面，区域性航空枢纽基本形成。江北机场成为国家区域枢纽机场，旅客吞吐量突破 4000 万人次；万州五桥机场、黔江武陵山机场为重庆已运营支线机场。

航运方面，重庆坐拥三峡航道，自古就是水路出川咽喉。历史上三峡水运一直是长江水运最危险的路段，发展艰难。抗日战争期间，在重庆成立的民生轮船公司在支援抗日战争、维护战时交通上，起到很大作用。经过多年发展，重庆是长江上游乃至中国西部最大的内陆港口城市，也是长江上游航运中心。全市航道总里程达到 4472 公里，“一干两支”、通江达海的航道体系基本建成。全国最大的内河港果园港建成投用，全市港口货运量达到 2 亿吨，重庆港连续5年跻身长江沿线亿吨大港之列。重庆段的水运已经成为长江最繁忙的水运线，进入国内最发达的水运航线行列。

[**历史沿革**]

重庆有文字记载的历史达3000多年，是巴渝文化的发祥地。因嘉陵江古称“渝水”，此为重庆简称“渝”的出处。

北宋崇宁元年（1102年），改渝州为恭州。南宋淳熙十六年（1189年）正月，孝宗之子赵惇先封恭王，二月即帝位为光宗皇帝，称为“双重喜庆”，遂升恭州为重庆府，重庆由此而得名。1891年，重庆成为中国最早对外开埠的内陆通商口岸。1929年，重庆正式建市。抗日战争时期，国民政府定重庆为陪都，重庆同华盛顿、伦敦、莫斯科一道被列为世界反法西斯四大指挥中心，为世界反法西斯战争做出了巨大贡献。抗日战争时期和解放战争初期，以周恩来同志为代表的中共中央南方局在重庆开展统一战线工作，形成的“红岩精神”是我们国家和民族的宝贵精神财富。中华人民共和国成立初期，重庆为中央直辖市，是中共中央西南局、西南军政委员会驻地和西南地区政治、经济、文化中心。1954年，西南大区撤销后改为四川省辖市。1983年，党中央国务院批准重庆为全国第一个经济体制综合改革试点城市，实行计划单列。1997年3月14日，第八届全国人大五次会议批准设立重庆直辖市，6月18日正式挂牌。

[**民族风情**]

据全国第六次人口普查数据，重庆市共有少数民族人口约194万。重庆市辖4个自治县、1个享受民族自治地方优惠政策的区、14个民族乡。渝东南民族地区一区四县（石柱土家族自治县、秀山土家族苗族自治县、酉阳土家族苗族自治县、彭水苗族土家族自治县和黔江区）是全市少数民族人口聚居区，主要是土家族和苗族。

世居的土家族、苗族和其他民族交错杂居，长期交往，风俗相染，共同创造了这里独特的民族风情。走进土家苗寨，古朴的吊脚楼、爽口的油茶汤，“哭嫁”“跳丧”，“赶年”“四月八”和“赶秋”等节日气氛热烈，颇具古风。土家族的“摆手舞”、“铜铃舞”，苗族的芦笙、“木鼓舞”，“对歌”“盘歌”“山歌”“薅草锣鼓”闻名遐迩，久负盛名。土家刺绣，苗家蜡染，堪称一绝。

［**文旅资源**］

重庆是中国历史文化名城，文旅资源丰富。巴渝文化是长江上游最有鲜明个性的地方文化之一，它是指巴族和巴国在历史的发展中所形成的地域性文化。巴人一直生活在大山大川之间，大自然的重峦叠嶂，孕育出他们豪爽、坚韧和彪悍的性格，古时巴人以勇猛、善战著称，相传巴人的军队参加周武王讨伐商（殷）纣王战争时，就有“武王伐纣，前歌后舞”的说法。独特的巴渝文化，铸就了重庆这块土地上深厚的文化底蕴，文化英才不断涌现，文化艺术多姿多彩。以饮食文化、袍哥文化、码头文化、移民文化、抗战陪都文化等为代表的巴渝文化、地域特色独树一帜。

重庆名人辈出，著名的文化名人有：南宋高僧道隆，明代爱国女英雄秦良玉，清代教育家李惺，清末书画家竹禅和杨裕勋，清末医学家程琪芝，近代实业家卢作孚、张森楷，辛亥革命先烈张增爵、邹容，近代教育家向楚等。

重庆至宜昌这段千里川江上，航道弯曲狭窄，明礁暗石林立，急流险滩无数。以前江上船只多靠人力推动或拉纤航行，少则数十人多则上百人的江上集体劳动，只有用号子来统一指挥。因此，产生了许多歌咏船工生活的水上歌谣——川江号子。川江号子是川江船工为统一动作和节奏，由号工领唱，众船工帮腔、合唱的一种民间歌唱形式，具有传承历史悠久、品类曲目丰富、曲调高亢激越、一领众和等特征。现“川江号子”已被列入《第一批国家级非物质文化遗产名录》。

重庆拥有世界自然遗产 2 项：武隆（“中国南方喀斯特”第一期）和金佛山（“中国南方喀斯特”第二期）；拥有世界文化遗产 1 项：大足石刻。拥有巫山区小三峡——小小三峡、酉阳土家族苗族自治县桃花源、綦江区万盛黑山谷——龙鳞石海、江津区四面山等 10 家国家 5A 级旅游景区。重庆的革命遗迹很多，红岩革命历史博物馆、歌乐山革命烈士纪念馆为中外人士瞻仰。重庆独特的地理与文化环境还形成了川剧、綦江农民版画、梁平三绝（年画、竹帘、灯戏）、铜梁龙灯、秀山花灯戏、九龙楹联等独特的民间艺术。

钟灵毓秀的山川地理孕育了重庆融山、水、林、泉、瀑、峡、洞为一体的奇特壮丽的自然景观，以立体画廊长江三峡最负盛名，长江三峡以瞿塘雄、巫峡秀、西陵峡险而驰名。其支流大宁河的“长江小三峡”和“小小三峡”风光别有一番玲珑剔透、群峰竞秀的魅力。小三峡是大宁河下游流经巫山境内的龙门峡、巴雾峡、滴翠峡的总称，全长50公里。小小三峡是大宁河小三峡的姊妹峡，因比大宁河小三峡更小，故名“小小三峡”。是大宁河支流——马渡河下游的三撑峡、秦王峡、长滩峡三段峡谷的总称，全长15公里。

武隆景区地处武陵山与大娄山脉交会的褶皱地带，喀斯特地貌十分显著，主要由“天生三桥”“仙女山”“芙蓉洞”三部分组成，其中芙蓉洞有国内外发现的最大竖井群。金佛山以独特的“喀斯特桌山”地貌被列入《世界自然遗产名录》，也是名副其实的“生物基因库”“中华药库”。四面山景区的“奇山”“异水”“红石”“厚文”四大景观资源特色明显。拥有完整的“丹霞赤壁—瓮形围谷—高山瀑布”组合而成的罕见地质遗迹。

大足石刻是大足区境内石窟寺及石窟造像的总称，是集儒、释、道三教造像于一体的大型石窟造像群。大足石刻是世界八大石窟之一，汇集了唐末两宋以来的5万多尊摩崖石刻雕像，代表了9～13世纪世界石窟艺术的最高水平，是重庆最具国际影响力的文化旅游品牌。

合川钓鱼城位于嘉陵江南岸，古战场遗址至今保存完好，是古代山城防御体系的典型代表。1259年发生在此长达36年的“钓鱼城保卫战”，是南宋王朝与蒙古之间的生死决战，更是中国历史和世界历史上的一场具有重大意义的战役，创下了中外战争史上罕见的以弱胜强的战例，钓鱼城因此被誉为“上帝折鞭处”。

此外，南温泉、北温泉，洪崖洞、解放碑、磁器口、小南海等景点也是重庆境内知名景点。

［**风物特产**］

重庆特产与美食非常丰富，主要有以下几大类。（1）工艺品：荣昌折扇、荣昌工艺陶、大足龙水菜刀等；（2）农副土产：奉节脐橙、火锅底料、涪陵榨菜、忠县豆腐乳、永川秀芽等；（3）中药：石柱黄连、天麻、巫山党参、南川杜仲等；（4）小吃：重庆小面、灯影牛肉、泡椒凤爪、合川桃片、磁器口麻花、怪味胡豆、江津米花糖等。

重庆作为川菜中三大流派之一的下河帮流派发源地，川菜美食也是名扬海内外。下河帮川菜特点是以家常菜为主，特点是亲民，比较麻辣，多创新；以花样翻新迅速、用料大胆、不拘泥于材料著称，俗称江湖菜。其代表作有麻辣火锅（或称毛肚火锅）、酸菜鱼、毛血旺、口水鸡、干菜炖烧系列等。

重庆火锅，又称为毛肚火锅或麻辣火锅，起源于明末清初的重庆嘉陵江畔、朝天门等码头船工纤夫的粗放餐饮方式，原料主要是牛毛肚、猪黄喉、鸭肠、牛血等，近代逐渐发展成为风靡全国的知名美食。

涪陵榨菜是选用重庆市涪陵区特殊土壤和气候条件种植的青菜头，经独特的加工工艺制成的鲜嫩香脆的一种风味产品。它与法国酸黄瓜、德国甜酸甘蓝并称世界三大名腌菜，也是中国对外出口的三大名菜（榨菜、薇菜、竹笋）之一，其传统制作技艺被列入《第二批国家级非物质文化遗产名录》。

［**特色产业**］

重庆市的经济支柱产业主要有汽车、电子信息业、装备制造业、材料工业。重庆是中国的汽车工业中一个举足轻重的角色，成为全国重要的汽车制造基地，有着东方底特律的美誉。重庆汽车产品种类齐全，基本实现了所有细分市场的全面覆盖，重庆还拥有完整的汽车零部件供应体系。重庆柠檬产业集群、重庆荣昌猪产业集群也被列入《2020年优势特色产业集群建设名单》。

第二节　四川省基本概况与主要文旅资源

四川省简称川或蜀，位于祖国西南腹地，长江上游，总面积48.6万平方公里，辖21个市州183个县（市、区）。截至2021年5月，常住人口8367万，总人口全国排名第五，其中少数民族人口约600万。

［**地理、气候**］

四川省地势西高东低。西部为青藏高原东缘，属中国地势第一阶梯，多高山峡谷、冰川湖泊、雪山温泉和森林草原，拥有九寨沟、黄龙、海螺沟、措普沟、稻城亚丁等世界级旅游景观。四川最高峰贡嘎山，海拔7556米，有“蜀山之王”美誉。四川省东部为中国四大盆地之一的四川盆地，属中国地势第二阶梯，海拔250～750米，由川东丘陵和成都平原组成。这里城市密集，人文荟萃。由于有都江堰水利工程灌溉，自古以来“水旱从人，不知饥馑”，号称“天府之国”，经济相对比较发达。四川省南部是攀枝花和凉山州，简称攀西地区，属于云贵高原的一部分。四川省境内共有大小河流1419条，被誉为“千水之省”。

四川省有三大气候区。东部四川盆地属亚热带湿润季风气候区，冬暖夏热，气候湿润，雾多日照少，旱地降雨量居全国前列；西部高山高原地区为高寒气候区，冬长夏短，昼夜温差大，降水少、日照强；南部攀西地区为南亚热带区，但由于海拔较高又呈现北温带气候特征，特点是四季不分明，但旱、雨季分明，气温高、日照强，昼夜温差大，气候干燥，但适合冬季度假旅游。

［**交通状况**］

四川省由于四周高山阻隔，交通曾经极度不便，唐代诗人李白有“蜀道之难，难于上青天”的感叹。历史上通往四川的主道是陕西汉中到成都的“金牛道”和经重庆沿长江三峡到湖北的水路，路途非常艰辛。

中华人民共和国成立后，四川交通建设加速。1952 年 7 月，新中国自行设计施工、完全采用国产材料修建的第一条铁路——成渝铁路建成通车；1956 年 7 月宝成铁路通车；1970 年 7 月成昆铁路竣工运营，基本改写了蜀道难的历史。四川省迄今有民航机场 17 个，其中成都市是继北京之后全国第二个拥有双 4F 机场的城市，稻城亚丁机场海拔 4411 米，是我国海拔最高的民用机场。民航加上近年来高速公路、高速铁路的建设，让四川的交通变得十分便捷。

在四川交通发展史上，川藏公路、成昆铁路和雅西高速的建设堪称奇迹。

川藏公路 1950 年开建，1954 年年底北线建成通车。公路全长 2400 多公里，翻越了 14 座海拔超过 4000 米的高山，对于巩固国防、支援西藏建设意义非常重大。川藏公路是沿线军民用简陋工具和大无畏的牺牲精神建成的天路，仅二郎山路段，每公里就有 7 位军人献出生命。现在的川藏公路风光绮丽，号称“最美 318 线”，其中康定新都桥段更被誉为“摄影家的天堂”。

成昆铁路是四川省南向出川的重要通道，也是国防三线建设的代表性工程之一。北起成都，南至昆明，全长 1096 公里。成昆铁路始建于 1958 年，其后多次停工，至 1970 年 7 月才全线竣工。在当时的技术条件下，建设成昆铁路是一项难度极大的工程，沿线贯穿地势险峻、地形多样、地质复杂的山川河谷，所经区域有“露天地质博物馆”之称，被外国专家称作“铁路禁区”。中国人民解放军铁道兵是成昆铁路建设的主力，全线共修建桥梁 991 座，隧道 427 座，有三分之一的车站修建在桥隧中。据统计，修建成昆铁路仅铁道兵就牺牲超过 2100 人。沿线留下 1000 多座丰碑，20 余处烈士陵园。1984 年 12 月 8 日，中国成昆铁路工程、美国阿波罗宇宙飞船登月活动和苏联第一颗人造卫星，共同被联合国评为“象征 20 世纪人类征服自然的三大奇迹”。

雅西高速是 G5 京昆高速雅安至西昌段，全长 240 公里。公路修建在地质状况特别复杂的横断山脉，跨越了青衣江、大渡河、安宁河等水系和 12 条地震断裂带，是自然环境最恶劣、工程难度最大的山区高速公路之一，桥隧比超过 55%，其中腊八斤大桥桥墩高达 182 米，拖乌山段为了克服地形陡升陡降的弊端，首次采用两层隧道的“双螺旋隧道”方案以确保行车安全。由于线路穿行在莽莽群山和层层白云之间，因此雅西高速又被称为“云端上的高速公路”。

［**历史沿革**］

四川省成都平原一带为古代蜀国故地，相传经历了蚕丛、柏灌、鱼凫、杜宇、鳖灵五个蜀王的统治，每个蜀王及其继承人统治时间长达数百年。考古发现的三星堆遗址应当就是古蜀国的遗存，其早期在蚕丛时期，繁荣时期大约相当于鱼凫和杜宇时期，与中原商、西周时代相当。

三星堆遗址 1929 年开始发掘，1986 年发现两个祭祀坑，出土了大量精美的黄金器、青铜器、玉器和陶器，如 57 件青铜人面具，高 3.95 米的青铜神树，高 2.62 米的青铜大立人像，宽 1.38 米并长着“千里眼”“顺风耳”的青铜面具，长 1.42 米的黄金杖，饰满图案的边璋等，多是前所未见的稀世珍品，其神秘足与玛雅文明媲美，被张爱萍将军誉为“沉睡数千年，一醒惊天下”。2021 年国家文物局宣布三星堆新发现 6 个祭祀坑，新出土黄金面具残片、青铜神树、象牙等文物，引起轰动。此外，2001 年在成都城西发现与三星堆遗址有明显传承关系的金沙遗址，同样出土大量的黄金器、玉器、象牙和陶器等文物，其中“太阳神鸟”金饰已成为中国文化遗产的标志。

蜀国在公元前 316 年被秦将司马错攻灭，改称“蜀郡”，蜀正式并入秦统治的版图。灭蜀后，蜀郡守李冰主持修建了著名的都江堰水利工程，既减少了岷江水患，又灌溉了成都平原，大大促进了四川经济的发展。汉武帝时设十三部州，四川为益州，包括今云、贵、川、渝大部分地区。东汉末年，刘备据守益州建立蜀汉政权，后来成为三国之一。唐朝改益州为剑南道，北宋改为“川峡四路”（益州路、梓州路、利州路、夔州路），简称“四川路”。至元代设置行省时，就直接把“四川路”合并为“四川行省”，四川省由此得名并沿用至今。

明末清初长期战乱，四川人口锐减，清政府下令从湖广省（湖北、湖南）和广东、福建等省大量移民四川，史称“湖广填四川”。移民总数上百万，其中湖广省人数最多，广东、福建客家人次之。若论城市则湖北麻城的移民最多。移民对四川文教、饮食、语言和风俗习惯影响较大，至今在四川一些农村地区还保留着客家的方言和湖北湖南话的句式。

抗战时期，四川成为大后方，四川人民足食足兵支援前线。全省有350多万青壮年出川抗战，超过64万人伤亡（阵亡及失踪近30万人），打出了“无川不成军”的威名。中华人民共和国成立后，四川成为“三线建设”的主阵地，为共和国经济、国防建设和社会发展做出了巨大贡献。

［**民族风情**］

四川省世居少数民族有彝族、藏族、羌族、苗族、回族等十多个，是全国最大的彝族聚居区，全国第二大藏族聚居区，全国唯一的羌族聚居区。少数民族人口约600万，约占全省人口总量6.5%。

彝族是四川省人数最多的少数民族，总数约330万人，占全省少数民族人口的55.6%，主要聚居在大小凉山与安宁河流域，中华人民共和国成立前还处于奴隶社会阶段。彝族有自己的语言、文字和历法，崇拜自然和神灵，祭司称为“毕摩”。农历六月二十四是彝族人民最盛大的节日——火把节。彝族年时间不固定，一般在每年11月20日左右择吉日举行，已列入《国家级非物质文化遗产名录》。

藏族是四川省第二大少数民族，总人数约162万，占全省少数民族人口的27%，主要聚居在甘孜州、阿坝州和凉山州木里县，信奉藏传佛教。在卫藏、康巴、安多三大藏区中，四川藏区属于康巴藏区，但又细分为安多、嘉绒、白马等分支。康巴藏区地处西藏的门户地带，地理位置非常重要，清代以来就有“治藏必先安康”之说。

羌族原为中国西部的古老民族，东汉时期部分羌族南迁至四川并较好地保留下羌族文化，当各地的羌族因长期民族融合大批融入汉、藏等民族队伍后，四川反而成为全国唯一的羌族聚居区。四川省现有羌族人口34万，占全省少数民族人口的5%，主要分布于岷江上中游一带。

羌族自称尔玛，过去多居住在中高山区，所以又称“云朵上的民族”，主食也以山地作物土豆和玉米为主，喜欢饮用杂粮酿成的“咂酒”。羌族建筑称为碉房，用石片砌成，不绘图、不吊线，也不用柱架支撑，只用黄泥加糯米浆进行黏合，下大上小，坚固耐用。碉房一般三层，上层堆放粮食，中层住人，下层圈养牲畜。碉房内砌有火塘，火种终年不熄，称为“万年火”。房顶四角置羌人崇拜的白石神，寨子周边设军事瞭望用的雕楼。羌族善刺绣，不仅能绣“云云鞋”和各种腰带、围裙，还能用羌绣绘画。羌族喜跳“羊皮鼓舞”和“铠甲舞”，用多声部唱歌，尤以善于吹奏羌笛著名。羌族祭司称为“释比”或“许”，在羌人中地位较高。

［**文旅资源**］

四川省文化发达、人杰地灵。产生了汉赋作家司马相如，唐朝诗人陈子昂，“诗仙”李白，北宋文坛巨匠苏洵、苏轼、苏辙等著名文人。诗圣杜甫虽然生于河南，但安史之乱后流亡四川近十年，其三分之二的作品创作于巴蜀地区。当代伟人朱德、邓小平，文学家郭沫若、巴金，国画家张大千也都是四川人。文人和伟人故居，成为四川重要的文旅资源。

四川省是我国拥有世界遗产数量最多、类型最丰富的省份之一。其中有世界自然遗产九寨沟、黄龙和大熊猫栖息地，世界文化遗产青城山—都江堰水利工程，世界自然与文化双遗产乐山大佛—峨眉山。

此外，四川稻城亚丁景区、三星堆博物馆、剑门关景区、泸沽湖景区、海螺沟景区等都是各具特色的国内外知名景区；成都是世界美食之都，武侯祠是三国文化中心，青城山是天师道的发源地；四川还是红军长征四渡赤水、夷汉结盟、抢渡安顺场、飞夺泸定桥和过雪山草地的地方，见证了中国革命最艰难的历程，是红色旅游胜地。

［**风物特产**］

四川省是川菜的故乡。传统川菜分为上河帮、下河帮与小河帮三大流派。上河帮川菜以川西岷江流域的成都菜、乐山菜为代表，特点是口味清淡，香辣适度，代表性菜品有麻婆豆腐、回锅肉、宫保鸡丁、鱼香肉丝等；下河帮川菜以川东下川江、嘉陵江地区的重庆菜（原属四川）、达州菜为代表，特点是麻辣生猛，注重创新，代表性菜品有麻辣火锅、毛血旺、酸菜鱼、口水鸡等；小河帮川菜以川南沱江流域自贡菜、内江菜、泸州菜为代表，又称盐帮菜，特点是姜多味厚、鲜辣刺激，代表性菜品有冷吃兔、水煮牛肉、仔姜美蛙、火爆黄喉等。三大流派互相渗透，形成川菜菜品丰富、味型多样、一菜一格、百菜百味的风格。

四川省盛产名酒。五粮液、泸州老窖、剑南春、水井坊、郎酒和舍得酒“六朵金花”，几乎占据了中国名酒的半壁河山。

四川还是中国茶文化的发祥地。早在西汉时期雅安人吴理真便在蒙顶山上人工培植茶树，他种植的七株茶树2000年不枯不长，至今犹存，被封为皇茶园。四川因为有好茶，相应地茶馆也多，饮茶风气也盛，所谓“杯里乾坤大，茶中日月长”，泡茶馆成为四川人重要的休闲方式。四川的茶馆不仅能饮茶，还常常有川剧表演，能够欣赏到川剧“变脸”“吐火”“滚灯”三大绝技。

[**特色产业**]

四川省工业门类齐全，核工业、电子工业、航空制造业国内领先。根据国家统一部署，四川省正与重庆市一道，加紧建设成渝双城经济圈，使成渝地区成为具有全国影响力的重要经济中心、科技创新中心、改革开放新高地和高品质生活宜居地，打造带动全国高质量发展的重要增长极和新的动力源。

四川省因江河众多，水利资源丰富，是全国水力资源可开发量最丰富的省。流经四川的金沙江、雅砻江、大渡河均已形成梯级开发水电资源的态势，譬如，仅四川省与云南省交界的金沙江下游河道，就规划建设了四个梯级水电站，即：总装机容量1020万千瓦的乌东德水电站（已投产发电）、总装机容量1600万千瓦的白鹤滩水电站（已完成土建工程，2021年实现首台机组发电，2022年全部建成，规模位居全球第二），总装机量1386万千瓦的溪洛渡水电站（已于2015年10月投产发电）和总装机容量775万千瓦的向家坝水电站（已于2014年7月建成发电）。四个大型水电站总装机容量达到4781万千瓦，相当于三峡水电站装机容量（2250万千瓦）的两倍多。截至2020年年底，全省水电总装机容量7696万千瓦，是全国最大的水电开发和西电东送基地。此外，四川盆地还蕴藏着丰富的燃气资源，天然气和页岩气已探明的储量居全国首位，川气东送成为华东地区重要的燃气来源。

第三节　贵州省基本情况与主要文旅资源

贵州简称“黔”或“贵”，省会贵阳，地处中国西南内陆。面积约18万平方公里，贵州全省辖6个地级市，3个自治州，88个县（市、区）。截至2021年5月，贵州全省常住人口3856万。

［**地理、气候**］

贵州处于云贵高原东斜坡，是一个隆起于四川盆地和广西丘陵之间的亚热带高原山区。地势西部高，自中部向北、东、南三面倾斜，河流也顺势由西部、中部向北、东、南三面分流。西部乌蒙山，发育有全省最高点韭菜坪，海拔2900.6米。贵州省地貌可概括为高原、山地、丘陵、盆地、台地和河流阶地，是全国唯一一个没有平原支撑的省份，素有“八山一水一分田”之说。贵州全省岩溶地貌发育非常典型，分布范围广泛，形态类型齐全，是世界上喀斯特地貌发育最典型的地区之一。贵州河流数量众多，分属长江和珠江两大水系，长江流域有牛栏江横江水系、乌江水系、赤水河綦江水系和沅江水系四大水系。珠江流域，也有南盘江水系、北盘江水系、红水河水系和都柳江水系四大水系。

贵州森林植被完好，到2020年年底，森林面积达到1.59亿亩，森林覆盖率达59.95%。贵州列入《国家重点保护野生植物名录》的有银杉、珙桐、贵州苏铁等。黔金丝猴、黑叶猴、云豹等被列为国家重点保护野生动物。

贵州气候温暖湿润，属亚热带湿润的季风气候区。低纬度、中海拔的自然条件使贵州气温变化小，冬暖夏凉，气候宜人，为典型凉夏地区。贵州气候的特点是：夏无酷暑，冬无严寒，夜雨较多；气候复杂多样，垂直差异明显，“一山分四季，十里不同天”；旅游季节长，全年可游览。

［**交通状况**］

贵州受地理环境影响，交通一度落后，明代思想家王阳明曾感叹道“连峰际天兮，飞鸟不通”。1926年贵州修建第一条公路。中华人民共和国成立后，贵州交通建设取得质的突破。现已初步形成陆、空、水三位一体的现代交通网络。

贵州是西南地区的铁路交通枢纽，1958 年，中华人民共和国成立后贵州第一条铁路——黔桂铁路通车，其后川黔、贵昆、湘黔铁路相继通车，贵州铁路系统成为国家铁路“八横八纵”交通网络重要组成部分。

贵州从 1964 年“县县通公路”到 2015 年“县县通高速”，贵州公路已基本形成“6 横 7 纵 8 连线”的高速公路网格局，全省建成公路桥梁 2.1 万座，贵州被称为“世界桥梁博物馆”，其中北盘江大桥是世界第一高桥。

截至 2020 年年底，贵州建成并投入使用机场 11 个，形成“一枢十支”（贵阳龙洞堡国际机场 + 支线机场）的机场格局。2019 年，贵阳龙洞堡国际机场吞吐量首次突破 2000 万人次，进入大型繁忙机场行列。

贵州内河航运主要集中在乌江、赤水河和南、北盘江等少数河流上。现贵州有 85 条河流通航，通航里程达 3755 公里，其中高等级航道突破 1000 公里，北可达长江，南可顺珠江出海。

［**历史沿革**］

贵州是中国古人类发祥地之一，远古人类化石和远古文化遗存发现颇多。春秋以前，贵州为荆州西南夷，属于“荆楚”或“南蛮”之一。至春秋时代，境内著名的国家有牂牁国，其政治中心叫夜郎邑（今安顺一带）。从战国后期到西汉初年，夜郎是西南夷各部中最强大的地方割据政权，公元前 122 年，汉武帝派使臣王然于、吕越人等出使滇国和夜郎，留下了“夜郎自大”的典故。

东汉贵州地区沿袭西汉建制。至唐代，在贵州地区推行经制州（按国家统一规范建制）与羁縻州（因其俗而治）并行的制度。三国时，贵州分属巴郡、蜀郡、黔中郡和象郡管辖。唐朝时，设黔中道，建黔州郡，设黔州都督府。“贵州”名称，始于宋朝。

清代，对贵州的行政区划和行政建置采取了较大的调整措施，四川所属遵义，广西荔波，湖广的平溪、天柱等地划归贵州管辖。至此，贵州疆域基本形成。

1935 年红军长征途中著名的遵义会议在贵州遵义召开，抗战期间，浙江大学等高校内迁至贵州。中华人民共和国成立后，贵州成为“三线建设”重点地区之一。

［民族风情］

贵州是一个多民族聚居的省份。贵州少数民族人口约1400万，占全省总人口的38.9%，少数民族人口仅次于广西和云南，居全国第三位，苗族、布依族、侗族、仡佬族、水族等少数民族在贵州分布较集中。民族自治地方面积占全省总面积的55.5%。

贵州各民族历史悠久，不同的民族形成了不同的乡土民俗、节日庆典和建筑风格，成为独具特色的文化旅游资源。

侗家鼓楼和风雨桥、苗族吊脚楼、布依石头寨等民族建筑各具特色。

贵州少数民族节日种类繁多、内容丰富，著名的有苗族“姊妹节”“四月八”“龙舟节”“芦笙节”；侗族“歌酒节”；布依族“查白歌节”；彝族“火把节”，水族“端节”“卯节”；土家族和仡佬族的“吃新节”以及流行于贵阳、安顺地区“射背牌”等。

贵州少数民族歌曲以侗族大歌（世界级非遗）、苗族飞歌（国家级非遗）最具代表性，特点是激昂、欢快，独唱和合唱各有特色。婚丧嫁娶方面，各少数民族秉承自己的习俗，如苗族的游方、侗族的行歌坐月、土家族的哭嫁、瑶族的凿壁谈婚等，都已经传承数百年。

苗族是我国本土起源的一个国际性的古老少数民族，苗族的先祖可追溯到原始社会时代活跃于中原地区的蚩尤部落。商周时期，苗族先民便开始在长江中下游建立“三苗国”，苗族在历史上多次迁徙，进入西南山区和云贵高原并定居下来。国外苗族主要是明、清以后，部分苗族移居东南亚各国以及美国、法国、澳大利亚等国家。

苗族在黔东南、黔西南、黔南和湘鄂川黔的交界地带，有较大的聚居区。苗族主要信仰本民族长期形成的原始宗教，包括自然崇拜、图腾崇拜、祖先崇拜、鬼神崇拜。黔东南地区的苗族从最早崇敬枫木、蝴蝶转为崇敬人类的始祖姜央，认为他是苗族的祖先。祭鼓节是苗族民间最大的祭祀活动。

苗族文化遗产较为丰富，苗族的挑花、刺绣、织锦、蜡染、银饰制作等工艺瑰丽多彩。苗族服饰式样繁多、色彩艳丽。苗族妇女的“盛装”银饰堪称中国民族服装之最，以大为美、以重为美、以多为美，黔东南是我国和世界上苗族服饰种类最多、保存最好的区域，被称为“苗族服饰博物馆”。

苗族一般都在依山傍水处建寨子，聚族而居。苗族建筑最有特色的是吊脚楼。苗族菜肴喜酸喜辣，普遍嗜好饮酒。芦笙舞是流传最广的民间舞蹈，芦笙是最具有代表性的乐器。

［**文旅资源**］

夜郎文化是贵州最独特的本土文化。夜郎国是春秋至西汉时期西南少数民族地区最强大的国家之一，曾被汉武帝赐予王印。《华阳国志》《后汉书》记载的“竹王传说”是夜郎文化的生动反映。“竹王”即夜郎王，以竹为姓，目前贵州省内各地的少数民族如仡佬族、苗族、布依族以及彝族等少数民族都有奉竹为神灵的传统，贵州境内不少地方建有“竹王祠”。

明朝贵州建制为省后，大批汉人移民贵州，汉族移民带来了中原和其他地区的文化，在与当地少数民族文化交流、碰撞、融合后，奠定了贵州文化的基本格局。

贵州历史上文化名人辈出。汉代的盛览和尹珍是最早的两位文化名人，被称为“贵州文坛之祖”。明代大思想家王阳明在贵州提出了“致良知”这一重要的心学理论。清代贵阳周起渭既是《康熙字典》的编纂人之一，又是著名诗人。

贵州特殊的喀斯特地质地貌、原生的自然环境、浓郁的少数民族风情，形成了以自然风光、人文景观和民俗风情交相辉映的丰富文旅资源。截至2020年年末，贵州拥有世界遗产5处，其中自然遗产4处：中国南方喀斯特——贵州荔波喀斯特世界自然遗产地、中国丹霞——赤水丹霞世界自然遗产地、中国南方喀斯特——贵州施秉喀斯特世界自然遗产地、梵净山世界自然遗产地；文化遗产1处：中国土司遗产——贵州播州海龙屯遗址。世界非物质文化遗产1项：贵州侗族大歌。世界地质公园1处：织金洞世界地质公园。

贵州是一个山地公园省，贵州岩溶地貌发育典型，溶洞资源遍布全省各地，被誉为“喀斯特天然洞穴博物馆”；织金洞规模宏大，被誉为“溶洞之王”；梵净山黔金丝猴为全球独有；黄果树瀑布誉满天下，被称为“中国第一瀑”。安顺云山屯古建筑群、安顺文庙、福泉城墙、雷山郎德上寨苗族古建筑群、西江千户苗寨等历史文化遗存丰富。

贵州还是个具有光荣革命传统的地方，遵义会议会址、黎平会议会址、红军四渡赤水战役旧址等11处红色景区被列入《全国红色旅游经典景区名录》。

［**风物特产**］

贵州的主要特产有名酒、名茶、名药材和奇特的工艺品等。

贵州名酒无论是数量还是质量，在国内外都名列前茅，被清代诗人郑针称赞为："酒冠黔人国"。贵州名酒最为世人熟知的当数产自遵义仁怀市茅台镇的茅台酒。茅台酒具有"色清透明、酱香突出、醇香馥郁、幽雅细腻、入口柔绵、清冽甘爽，酒体醇厚丰满、回味悠长、空杯留香持久"的特点，是我国酱香型风格典范，享有国酒的美誉。

贵州茶叶生产历史悠久，都匀毛尖为中国十大名茶之一，1915 年在巴拿马国际赛会上获得优胜奖，此外贵州还有湄潭翠芽、遵义红、正安白茶等名茶。

贵州盛产药材，素有"夜郎无闲草，黔地多良药"的美名，占全国中草药品种的 80%，是全国四大中药材产区之一。贵州的天麻、石斛、杜仲等都是传统特产，遵义被称为"中国杜仲之乡"。

［**特色产业**］

贵州的能源产业发达。贵州是西电东送的重要地区，电力工业在贵州有着重要的地位；煤炭、页岩气等能源产业是贵州重要的支柱产业；以白酒为代表的食品业在全国处于领先地位；近年来大数据产业成为贵州经济发展新引擎。

截至 2020 年年末，贵州茶叶种植规模居全国第 1 位，茶叶已成为贵州第一大出口农产品。除茶叶种植规模居全国第 1 位外，2020 年贵州辣椒种植规模也居全国第一位。

第四节　云南省基本概况与主要文旅资源

云南省简称"滇"，地处中国西南边陲，是全国边境线最长的省份之一。总面积 39.41 万平方公里，辖 8 个地级市，8 个自治州，129 个县（市、区）。截至 2021 年 5 月，全省常住人口约 4721 万。

［**地理、气候**］

云南属山地高原地形，地势西北高、东南低，自北向南呈阶梯状逐级下降。北部是青藏高原南延部分，高山峡谷相间，地势险峻，形成了怒江、澜沧江、金沙江三江并流的奇特自然地理景观。玉龙雪山、梅里雪山坐落其间，梅里雪山最高峰卡瓦格博峰海拔6740米，是云南最高山峰。南部山地海拔平均不到3000米，地势向南和西南缓降，河谷逐渐宽广，海拔在800~1000米，个别地区下降至500米以下，是热带、亚热带地区。主要山脉有哀牢山、无量山、邦马山等。云南全省河川纵横、湖泊众多。澜沧江、怒江等均为跨国水系，著名湖泊有泸沽湖、滇池、洱海、抚仙湖等。

云南基本属于亚热带高原季风型气候，但受纬度差异和海拔垂直差异影响，立体气候特点显著，"一山分四季，十里不同天"，并且全省范围内同时具有寒、温、热（包括亚热带）三带气候。降水在季节上和地域上的分配极不均匀，干湿季节分明。无霜期长，南部边境全年无霜。

［**交通状况**］

云南省由于地形复杂，形成天然的交通屏障，但又因云南是中国通往东南亚地区的门户，与外地交通联系开辟也很早。近年来，云南公路、铁路、航空和水运网络日趋完善，初步形成通往东南亚、南亚国家的三条便捷的国际大通道：一是西路通道，沿滇缅（昆畹）公路、中印（史迪威）公路和昆明至大理的铁路西进，直达仰光。二是中路通道，由澜沧江—湄公河航运、昆明至打洛公路、昆明至曼谷公路和西双版纳机场构成，通往缅甸、老挝、泰国并延伸至马来西亚和新加坡。三是东路通道，以现有滇越铁路、昆河公路及待开发的红河水运为基础，通往越南。近代修建的云南昆明至越南河内的滇越铁路，是中国第一条国际铁路。历史上著名的"史迪威公路"和"驼峰航线"就经过云南境内。

抗日战争时期，云南军民9个月时间抢修完成全长959.4公里的滇缅公路，创造了近代中国公路建筑史奇迹，滇缅公路一度成为当时国内唯一通往国外的战略运输通道，成为打破日军封锁，为国内提供军事物资保障，维系中国和东南亚两大战区的重要纽带。1942年，滇缅公路被日军切断，为粉碎日军的再次封锁，对滇缅公路进行改建和抢修，历时2年多于1945年修通昆明至印度利多的中印公路，又称"史迪威公路"。至日本投降前，中印公路共承运援华抗战物资5万余吨，为中国抗日战争取得胜利发挥了积极作用。

抗日战争时期，云南是中国主要的空军基地之一，最多时机场一度达到52座，巫家坝机场是著名的"驼峰航线"主要终点站。1942年，滇缅公路被日军切断，为保证第二次世界大战亚洲战场上对日作战的军备物资，盟军飞行员开辟了由印度翻越喜马拉雅山脉至中国西南地区的驼峰航线，航线长达 800 公里，全程穿越地区域气候恶劣、地理环境复杂。盟军飞行员付出重大牺牲，在航线使用的三年期间，一共空运了 20 多万吨战争物资到中国，为第二次世界大战的胜利做出了巨大的贡献。

中华人民共和国成立后，云南交通建设有了飞跃式发展，特别是空运发达，截至 2020 年，云南省共有运营民用运输机场 15 个，机场数量居全国第 3 位，形成以昆明长水国际机场为核心，其他 14 个干支线机场为支撑的机场网络体系，全省旅客吞吐量 100 万人次以上规模的机场达到 7 个，成为全国百万级机场最多的省份之一。

［**历史沿革**］

云南，旧以“云岭以南”得名，是人类重要的发祥地之一。生活在距今 170 万年前的云南元谋猿人，为我国和亚洲最早的人类之一。夏、商时期，云南属中国九州之一的梁州。秦朝以前，古彝族在云南地区建立古滇王国。公元前 278 年，楚国大将庄蹻率军进入滇池地区，建立滇国。秦汉之际，中央王朝在云南推行过郡县制，开辟通往缅甸和印度的商道。西晋时期，云南改设为宁州，是全国十九州之一。唐宋时期，曾建立过南诏国、大理国等地方政权。

大理国于公元 937 年建国，1253 年，忽必烈西征灭大理国。大理国时期，社会经济有了较大发展，手工业兴盛，对外贸易发达，与缅甸、越南、马来西亚、印度、波斯等国家都有贸易往来。大理与宋交好，内地先进的科学文化也传入云南，对云南各族人民发展起到了促进作用。

1276 年，元朝在云南设立行中书省，“云南”正式成为全国省级行政区划名称。

抗日战争爆发后，云南成为全国大后方，接纳大批搬迁的企业、军政机关、学校。1938 年，由北京大学、清华大学、南开大学组成的西南联合大学搬迁至云南，西南联大保存了抗战时期的重要科研力量，培养了一大批卓有成就的优秀人才。随着第二次世界大战全面爆发，英军放弃缅甸战场，云南成为中国抗击日军最前线。滇西抗战纪念馆和国殇墓园是第一批国家级抗战设施、遗址。

1950 年 2 月 24 日，云南全境解放。2013 年，设置现行政区划。

［**民族风情**］

云南是我国民族种类最多的省份，全省少数民族人口数约 1621 万，占全省人口总数的 33.6%，是全国少数民族人口数超过千万的 3 个省区（广西、云南、贵州）之一。除汉族以外，人口在 6000 人以上的世居少数民族有彝族、哈尼族、白族、傣族、壮族、苗族等 25 个。其中哈尼族、白族、傣族、傈僳族、纳西族、独龙族等 15 个民族为云南特有。云南少数民族交错分布，表现为大杂居与小聚居。

纳西族是云南特有民族之一，现有人口约 32.6 万，绝大部分居住在丽江市。在漫长的历史发展与民族交往中，纳西族创造了灿烂的文化。有著名的长篇史诗《创世纪》、反映古代纳西族社会生活的百科全书《东巴经》、用象形文字写成的《东巴画谱》等艺术珍品。纳西族的建筑、雕刻和绘画融合了纳西族、汉族与藏族三个民族的传统风格，具有浓郁的地方特色。纳西族的支系摩梭人，至今仍保留着走婚制和母系家庭的形式。摩梭人的"阿注婚姻"被民族学家喻为"人类社会家庭婚姻发展史的活化石"。纳西族建筑古朴典雅，丽江古城的四方街最具代表性。纳西族最具特色的服饰是妇女的"七星披肩"，缀以圆形花片，双肩各有一个大的，背上并列七个小的，分别象征日、月、星辰，表示披星戴月、勤劳不息。

白族现有人口约 193 万。在历法、建筑、医学、史学、文学、音乐、舞蹈、戏曲、绘画、雕刻诸方面均有相当辉煌的创造和成就。大理崇圣寺三塔、剑川石宝山石窟、鸡足山建筑群等具有鲜明的民族特点。"三坊一照壁"是白族民居建筑中最常见的形式。白族的扎染技艺与绕三灵习俗被列入《国家非物质文化遗产名录》。白族崇尚白色。在白族姑娘的头饰上，显示着"风花雪月"的寓意，垂下的穗子象征下关风，艳丽的花饰象征上关花，帽顶的白色代表苍山雪，弯弯的造型代表洱海月。白族的传统节日主要有三月街、绕三灵、耍海节、火把节等。三月街又称"观音街""观音市"，是白族人民的传统盛会，已有上千年历史。农历三月十五起在点苍山脚下举行，为期 5 ~ 7 天，后逐渐发展成为物资交流盛会，届时还举行赛马等文体活动。三月街已经成为当地各族人民进行经济文化交流、增进民族团结的重要节日。白族主要崇拜"本主"（即村社神）。一苦、二甜、三回味的"三道茶"是白族传统的品茶艺术和待客礼仪。

傣族主要分布在云南热带河谷及高原盆地，与壮族、水族、布依族等有密切的关系，在中国境内现有人口约126.1万。傣族普遍信仰南传上座部佛教。佛教对傣族风俗习惯的影响十分明显，傣族有自己的历法和文献，民间文艺丰富多彩。有著名的“孔雀舞”和“赞哈”（歌手）演唱的民间叙事长诗和民歌，“象脚鼓舞”是傣族民间流传最广的男子舞蹈。傣族的传统节日主要有泼水节、关门节和开门节等。泼水节是傣族人民送旧迎新的传统节日，又称“浴佛节”，时间一般在傣历六月下旬或七月初（农历四月中旬），节期一般是3~5天。节日期间的主要活动是浴佛、堆沙、泼水、丢包、赛龙船、放高升及歌舞狂欢等。国家非物质文化遗产名录收入的傣族文化遗产主要有孔雀舞、泼水节等。

［**文旅资源**］

云南省是一个多民族的省份，民族文化丰富多彩，是非物质文化遗产种类最多的省份之一，拥有国家级非物质文化遗产90项。纳西族东巴古籍被联合国教科文组织列入《世界记忆名录》。沧源崖画是我国目前发现的最古老的崖画之一，产生于3000年前的新石器时代晚期。所画粗犷古朴，是研究南方古代民族历史的重要资料。白沙壁画融汉、藏、纳西文化于一体，展示了藏传佛教和儒、道等生活故事。禄丰是中国乃至世界发现恐龙化石数量最多、个体最为完整、种类最丰富的地区，被誉为“恐龙之乡”。

云南历史上名人辈出，明朝著名航海家、外交家郑和，是云南昆阳州（今昆明市晋宁区）人，七下西洋，完成了人类历史上伟大的壮举。云南籍音乐家聂耳，是中华人民共和国国歌《义勇军进行曲》的作曲者。孙髯翁为昆明滇池大观楼题天下第一长联，被后人尊称为联圣。著名将领蔡锷发动了反对袁世凯的护国运动。

纳西古乐由“洞经音乐”“皇经音乐”（现已流失），以及丽江本土音乐“白沙细乐”组成。据考证，这种古乐起源于14世纪，是云南省最为古老的乐曲，也是世界最古老的乐曲之一，被誉为“音乐化石”。这套乐曲包含了道教法事音乐、儒教典礼音乐甚至唐宋元的曲牌，灵韵独特，在流传中逐步融合了纳西族的审美情调和独有的乐器，因此被称为纳西古乐。

云南旅游资源十分丰富，拥有一批以高山峡谷、现代冰川、高原湖泊、民族风情等为特色的旅游景区。拥有世界文化遗产2处：丽江古城、红河哈尼梯田；世界自然遗产3处：三江并流、云南石林、澄江古生物化石遗址。

香格里拉地处滇、川、藏“大三角”区域，是国家“三江并流”风景名胜区的一颗明珠。迪庆香格里拉是一片人间少有的完美保留自然生态和民族传统文化的净土，素有“高山大花园”“动植物王国”的美称，是一个以藏族为主体、文化多元、资源丰富的“神仙居住的地方”。

茶马古道源于古代西南边疆的茶马互市，兴于唐宋，盛于明清，是中国西南民族经济文化交流的走廊。滇藏茶马古道南起云南茶叶主产区普洱，中间经过今天的大理、丽江、香格里拉进入西藏，直达拉萨，有的还从西藏转口印度、尼泊尔，是古代中国与南亚地区一条重要的贸易通道。

另外，滇池、玉龙雪山、丽江古城、大理古城、西双版纳、香格里拉、腾冲、普者黑等旅游地标也享誉国内外。

[**风物特产**]

云南由于其独特的地理风貌、特殊的气候状况、多彩的民族风情、奇特的风俗习惯，产生了许多不同于其他地方的风物特产，“云南十八怪”就是对其形象的概括，云南的特产与风俗也大都包含在其中了。

云南菜，简称滇菜，以擅长烹制山珍、淡水鱼鲜和蔬菜见长，具有鲜嫩回甜、酸辣微麻、重油味厚的特点。代表菜有汽锅鸡、金钱云腿、傣味香茅草烤鱼、大理夹沙乳扇等。云南民族饮食也很丰富，彝族坨坨肉、独龙族石板粑粑、傣族炸青苔、白族乳扇、哈尼族辣血旺、景颇族春鳝鱼等独具特色。

风味小吃有过桥米线、小碗红糖、鲜花饼、云腿月饼、酸角糕、饵块、饵丝、烤乳扇、沾益蘸水、石屏豆腐等。土特产有滇红茶、普洱茶、云南白药、三七、天麻、宣威火腿、松茸、大理雪梨、宾川橘柑、葡萄酒等。

[**特色产业**]

云南花卉产业在全国具有领先地位，昆明花拍中心是亚洲第一、世界第二大鲜切花拍卖市场，占有全国40%左右的鲜切花市场。云南矿产资源极为丰富，尤以有色金属及磷矿著称，被誉为“有色金属王国”。个旧被誉为“世界锡都”，为我国，乃至世界锡工业的发展做出了卓越贡献。云南地热资源丰富，地热资源尤以滇西腾冲地区的分布最为集中，全省出露地面的天然温泉约有700处，居全国之冠。

第五节　西藏自治区基本概况与主要文旅资源

西藏自治区简称“藏”，位于中国的西南边陲，青藏高原的西南部。北邻新疆维吾尔自治区，东北紧靠青海省，东连四川省，东南连接云南省，南边和西部与缅甸、印度、不丹、尼泊尔等国接壤。全区面积 122.84 万平方公里，约占中国总面积的八分之一，仅次于新疆维吾尔自治区。首府为拉萨市。有 6 个地级市、1 个地区，74 个县。截至 2021 年 5 月，常住人口约 365 万，是中国人口最少、密度最小的省区。

［**地理、气候**］

西藏是世界上海拔最高的地区，素有“世界屋脊”之称。全区地形可分为藏北高原、雅鲁藏布江流域、藏东峡谷地带三大区域。境内山脉大致可分为东西向和南北向两组，主要有喜马拉雅山脉、喀喇昆仑山—唐古拉山脉、昆仑山脉、冈底斯—念青唐古拉山脉和横断山脉。境内超过 8000 米的高峰有 5 座，其中世界第一高峰珠穆朗玛峰就耸立在中尼边界上。西藏的平原主要分布在西起萨嘎、东至米林的雅鲁藏布江中游若干河段以及拉萨河、年楚河、尼洋河中下游河段和易贡藏布、朋曲、隆子河、森格藏布、朗钦藏布等的中游河段。西藏境内著名的河流有金沙江、怒江、澜沧江和雅鲁藏布江。西藏还是国际河流分布最多的中国省区，亚洲著名的恒河、印度河、布拉马普特拉河、湄公河等河流的上源都在这里。

西藏空气稀薄，气压低，含氧量少；太阳辐射强烈，日照时间长；气温低，积温少，昼夜温差大；降水少，季节性明显，夜雨率高；干季时间长，多大风，夏季多冰雹和雷暴；气象灾害种类多，发生频率高。气候类型复杂，垂直变化大，自东南向西北依次为：热带、亚热带、高原温带、高原亚寒带、高原寒带。

［**交通状况**］

由于历史和地理环境的原因，西藏在 20 世纪 50 年代以前没有一条正式公路，没有一辆民用汽车。人民生活，经济往来，全靠人背畜驮，社会发展极为缓慢。中华人民共和国成立后，中国人民解放军和西藏各族人民逢山开路，遇水架桥，于1954年12月25日修通了闻名世界的青藏、川藏公路，从此，西藏才第一次出现了现代意义上的公路汽车运输。之后，国家先后投入近百亿元巨额资金，修建了青藏、川藏、新藏、滇藏、中尼公路以及区内干线和众多的县乡公路、边防公路。目前，西藏已形成以5条国道为主干，14条省道为支架，20条县道，57条乡道，12条专用公路和79条边防专用公路的公路网络。

同时还基本形成了由公路、航空、管道运输组成的交通运输网。

截至2020年年底，西藏有拉萨贡嘎机场、林芝米林机场、日喀则和平机场、昌都邦达机场和阿里昆莎机场5个民用机场，区内支线航空网络初步形成，国内外航线增至130条，通航城市61个。隆子、定日、普兰支线机场开工建设。

被誉为“天路”的青藏铁路的通车结束了西藏没有铁路的历史，它全长1956公里，是世界上海拔最高、在冻土上路程最长的高原铁路，2013年9月入选“全球百年工程”，是世界铁路建设史上的一座丰碑。青藏铁路分两期建成，一期工程东起青海省西宁市，西至格尔木市，1958年开工建设，1984年5月建成通车；二期工程，东起青海省格尔木市，西至西藏自治区拉萨市，2001年6月29日开工，2006年7月1日全线通车。

2020年川藏铁路全线开工，川藏铁路将是继青藏铁路之后的第二条进藏铁路。其重要组成部分拉林铁路（连接西藏自治区拉萨市拉萨站至西藏自治区林芝市巴宜区林芝站的国铁Ⅰ级单线电气化快速铁路）铺轨全面完成，即将正式开通运营，届时西藏与祖国内地联系更紧密。

［**历史沿革**］

西藏自古以来就是中国领土的重要组成部分，中央政权始终对西藏行使着有效管辖。藏族人民是中华民族大家庭中的重要一员。7世纪初，松赞干布统一西藏，在逻些（今拉萨）建立吐蕃王朝，并与唐朝建立了密切的关系。元朝时期，中央政府设立管理藏区事务的宣政院，建立了西藏萨迦地方政权，西藏成为中国元朝中央政府直接治理下的一个行政区域。明朝中央政府承袭元制，先后敕封过三大法王和各级僧官，设立乌斯藏、朵甘两个行都指挥使司和俄力思军民元帅府，管理西藏军政事务，并建立了帕竹地方政权。到清朝，西藏与中央的关系进一步得到加强，清政府分别在1652年和

1713年册封达赖和班禅，正式确定其封号。1721年，清政府废除第巴制度，制定噶伦制度。1727年正式设立驻藏大臣办事衙门，对西藏进行全面管理。1790年建立西藏地方政府即噶厦政府，1791年清政府派军进驻西藏，规定驻藏大臣与达赖和班禅共同掌管西藏事务。1792～1793年清政府制定《钦定藏内善后章程》，对西藏地方政府的政治、财政、军事、外交、宗教等方面进行了规范，加强了中央的管理。

1911年辛亥革命后，中华民国时期宣布实行汉、满、蒙古、回、藏五族共和，领土统一，在《临时约法》中规定西藏为中国领土，反对和抵制"西藏独立"活动。中华人民共和国成立后，中央政府决定和平解放西藏。

中华人民共和国成立初期，西藏有147个宗（相当于内地的县）和相当于宗的豁卡，人口约100万。1950年10月昌都解放后，昌都地区划为中央直辖区。1951年5月23日，中央人民政府与西藏地方政府在北京签订了《中央人民政府和西藏地方政府关于和平解放西藏办法的协议》（简称"十七条协议"），西藏实现和平解放。1952年十世班禅额尔德尼返藏，根据1951年中央和西藏签订的《十七条协议》有关规定，恢复了固有的地位和职权，"班禅堪布会议厅"管辖班禅属区的一切政教事务。这样，连同噶厦（西藏地方政府）在内，中华人民共和国成立初期西藏共有3个行政单位，即噶厦辖区、班禅堪布会议厅辖区、昌都人民解放委员会辖区。1956年，西藏自治区筹备委员会成立。下辖拉萨、山南、江孜、日喀则、昌都、塔工、阿里、那曲8个相当于专区建制的基础级办事处。

1959年3月，西藏上层统治集团中的一些人公开撕毁《十七条协议》，发动全面武装叛乱。不久，叛乱被平息。1960年平叛改革后，废除了封建农奴制度，全区原有的83个宗和64个相当于宗的独立豁卡，合并划分为1个市、7个专区和72个县。1961年9月，原班禅堪布会议厅委员会在完成它的历史任务后宣告结束。1965年9月1日，西藏自治区正式成立，自治区首府设在拉萨。

［**民族风情**］

西藏是以藏族为主体的少数民族自治区，是全国藏族居民最集中的地区。全区还有汉族、门巴族、珞巴族、回族、纳西族等45个民族及未识别民族成分的僜人、夏尔巴人，其中藏族和其他少数民族占91.83%。

藏族是中国古老的民族之一，除一部分分布在青海、甘肃、四川、云南等省外，二分之一居住在西藏。藏族是汉语的称谓，藏族自称为“博（bod）”。藏语对居住在不同地区的人又有不同的称谓：居住在西藏阿里地区的人自称为“兑巴”，后藏地区的人自称为“藏巴”，前藏地区的人自称为“卫巴”；居住在西藏东境和四川西部的人自称为“康巴”；居住在西藏北境和四川西北部、甘肃南部、青海地区的人自称为“安多娃”。统称为“博巴”。

藏语属汉藏语系藏缅语族藏语支。依地区划分为卫藏、康、安多三个方言，卫藏方言和康方言都有声调。安多方言没有声调。藏文创制于公元7世纪前期，是有4个元音符号和30个辅音字母的拼音文字，自左向右用竹笔、墨汁书写，字体主要为“有头字”（楷体）和“无头字”（草体）两种，通行于整个藏族地区。

藏族的主食和饮料主要是糌粑、肉食、奶制品、酥油茶和青稞酒。糌粑是藏族特有的一种主食，是用青稞炒熟后磨成细粉。食用方式主要是拌和酥油茶，用手捏成团吃，也可调以盐茶、酸奶或青稞酒。牧区妇女喜用酥油涂面护肤。藏族不吃奇蹄类兽肉，大部分地区没有吃飞禽和鱼的习惯。狩猎只为取得麝香、鹿茸等名贵药材和皮毛。

藏族服饰较为肥大，基本特点是长袖、宽腰、大襟。藏族穿衣，里面都要有一件衬衫，外面再穿藏袍。穿时夏天或劳动时只穿左袖，右袖从后面拉到胸前搭在右肩上；也可左右袖均不穿，两袖束在腰间。但冬天一般两袖均穿上。

藏族农区多垒石建屋，牧区则用帐篷。房屋平顶多窗，造型简洁，敦实质朴，具有浓厚的民族特色，多建筑于向阳高处，坐北向南。一般以石块或夯土筑墙，形如碉房，楼房上层住人，室内多设有佛龛，下层多作库房或畜圈，有院落。层内铺木板或坐垫。牧区帐篷用牦牛毛织成，色黑，冬暖夏凉，迁移方便。农村多半在房外围以小墙为小院，供放柴草和豢养牲口或家禽之用。

寺院建筑别具风格，层楼重叠，整齐壮观，主殿经堂宽敞，寺门前砌修大小佛塔供煨松柏枝用，周围多置转经筒，游人顺时针方向转动，借以祈福禳灾。

藏民信奉藏传佛教。喇嘛藏语意为“上师”。佛教从7世纪传入藏族地区后，吸收了原始苯教的信仰和仪式，经过长期的发展，逐渐形成了大小不同教派，除宁玛派（红教）之外，其余如噶举派（白教）、萨迦派（花教）、格鲁派（黄教），在历史上都曾先后在藏族地区建立过政教合一的地方政权。格鲁派严禁僧人娶妻，其余各派的僧人则可以结婚，各教派都有自己的戒律。

格鲁派在藏传佛教中占主导地位。属寺遍及藏族地区，著名的寺院有拉萨的甘丹寺、色拉寺、哲蚌寺，日喀则的扎什伦布寺，昌都的昌都寺，甘肃的拉卜楞寺和青海的塔尔寺等。格鲁派实行活佛转世制度，达赖喇嘛和班禅额尔德尼就是这一教派的两大活佛转世系统（清代规定达赖、班禅和格鲁派大活佛转世，均须经由朝廷认可或经金瓶掣签确定）。13 世纪，噶玛噶举派认定一幼童为其著名上师噶玛拔希的转世灵童，西藏就此出现第一位转世活佛，之后，噶玛噶举派将这种转世方式确立并形成制度。格鲁派将这一转世制度进一步完善并发扬光大。到了清乾隆时期，西藏一些权贵在活佛转世问题上弄虚作假，尤其是大活佛转世，每每通过贿赂神巫，将自家孩童扶上宝座，以致争权夺利，引发内忧外患。乾隆皇帝为除此弊端，遂颁赐一金瓶，要求活佛圆寂后，须选出候选灵童，然后将候选灵童的名字写在象牙签牌上，放在金瓶内，经过高僧大德念经加持，然后由皇帝加封的“呼图克图”（大活佛）和驻藏大臣在大昭寺佛祖释迦牟尼像前共同通过抽签认定。①

活佛转世制度得到国家和西藏自治区各级政府的尊重。1992 年，国务院宗教局批准了第十七世噶玛巴活佛的继任；1995 年，西藏自治区按照宗教仪

---

① 1793 年，清朝制定了《钦定藏内善后章程》，其中第一条第一部分阐述了设立金瓶掣签制度的原因；第二部分讲金瓶掣签的基本原则。规定：“大皇帝为求黄教兴隆，特赐一金瓶，今后遇到寻认灵童时，邀集四大护法，将灵童的名字及出生年月用满、汉、藏三种文字写于签牌上，放进瓶内，选派真正有学问的活佛，祈祷七日，然后由各呼图克图和驻藏大臣在大昭寺释迦牟尼像前正式抽定。”第三部分规定：“假如找到的灵童仅只一位，也须将一个有灵童名字的签牌和一个没有名字的签牌，共同放进瓶内，假如抽出没有名字的签牌，就不能认定已寻访到的儿童，而要另外寻找。”第四部分规定达赖、班禅转世灵童的掣签原则。从《钦定藏内善后章程》和管理活佛转世灵童寻访认定的实践看，清朝管理寻访认定达赖喇嘛、班禅额尔德尼转世灵童制度的核心内容有：（1）转世事宜由中央主持，驻藏大臣会同西藏地方实施；（2）经中央批准后，西藏地方按宗教仪轨进行寻访，寻访到的候选男童经过甄别灵异，确定三名报中央批准掣签；（3）中央委派驻藏大臣或专员主持仪式和掣签；（4）将中签男童报中央批准后继任，中央特派专员看视灵童并主持坐床典礼；（5）西藏地方报中央批准确定灵童经师、启用前世金印。为此，清朝特制两个金瓶，一个用于西藏各大活佛转世灵童的认定，存放于拉萨大昭寺；另一个用于确认西藏以外的我国内蒙古、青海、甘肃及蒙古等地的各大呼图克图活佛转世掣签之用，存放于北京雍和宫。至此，经过了一系列历史演变，最终形成了以“金瓶掣签”认定活佛转世灵童的制度，并以国家法律的形式确定下来。

轨和历史定制，经过金瓶掣签，报国务院批准，完成了第十世班禅转世灵童的寻访、认定以及第十一世班禅的册立和坐床。2007 年，中华人民共和国颁布了《藏传佛教活佛转世管理办法》。

在西藏西部和青海、四川牧区还流传着藏族地区早期的宗教——苯教，俗称黑教。在个别地方，还有汉族建立的道观，回族建立的清真寺，以及外国传教士建立的天主教和基督教的教堂。

藏族的礼俗主要有：献哈达——是藏族最普遍的礼节，婚丧、节庆、乔迁、拜会尊长，朝拜佛像，送别远行等，都有献哈达的习惯。磕头——是藏民族常见的礼节，一般是朝拜佛像、佛塔和见大活佛时磕头，也有对长者磕头的。馈赠——是藏族人民十分重视的事，凡有喜庆必然送礼致贺。一般是有送必有还，否则即为失礼。此外，鞠躬、敬酒、敬茶是藏族礼仪中最常见、最普遍的情况。

藏族的主要节日有：（1）藏历年。藏历是藏族人民用的年历。藏历年是藏族人民一年中最重要、最隆重的节日，相当于汉族的春节。（2）酥油花灯节。始于明永乐七年（1409 年），藏传佛教格鲁派祖师宗喀巴于当年藏历正月十五在拉萨创办传昭法会，隆重纪念释迦牟尼示现神变降伏邪魔日。这一习俗沿袭下来，人们白天到各寺朝拜，夜晚集于拉萨八廓街参加灯会。入夜后满街搭起各种花架，上有彩色酥油摆成的各种神话故事及其中的人物、花木、鸟兽等，人们在塑花之下，狂欢起舞，彻夜不眠。（3）雪顿节（意为酸奶盛筵）。7 月 1 日开始。节日期间，拉萨市民几乎倾城出动，穿上节日盛装，带上点心、糖果、食品、青稞酒、酥油茶、啤酒等吃喝用品和帐篷、围布，到罗布林卡边看节目边游玩。此时，各地专业和业余剧团也聚集拉萨，演出各种剧目的藏戏，热闹非凡。（4）望果节。庆丰收的节日。7 月底 8 月初举行。广大农民穿着新装，聚集在田间巡游，尽情歌舞，举行赛马、赛牛、射箭、投石、摔跤等活动。并进行丰盛的郊宴。（5）“沐浴节”（9 月上旬）。每年藏历七月上旬，在西藏，在拉萨河畔，从城市到乡村，从牧区到农区，都有一个群众性的洗澡活动。这时，西藏高原雨季刚过，风和日丽，河清水暖。人们带上青稞酒、酥油茶、糌粑和其他节日食品，来到河边，不仅洗头、洗澡，也顺便洗洗衣服和被褥。洗完澡之后边吃边喝，说古道今，畅叙家常。早晨出来，夜晚才回家。这种一年一度的洗澡活动要历时一周，所以，也叫沐浴周。藏族人们，从垂髫的娃娃，到白发苍苍的老人，都要下河洗澡，这已成为藏族群众传统的风俗习惯。此外，还有“神仙下凡节”（9月22日）、“仙女节”（10月15日），“燃灯节”（10月25日）、驱鬼节（12月29日）等。

门巴族、珞巴族也是居住在中国西藏的古老民族，主要分布在西藏自治区南部。门巴族语属汉藏语系藏缅语族藏语支，但方言复杂，无文字。因长期和藏族人民密切交往，多通晓藏语，通用藏文。珞巴族语属汉藏语系藏缅语族，没有文字，基本使用藏文。

［**文旅资源**］

西藏不仅有世界屋脊奇异的地质地貌和独特的自然风光，而且有别具一格的社会人文景观，拉萨布达拉宫历史建筑群（大昭寺、罗布林卡）入选世界文化遗产；藏戏、《格萨尔》入选《人类非物质文化遗产代表作名录》。

藏族的英雄史诗《格萨尔王传》，有六七十部，150多万行，是世界上最长的史诗。它叙述格萨尔王为了拯救人类，下凡投胎于贫苦牧民家中，长大后赛马获胜称王，称王后东征西伐、降妖伏魔，最后升天的故事。史诗塑造了格萨尔的英雄形象，深受人民喜爱。藏文古籍非常丰富。14世纪编成的藏文《大藏经》，包括的书达4500多种，分为《甘珠尔》《丹珠尔》两大部类，两大部类下又分为10种（“十明学”）。

西藏现有1700多座保护完好、管理有序的寺庙，形成了独特的人文景观。主要有以拉萨布达拉宫、大昭寺、罗布林卡、哲蚌寺、色拉寺、甘丹寺为代表的历史文化名城拉萨名胜区；以山南雍布拉康、桑耶寺、昌珠寺、藏王墓群为代表的藏文化发祥地雅砻风景名胜区；以日喀则扎什伦布寺、萨迦寺、夏鲁寺、白居寺为代表的后藏宗教文化人文景观区；以藏北“古格王朝古都遗址”为主的文物古迹人文景观区；以昌都康区文化为代表的“茶马古道”历史文化人文景观区等。

西藏三大圣湖玛旁雍错（阿里地区普兰县）、纳木错（拉萨市当雄县）和羊卓雍错（山南市）风景优美，享誉世界。此外，日喀则市以珠穆朗玛峰为首的雪山风光，昌都市的强巴林寺、然乌湖、卡若文化遗址，享有“西藏江南”之称的林芝地区的桃花节、世界最大峡谷雅鲁藏布大峡谷、藏东南文化遗产博物馆、南迦巴瓦峰、米堆冰川、鲁朗小镇、莲花秘境墨脱，藏北羌塘草原风光和那曲的赛马节，阿里的冈仁波齐峰等以神山圣湖为主的高原湖光山色风光等，都负有盛名。

［**风物特产**］

西藏的特产有冬虫夏草、藏红花、藏茶、西藏木碗、麝香、藏香、藏饰品、唐卡、藏刀、手工地毯等。

藏族有着自己独特的食品和饮食习惯，其中酥油、茶叶、糌粑、牛羊肉被称为西藏饮食的“四宝”，此外，还有青稞酒和各式奶制品，如干酪、藏族酥酪糕等。藏餐历史悠久，品种丰富、分为主食、菜肴、汤三大类。随着社会经济和文化生活的改善，藏餐在菜肴烹制技术和用膳形式上也在不断地改进和丰富。酥油茶是藏族人民不可缺少的饮料，酥油是从牛羊奶里提炼的，以夏季牦牛奶里提炼的金黄色酥油为最佳，从羊奶里提炼的则为纯白色。西藏的青稞酒是用青稞酿成的，度数较低，藏族群众无论男女老少都喜欢喝，是喜庆过节所必备的。

［**特色产业**］

西藏着力培育七大产业：高原生物产业、文化旅游产业、清洁能源产业、绿色工业、现代服务业、高新数字产业、边贸物流产业。高原生物产业，青稞、牦牛深加工转化，青稞、牦牛、藏猪、藏羊、茶叶、藏药、无公害蔬菜、高原水果等产业基地建设和特色产品培育已颇具规模。藏医藏药历史悠久。西藏自治区政府高度重视藏医药服务体系建设。目前，西藏公立藏医医疗机构发展到 44 所。乡镇卫生院和村卫生室藏医药服务覆盖率分别达到 94.4% 和 42.4%。同时，西藏藏药工业化生产逐步发展壮大，藏医药产业体系基本形成。西藏有 17 家藏药生产企业通过国家 GMP 认证，拥有 311 个藏药国药准字号，全区藏药生产产值达到了 17 亿元。

第七章
西北地区各省自治区导游基础知识

本章导读

【本章概述】 本章主要介绍了西北三省二区的基本概况和主要文旅资源等方面的基本知识，包括历史、地理、人口、区划、交通、旅游资源、文化艺术、民族风情、特产美食，以及地域文化、民族文化和特色产业等。

【学习要求】 了解陕西省、甘肃省、青海省、宁夏回族自治区、新疆维吾尔自治区的历史、地理、气候、人口、区划、交通等概况；熟悉这五个省（区）列入《世界遗产名录》的中国遗产地景观，列入《人类非物质文化遗产代表作名录》的中国遗产项目，国家5A级旅游景区，国家级旅游度假区和国家生态旅游区；各民族具有代表性的历史文化和民族风情。掌握各地有代表性的饮食特点、主要美食和风物特产；国内知名的地域文化、民族文化和特色产业。

第一节　陕西省基本概况与主要文旅资源

陕西简称“陕”或“秦”，省会为西安。位于中国西北部，是新亚欧大陆桥和中国西北、西南、华北、华中之间的门户。陕西省面积约21万平方公里，下辖10个地级市，107个区县。截至2021年5月，全省常住人口约

3953万。

[**地理、气候**]

陕西地势的总特点是南北高、中部低。同时，地势由西向东倾斜的特点也很明显。境内的最高点为周至县、眉县、太白县交界处的太白山拔仙台，海拔3767米；最低点在白河县与湖北省交界的汉江南岸，海拔170米。

按照地貌类型，陕西省分为风沙过渡区、黄土高原区、关中平原区、秦岭山地区、汉江盆地区和大巴山地区6个地貌类型区域。有高原、山地、平原和盆地等多种地形。北山和秦岭把陕西分为三大自然区：北部是黄土高原区，海拔900~1900米，总面积8.22万平方公里，约占全省土地面积的40%；中部是关中平原区，海拔460~850米，总面积4.94万平方公里，约占全省土地面积的24%；南部是秦巴山区，海拔1000~3000米，总面积7.4万平方公里，约占全省土地面积的36%。陕西境内有许多闻名全国的峰岭，如华山、太白山、终南山、骊山。作为中国南北气候分界线的秦岭山脉横贯全省东西。

陕西境内绝大部分为外流河，分属黄河、长江两大水系，其中在陕境内的黄河流域面积13.33万平方公里，主要支流从北向南有窟野河、无定河、延河、洛河、泾河、渭河等；在陕境内的长江流域面积7.23万平方公里，主要支流有嘉陵江、汉江和丹江。境内湖泊稀少，除秦巴山地有散见湫池外，主要分布在陕北长城沿线风沙滩区。

陕西省纵跨三个气候带，南北气候差异较大。秦岭是中国南北气候分界线，陕南属北亚热带气候，关中及陕北大部属暖温带气候，陕北北部长城沿线属中温带气候。陕西省气候总特点是：春暖干燥，降水较少，气温回升快而不稳定，多风沙天气；夏季炎热多雨，间有伏旱；秋季凉爽，较湿润，气温下降快；冬季寒冷干燥，气温低，雨雪稀少。全省年平均气温9℃~16℃，自南向北、自东向西递减。陕北黄土高原区年平均气温7℃~12℃，关中平原区年平均气温12℃~14℃，陕南秦巴山区年平均气温14℃~16℃。

[**交通状况**]

陕西自古以来就是中国重要的对外开放门户。2100多年前，汉代张骞两次出使中亚，开辟出一条横贯东西、连接欧亚的丝绸之路。现在，“一带一路”建设改变了西部特别是西北地区对外开放格局，使陕西进入向西开放的前沿位置。陕西省作为中国重要的交通枢纽，高铁网、高速公路网完善，西安咸阳国际机场是全国八大区域性航空枢纽之一。

陕西高速公路非常发达，已经建成通车的公路有西宝高速、西康高速、西铜高速等。此外，陕西的铁路交通也四通八达，陇海线、宝成线、阳安线等穿境而过。陕西省有西安咸阳国际机场、宝鸡机场、安康富强机场、汉中城固机场、榆林榆阳机场、延安南泥湾机场等。其中西安咸阳国际机场是西北地区最大的民用机场。

［**历史沿革**］

陕西是中华民族重要的发祥地之一，其历史厚重绵长。100 多万年前的“蓝田猿人”是迄今已知最早在陕西生活的古人类。随后的“大荔人”“黄龙人”等古人类在此繁衍进化。距今 6000 多年前的半坡遗址是黄河流域著名的仰韶文化母系氏族村落遗址。距今 5000 多年前生活在姬水流域的黄帝部落和姜水流域的炎帝部落，在冲突中走向融合，逐渐形成了中国历史上最早的民族共同体——华夏族，开启了中华民族五千年文明历史。先后共有西周、秦、西汉、新、东汉、西晋、前赵、前秦、后秦、大夏、西魏、北周、隋、唐 14 个朝代在陕西建都。

陕西地方行政区划始于春秋战国时期。战国时，魏国在洛河下游设上郡，楚国在汉江中游设汉中郡，秦在陕北也设上郡。秦统一后，分天下为 36 郡。陕西北部为上郡，陕南为汉中郡，关中畿辅区域设内史。

公元前 206 年，汉王刘邦率军暗度陈仓（今宝鸡），袭击关中，点燃了楚汉之争的烽火。章邯自杀，司马欣、董翳投降，陕西遂为刘邦所占。前 202 年，项羽乌江自尽，刘邦在汜水之阳（今山东曹县）即皇帝位，建立汉朝，史称西汉。西汉京师长安城是中国历史上第一个大规模的城市，当时世界上只有欧洲的罗马城可以与之媲美。581 年，北周相国杨坚废宇文阐自立，是为隋文帝。次年，由著名建筑家宇文恺规划，在汉长安城东南营造面积达 80 多平方公里的新都城——大兴城。唐代是中国古代的鼎盛时期，也是古代陕西最繁荣的时期。唐代长安人口最多时超过 100 万，是当时世界上最大的城市。755 年，“安史之乱”的爆发使大唐的辉煌从巅峰渐滑谷底。881 年，黄巢率农民起义军攻入长安，在大明宫含元殿即皇帝位，国号“大齐”。904 年，朱温强迫昭宗迁都洛阳，长安城被彻底破坏。907 年，朱温逼唐哀帝李柷禅位，唐朝灭亡。

965年，北宋灭后蜀，控制陕西全境。元代于1262年设立陕西四川行中书省，辖区约有今陕西、甘肃、宁夏、青海、四川五省区及内蒙古自治区河套地区；1281年分设甘肃等行中书省；1286年又将陕西、四川行中书省分成陕西等处和四川等处两个行中书省。明代在全国设13个布政使司，陕西承宣布政使司辖今陕西全境和甘肃嘉峪关以东、宁夏及青海湖以东部分地区。

大革命失败后，党领导人民群众，组织工农红军，进行游击战争，开展土地革命，先后创建了陕甘边和陕北两块革命根据地。1935年10月19日，中共中央和中央工农红军经过二万五千里长征，胜利到达陕北。中华人民共和国成立之后，陕西人民砥砺奋进、众志成城，在中国共产党的坚强领导下，书写陕西发展的壮丽诗篇。

［**民族风情**］

陕西省一带是华夏民族开拓较早的地区，历史上曾有许多重要朝代在此建都。同时，陕西又处于连接南北、沟通中部与西部的交通要道，四方来的人口迁居其中，形成了今天陕西省以汉族、回族为主，兼有少量少数民族杂居的现状。除汉族外，各少数民族在全省杂居、散居。陕西是中国回族重要的形成地之一，也是回族人口相对较多的省份之一。此外，人数较多的少数民族有满族、蒙古族、藏族、土家族、壮族等。

［**文旅资源**］

陕西省旅游资源极为丰富。陕西拥有世界文化遗产3项：秦始皇陵及兵马俑坑、长城（陕西段）、丝绸之路（陕西段）；列入《人类非物质文化遗产代表作名录》1项：西安鼓乐。

陕西省的自然资源，有位于华阴市的西岳华山、宝鸡眉县的太白山，还有西安周边的临潼骊山华清池、终南山、翠华山，秦晋交界处的黄河壶口瀑布等。

陕西人文资源特别丰厚，可看到古代城阙遗址、宫殿遗址、古寺庙、古陵墓、古建筑等，如长城、秦始皇陵兵马俑、乾陵、茂陵等。在陕西，仅古代帝王陵墓就有72座。陕西各地的博物馆内陈列着西周青铜器、秦代铜车马、汉代石雕、唐代金银器、宋代瓷器及历代碑刻等稀世珍宝，它们闪烁着耀眼的历史光环，昔日的周秦风采、汉唐雄风从中可窥一斑。

革命圣地延安是中国最负盛名的红色旅游地之一。1937～1947年，延安一直是中共中央所在地和陕甘宁边区首府，是中国革命的指导中心和总后方。延安革命旧址包括凤凰山中共中央旧址、杨家岭中共中央旧址、枣园中共中央书记处旧址、王家坪中共中央军事委员会旧址、八路军总司令部旧址、陕甘宁边区政府旧址等，以及陕甘宁边区参议会、延安宝塔、桥儿沟鲁迅艺术文学院（第六届六中全会旧址）、南泥湾、清凉山新闻出版部门旧址、中共中央党校、中共中央西北局、陕甘宁边区银行、白求恩国际和平医院旧址等遗址。1961年，延安革命遗址被国务院公布为全国重点文物保护单位。

陕西秦岭栖息着大熊猫秦岭亚种，与四川亚种相比，秦岭亚种个体略大，头圆更像猫，且具有较小头骨、较大牙齿。在皮毛颜色方面，秦岭大熊猫胸斑为暗棕色、腹毛为棕色，而四川大熊猫胸斑为黑色、腹毛为白色。到2021年年初，秦岭大熊猫野外种群已由20世纪80年代的109只增加到345只，增幅和密度居全国之首，栖息地面积由1000多平方公里扩大到3600平方公里。

［**风物特产**］

陕西省著名的民间工艺品有蓝田玉、陕北剪纸、凤翔泥塑、彩绘泥塑、木版年画、秦腔脸谱、户县农民画、扎染、挂线木偶、戏人泥拓片、榆林柳编、仿秦俑、仿唐三彩、仿铜车马。

陕西菜又称秦菜，以关中菜、陕南菜、陕北菜为其代表。陕西在中国文化发展史上具有重要地位，其烹饪发展可以上溯至仰韶文化时期。陕西菜虽然没有名列全国的八大菜系之一，但作为千年古都、历史名城，餐饮风格自成一体，具有浓郁的地方特色。秦菜由民间菜、市肆菜、宫廷官府菜、民族菜、寺院菜构成，分为关中、陕北、陕南三个地方风味。关中风味是以西安为中心，包括三原、大荔、咸阳、铜川、宝鸡在内的关中道菜肴，是秦菜的典型代表。主要代表菜有葫芦鸡、鸡米海参、温拌腰丝、桃仁口蘑汆双脆、奶汤锅子鱼、盆景三皮丝、烤羊腿、红油花肚、烤全羊、红袍莲子、鱼羊烧鲜等。陕北风味是包括榆林、延安、绥德在内的菜肴。主要代表菜有手抓羊肉、羊肉冻豆腐、红焖狗肉、太极鱼线、塞上烩菜等。陕南风味是包括汉中、商洛、安康在内的菜肴。主要代表菜有白血海参、汉江八宝鳖、秦巴四珍鸡、烧鱼梅、商芝肉、苜蓿肉锅贴、薇菜里脊丝等。

此外，以牛羊肉泡馍、腊汁肉夹馍、胡辣汤、凉皮、锅盔等为代表的陕西风味小吃，闻名遐迩。

［**特色产业**］

陕西省是科教大省、是中国重要的国防科技工业基地，科教资源富集，创新综合实力雄厚。陕西高校和科研机构众多，创新人才济济，有一批国家级高新区、开发区、示范区和大学科技园区；高端能源化工、装备制造、航空航天等产业实力雄厚，电子信息、汽车制造、新材料等产业发展势头迅猛。为践行国家“一带一路”倡议，陕西构建了辐射欧洲腹地的黄金物流大通道，开通了中欧班列。中欧班列连接中国与欧洲大陆，大力承接海运、空运转移货物，辐射范围不断扩大，服务能力稳步提升，无论是数量还是规模都呈现井喷式增长，仅2020年一年就开行12406列，同比增长50%，首次突破“万列”大关，成为推动丝绸之路经济带互联互通的重要载体。

第二节　甘肃省基本概况与主要文旅资源

甘肃位于中国版图内陆西北部，地处黄河上游，总面积42.58万平方公里，居全国第七位。东接陕西，南邻四川，西连青海、新疆，北靠内蒙古、宁夏并与蒙古国接壤。取甘州（今张掖）、肃州（今酒泉）二地的首字而成。由于西夏曾置甘肃军司，元代设甘肃省，简称甘；又因省境大部分在陇山（六盘山）以西，而唐代曾在此设置过陇右道，故又简称“陇”。省会兰州。共辖12个地级市，2个自治州。截至2021年5月，全省人口约2502万。

［**地理、气候**］

甘肃位于祖国地理中心，地貌复杂多样，山地、高原、平川、河谷、沙漠、戈壁，类型齐全，交错分布，地势自西南向东北倾斜。地形呈狭长状，东西长1655公里，南北宽530公里，最窄处仅25公里。地貌形态复杂，大致可分为陇南山地、陇中黄土高原、甘南高原、河西走廊、祁连山地、河西走廊以北地带六大地形区域。

甘肃各地气候类型多样，从南向北包括了亚热带季风气候、温带季风气候、温带大陆性（干旱）气候和高原高寒气候四大气候类型。年平均气温

0℃~15℃，大部分地区气候干燥，年平均降水量在40~750毫米，干旱、半干旱区占总面积的75%。主要气象灾害有干旱、暴雨洪涝、冰雹、大风、沙尘暴和霜冻等。

［**交通状况**］

甘肃省初步形成了以铁路、高速公路为骨架，民航、普通国省干线、内河水运为补充的综合交通网络。铁路方面，甘肃省是中国铁路东西大动脉的重要地段，陇海、兰新、兰青、包兰四大铁路干线交会于省会兰州，随着中欧班列、中亚班列相继开通运行，兰州铁路枢纽地位将进一步提升。铁路网覆盖12个市州。公路方面，实现所有市州政府驻地以高速公路贯通、所有县市区政府驻地以二级及以上公路贯通，所有乡镇以沥青（水泥）路贯通。航空交通方面，甘肃目前建好的民用机场有10个，即兰州中川机场、嘉峪关机场、敦煌机场、天水机场、庆阳机场、酒泉机场、金昌金川机场、甘南夏河机场、张掖甘州机场、陇南成县机场；已开通兰州至迪拜、圣彼得堡、中国香港等国际（地区）航线，以及甘肃省至国内大中城市航线，航空运营市场粗具规模。内河航运方面，以黄河航道为主。

［**历史沿革**］

甘肃历史悠久，文化底蕴厚重。商周之际，周秦部族先后在今甘肃东部崛起并向东发展，对国家政治生活产生过重大影响。汉武帝至昭帝间陆续设武威、张掖、敦煌、天水、安定、武都、金城诸郡，丝绸之路的开通为甘肃带来了繁荣昌盛。隋唐时期，甘肃成为我国联系西域各国和欧洲的重要通道，武威、张掖、敦煌成为经济文化繁荣的国际性贸易城市，整个河陇地区农桑繁盛、士民殷富，《资治通鉴》有“天下称富庶者，无如陇右”的记载。元至元年间，全国创设省制，甘肃正式设省。至清朝乾隆年间，甘肃辖区除今省境外，尚辖西宁府、宁夏府及新疆东境一部分。清光绪十年（1884年）新疆建省。1929年分置宁夏、青海省，其行政区域大体与今相同。海路开通后，随着全国政治、经济、文化重心的东移南迁，特别是由于气候和生态条件的变化，甘肃渐渐成为荒僻之地。

［**民族风情**］

甘肃自古以来就是多民族聚居的省份。在少数民族中，人口在千人以上的有回、藏、东乡、土、裕固、保安、蒙古、撒拉、哈萨克、满等16个民族，此外还有38个少数民族成分。东乡、裕固、保安为3个甘肃特有少数民族。各民族文化特色鲜明，民俗风情浓郁，在饮食、服饰、婚丧、节日庆典方面均有自己的特色，如藏族的香浪节、浴佛节，回族花儿会，裕固族婚礼，陇东香包节等。

甘肃3个特有的少数民族中，东乡和保安族的服饰特点、饮食习俗、礼俗与回族基本相似，民间信仰伊斯兰教。房屋建筑装饰，室内家具、杯、盘、壶、罐、刀具等生活日用器皿和服饰上的图案花纹大都以各种草木花卉和山水等自然景物为主，朴拙典雅，美观大方。男子多头戴黑、白二色的平顶软帽。女子一般戴盖头，通常少女戴绿色的，婚后戴黑色的，老年戴白色的，也有妇女喜欢戴白色无檐圆帽。都喜欢饮茶，来客人则待以“三香茶”，在盖碗内放有茶叶、冰糖、桂圆或烧熟的红枣、葡萄干等物，也叫“三泡台”。

东乡族总人口约62.1万（2010年），主要聚居在甘肃省临夏回族自治州，其中以东乡族自治县最为集中。东乡族的语言属阿尔泰语系蒙古语族。东乡族没有本民族的文字，大多数东乡族都兼通汉语，汉文成为东乡族的通用文字。东乡族尊老爱幼、热情好客。客人到家，立即请到炕上，用最好的茶、饭招待。主人陪客，但不和客人一起饮茶用餐，而是在一旁端饭倒茶，自己不坐也不吃，以示尊敬。炸油馃、手抓羊肉、炖鸡都是待客的食品。东乡人吃鸡，是把鸡的各部分分为13块，鸡尾最贵重，最年长或最尊贵的主客吃鸡尾。

保安族总人口约2万（2010年），是中国人口较少的民族之一。主要聚居在甘肃省临夏回族自治州积石山保安族东乡族撒拉族自治县，占总人口的88.5%。保安族的语言属于阿尔泰语系蒙古语族，和土族、东乡族的语言比较接近。由于和周围汉族、回族长时期的交往，保安语中汉语借词较多。保安族通用汉文，以汉文作为社会交往的工具。“宴席曲”是保安族举行婚礼时，在宴席场地演唱的一种民间传统乐曲，曲调优美，欢快明朗，节奏性强，有时还伴有简单的舞蹈动作。保安族的宴席曲，大致可分为散曲、叙事曲、说唱曲。

裕固族总人口约为1.4万（2010年），是中国人口较少民族。主要聚居在甘肃省肃南裕固族自治县和酒泉黄泥堡地区。由于历史的原因，裕固族使用三种语言：住在肃南自治县西部的使用阿尔泰语系突厥语族的裕固语（称尧乎尔语）；住在肃南自治县东部的使用阿尔泰语系蒙古语族的裕固语（称恩格尔语）；黄泥堡裕固族长期以来使用汉语。现在，各地裕固族普遍会讲汉语。裕固族民间保留有“点格尔汗”（意即“天可汗”）的原始崇拜，部分信仰藏传佛教，凡遇疾病及婚丧大事，皆要请喇嘛念经。裕固族主要从事畜牧业，兼营农业；崇尚骑马和射箭；奶和茶在裕固族人民日常生活中占有十分重要的位置，民间有一日三茶一饭或两茶一饭的习惯。春节是裕固族一年中最大的节日。节前要包饺子（用作冻饺）、炸油馃子、馓子等，并有祭祖的习俗。节日期间放鞭炮，点酥油灯，互送哈达、礼品以示祝福。

［**文旅资源**］

甘肃的文旅资源非常丰富。敦煌莫高窟、嘉峪关长城、丝绸之路甘肃段被列入世界文化遗产，闻名遐迩。甘肃花儿、甘南藏戏（部分）被列为《人类口头与非物质文化遗产代表作》。“花儿”是一种产生和流传在甘肃、青海、宁夏、新疆部分地区，以爱情为主要内容的山歌。文学刊物《飞天》《驼铃》在全国具有广泛影响。甘肃是我国戏剧大省。以舞剧《丝路花雨》《大梦敦煌》为代表的文艺精品，已经成为外界认知甘肃的标志之一。陇剧《枫洛池》作为我国经典戏剧曲目入选《当代中国戏曲百部曲》。以“花儿”的格律为基调创立的花儿剧，是一种全新的地方性少数民族剧种。甘肃的佛窟艺术精美绝伦。据统计，甘肃境内丝绸之路沿线佛教石窟有 70 多处。中国四大石窟，甘肃有两个，即敦煌莫高窟、天水麦积山石窟。

敦煌壁画作为敦煌艺术的主要组成部分，包括敦煌莫高窟、西千佛洞、安西榆林窟，共有石窟 552 个，有历代壁画 5000 多平方米，是我国乃至世界壁画最多的石窟群，内容非常丰富，题材类型有佛像画、经变画、供养人画像、神话题材画、装饰图案画、故事画、山水画等，这些绘画内容除装饰图案而外，一般有情节的壁画，特别是经变画和故事画，都反映了大量的现实社会生活，如：统治阶级的出行、宴会、审讯、游猎、剃度、礼佛等；劳动人民的农耕、狩猎、捕鱼、制陶、冶铁、屠宰、炊事、营建、行乞等；还有嫁娶、上学、练武、歌舞百戏、商旅往来、少数民族、外国使者等各种社会活动，不仅具有艺术价值，还是珍贵的历史文献。

甘肃是秦、汉、明三代修筑长城的起点，甘肃境内保存的长城总计超过 3600 公里，占全国现存总量的 60% 以上，沿线遗存遗迹十分丰富。在河西走廊，“天下第一雄关”嘉峪关、“长城第一墩”、阳关、玉门关、汉长城等古长城遗存，都已成为游人凭吊历史的旅游名胜。

甘肃是全国红色旅游资源大省。这里不仅是中国工农红军两万五千里长征胜利的结束地，还是中国西部最早红色革命政权的诞生地，也是红军西路军悲壮历史的见证地。红军会师纪念地会宁、陕甘边区苏维埃政府旧址、腊子口战役纪念地、红军西路军烈士陵园、哈达铺会议纪念地、“岷州会议”纪念馆、榜罗镇革命遗址、八路军办事处旧址等红色旅游景区见证了这段艰苦奋斗、百折不挠的红色历史。

甘肃自古以来就是东西方文化和各类生产要素及商品交换的重要通道，是华夏文明形成的重要源头，文化资源遗存多元而丰富。丝绸之路的甘肃段是新旧石器时代马家窑文化、齐家文化和马厂文化类型的典型区域，是中国出土彩陶规模最大、类型最全和价值最高的地区。“丝绸之路三千里，华夏文明八千年”是甘肃历史悠久、文化厚重的生动写照，也是对甘肃历史文化地位和特色的最好诠释。被视为中国古代高超铸造业象征的东汉青铜器——东汉铜奔马（又名马超龙雀），就出土于甘肃省武威市雷台的东汉墓，1983年被国家旅游局确定为中国旅游标志，并一直沿用至今。

甘肃拥有丝绸之路中国段的精华区段。天水伏羲庙是我国目前规模最宏大、保存最完整的纪念伏羲氏的明代建筑群，是历代官方祭祀伏羲的重要地方。省会兰州是全国唯一一座黄河穿城而过的城市，在兰州的“百里黄河风情旅游线”可以看到有400多年历史的古老的提灌工具黄河水车、全国黄河雕塑艺术品中最具艺术价值的黄河母亲雕像，以及黄河沿岸古老的摆渡工具羊皮筏子。此外，武威气势恢宏的雷台汉墓、“石窟鼻祖”天梯山石窟、举世无双的西夏碑和西藏纳入中国版图的见证地白塔寺①、张掖世界最大的室内卧佛大佛寺、河西走廊富饶的绿洲、牧马人的乐园山丹马场和集石窟艺术、祁连山风光和裕固族风情于一体的马蹄寺景区、“天下第一雄关”嘉峪关、“世界艺术宝库”莫高窟以及鸣沙山月牙泉、玉门关，雅丹国家地质公园、酒泉东风航天城等都值得一探究竟。

源远流长的民族传统文化和奇丽多姿的民俗风情，形成了甘肃旅游的又

① 武威白塔寺，是元代忽必烈时期（1260～1295年）西藏宗教领袖萨迦班智达（萨班）与蒙元代表、西路军统帅阔端举行“凉州会谈”的地方，这一历史性的会谈决定了西藏正式成为中国元朝中央政府直接管辖下的一个行政区域，标志着西藏从此纳入了中国版图。

一特色。藏回风情草原风光旅游线，经临夏回族自治州，到达被称为“九色香巴拉”天堂之地的甘南藏族自治州，沿途可以欣赏临夏浓郁的伊斯兰风情、风格各异的清真寺、永靖炳灵寺石窟、和政古生物化石博物馆、临夏永靖黄河三峡、甘南夏河拉卜楞寺（世界最大的藏学学府、藏传佛教格鲁派六大宗主寺之一、青川地区最大的藏族宗教和文化中心）、玛曲黄河首曲、中国魅力名镇甘南碌曲郎木寺镇。

［**风物特产**］

甘肃盛产各种瓜果，陇上“八梨”（冬果梨、软儿梨、酥木梨、八盘梨、猪头梨、长把梨、齐梨、苹果梨）、黄河蜜、麻皮醉瓜、白兰瓜、礼县苹果、静宁苹果、大接杏、李广杏（又名油杏，因飞将军李广而得名）、迟水临泽枣等驰名中外。甘肃是药材之乡，药材品种繁多，有“甘肃五个宝，归芪黄参草”之说，岷县当归、红（黄）芪、大黄、党参、甘草品质优良，西和被农业部认定为“中国半夏之乡”。特色工艺品酒泉夜光杯、洮砚（产于甘南藏族自治州卓尼县）、庆阳香包、兰州刻葫芦与卵石雕、保安腰刀，既是实用器也是艺术品。天水雕漆、临夏砖雕也精美绝伦。

兰州清汤牛肉面、羊肉泡馍、陇西腊肉、静宁烧鸡、酿皮子、浆水面、臊子面、手抓羊肉、靖远羊羔肉、藏包被誉为甘肃十大特色美食。兰州清汤牛肉面俗称“牛肉拉面”，是兰州最为著名的风味小吃和最具特色的大众化经济小吃，被当地人誉为“兰州的麦当劳”。兰州牛肉面创始于清光绪年间，系回族老人马保子首创。牛肉面以肉烂汤鲜、面质精细而蜚声中外。兰州牛肉面有一清（汤清）、二白（萝卜白）、三红（辣子油红）、四绿（香菜绿）、五黄（面条黄亮）五大特点。面条根据粗细可分为大宽、宽、细、二细、毛细、韭叶子等种类。面条用手工现场拉成，一碗面不到两分钟即可做好，再浇上牛肉汤、白萝卜片，调上红红的辣椒油，碧绿的蒜苗、香菜，食之令人叫绝。

［**特色产业**］

甘肃是矿产资源比较丰富的省份之一，矿业开发已成为甘肃的重要经济支柱。2019 年金川集团入围世界 500 强企业，是甘肃省首家入围世界 500 强的企业。在已查明的矿产中，甘肃资源储量名列全国第 1 位的有镍、钴、铂族金属等 10 种。甘肃省能源种类较多，除煤炭、石油、天然气外，还有太阳能、风能等新能源。风力资源居全国第 5 位，河西的瓜州素有“世界风库”之称。甘肃“牛、羊、菜、果、薯、药”六大特色产业发展势头强劲，“甘味”农产品走向全国。甘肃是全国药材主要产区之一，现有药材品种9500多种，居全国第二位。其中野生药材达951种，如大黄、当归、甘草、红黄芪、锁阳、肉苁蓉、天麻等。甘肃养马历史悠久，自汉至今一直是我国养马业的重地。

第三节　青海省基本概况与主要文旅资源

青海省位于中国西部，雄踞世界屋脊青藏高原的东北部，全省均属青藏高原范围内。因境内有青海湖而得名，简称“青”，省会西宁。青海北部和东部同甘肃省相接，西北部与新疆维吾尔自治区相邻，南部和西南部与西藏自治区毗连，东南部与四川省接壤，是连结西藏、新疆与内地的纽带。总面积72.23万平方公里，占全国总面积的十三分之一，面积排在新疆、西藏、内蒙古之后，列全国各省、市、自治区的第四位。共辖2个地级市，6个自治州，7个市辖区，4个县级市，26个县，7个自治县。截至2021年5月，常住人口约592万。

［**地理、气候**］

青海是长江、黄河、澜沧江的发源地，故被称为“江河源头”，又称“三江源”，素有“中华水塔”之美誉。全省平均海拔3000米以上，山脉纵横，层峦叠嶂，湖泊众多，峡谷、盆地遍布。祁连山、巴颜喀拉山、阿尼玛卿山、唐古拉山等山脉横亘境内。青海湖是我国最大的内陆咸水湖，柴达木盆地以“聚宝盆”著称于世。全省地貌复杂多样，是农业区和牧区的分水岭，兼具了青藏高原、内陆干旱盆地和黄土高原三种地形地貌。

青海汇聚了大陆季风性气候、内陆干旱气候和青藏高原气候三种气候形态。这里既有高原的博大、大漠的广袤，也有河谷的富庶和水乡的旖旎。地区间差异大，垂直变化明显。其气候特征是：日照时间长、辐射强，太阳能资源丰富；冬季漫长、夏季凉爽；气温日较差大，年较差小；降水量少，地域差异大，东部雨水较多，西部干燥多风，缺氧、寒冷。青海省境内各地区年平均气温 -51℃~ 9.0℃，降水量15 ~ 750毫米，绝大部分地区年降水量在

400毫米以下。

［**交通状况**］

青海已基本建成以西宁为中心，铁路、高速公路、干线航线为主骨架的综合交通运输网络。现已建成西宁曹家堡机场、格尔木机场、玉树巴塘机场、德令哈机场、海西花土沟机场、果洛玛沁机场、海北祁连机场7座民用机场。西宁曹家堡机场是青海省唯一的二级机场，也是青藏高原上重要的空中交通枢纽，已开通了直通北京、上海、西安、太原、兰州等数十个大中城市的航班。2014年兰新客运专线开通运营，青海铁路客运进入“高铁”时代，开设民和南、乐都南、海东西、西宁、大通西、门源6个车站，形成了以青海省海东市为中心的省内客运网络。

2020年9月全线开工的西成铁路，是中国中长期铁路网规划“八纵八横”高速铁路主通道兰（西）广通道的重要组成部分，是连接青海省西宁市与四川省成都市之间的快速铁路干线，起于西宁市，途经青海省海东市、黄南藏族自治州，甘肃省甘南藏族自治州，四川省阿坝藏族羌族自治州，接轨在建成兰铁路黄胜关站。西成铁路正线全长836.5公里，新建段502.5公里，设计时速200公里，全线建设总工期约7.5年。项目建成通车后，成都到西宁坐动车仅需4.5小时左右，比现在缩短了近一半的时间。它建成之后，也将进一步完善西部地区的交通路网功能，拉近了西藏、新疆与我国境内各个省区的距离。

［**历史沿革**］

青海省具有悠久的历史，在湟水河谷已发现距今4000多年前的氏族公社文化遗址。羌族于公元前2世纪移居青海。公元前121年，汉代大将霍去病进军湟水沿岸，在西宁市以西置临羌县。西汉时设护羌校尉。公元4年，设西海郡。公元397～414年，鲜卑族在青海省东部建立南凉国。隋设西海、河源二郡。唐、宋为吐蕃属地。元代东北部为贵德州，属甘肃行中书省，其余属吐蕃、朵甘思等处宣抚使司。明属西蕃地。清时东北部设西宁府，北属青海蒙古额鲁特部，南为玉树等土司属地。1928年设青海省，1950年1月1日青海省人民政府正式成立，省政府驻西宁市。

［**民族风情**］

青海是个多民族聚居的省份，历史悠久，文化灿烂。现有54个民族成分。少数民族人口比例仅低于西藏和新疆。青海的世居少数民族主要有藏族、回族、土族、撒拉族和蒙古族，其中土族和撒拉族为青海所独有。各少数民族人口约264万，占全省人口总量46.98%[①]。

土族人口约29万（2010年），主要聚居在青海互助土族自治县，青海的民和、大通两县和甘肃的天祝藏族自治县也比较集中，其余的则散居在青海、甘肃的其他地区。各地土族有不同的自称和他称。中华人民共和国成立后，依据本民族意愿，统一称为土族。土族喜欢饮酒，酒在土族的饮食中占有很重要的地位，并形成特有的酒文化。历史上，土族人家几乎都能酿造"酩醐"，即一种低度青稞酒。现在，酿酒已经成为土族地区重要的产业之一。土族重礼好客。凡前来拜访和投宿的客人都会受到热情接待。人们常说："客来了，福来了！"用上等的茶饭和美酒予以款待。用餐前，主人先向客人敬酒三杯，叫作"吉祥如意三杯酒"。客人启程时，主人在大门口向客人又敬三杯酒，叫作"上马三杯酒"。不能喝酒的客人，用中指蘸三滴，对空弹三下即可免喝。饮酒时，土族有边饮边歌的习惯，以畅饮酣醉为快。土族人招待客人用我国西北盛行的盖碗茶。他们把茶碗放在一个小碟中，在碗内放入茶叶、枸杞、红枣、桂圆、冰糖，用开水冲开后盖上碗盖。这样冲泡出的茶水，香甜可口，营养丰富。土族人对朋友忠实守信，有尊长敬老的好传统，如路遇相识的老人，要下马问候。彩虹袖是互助土族传统服饰中最典型的标志之一，互助县也由此赢得了"彩虹之乡"的美誉。土族妇女一般穿绣花小领斜襟长衫，两袖由红、黄、橙、蓝、白、绿、黑七色彩布圈做成，俗称七彩袖，即彩虹袖。发式、"帖弯"（指裤子膝下部分套着一节裤筒，已婚妇女是蓝色或黑色，未婚姑娘为红色）颜色和额带的不同，常是区别已婚或未婚妇女的标志。"纳顿"节是青海民和县土族一年一度庆丰收、谢神恩节日。时间从农历七月中旬开始，一村接一村举行，直到九月中旬结束，历时近2个月，所以有人称之为"世界上最长的狂欢节"。因为纳顿的狂欢起自农历七月，故也称为"七月会"。土族有忌门的习惯，如生了孩子、安了新大门、发现传染病等，别人不得进入庭院，就称为忌门。忌门的标志是：在大门旁边贴一方红纸，插上柏树枝或在大门旁煨一堆火。

---

① 2010年第六次全国人口普查数据。

撒拉族总人口约有13万（2010年），主要分布在青海。撒拉族信仰伊斯兰教，有自己的语言，属于阿尔泰语系突厥语族西匈语支，与维吾尔、乌孜别克等族语言相近，吸收了一些汉语、阿拉伯语和藏语借词。多数撒拉族兼通汉语，一部分人通藏语。撒拉族没有本民族文字，通用汉字。撒拉族传统民族服饰中，男子喜穿白色对襟衣，系绣花腰带，外套黑坎肩；妇女爱穿大襟花衣服，外面套坎肩。与回族一样，撒拉族男子多戴白帽，女子戴各式盖头。撒拉族的文学艺术别具特色，以民间说唱文学为主。撒拉族最主要、最通俗的传说，是与“骆驼舞”相表里的族源传说。民歌则包括撒拉曲、宴席曲和“花儿”等，其中以撒拉曲《巴西古溜溜》和《撒拉尔赛西布尕》最为流行。撒拉“花儿”是撒拉族民间普遍流行的一种演唱形式。它吸取了回族宴席曲、藏族民歌、汉族俚歌小曲的精华，再加上撒拉语的衬句，形成了自己独特的风格。“口弦”是撒拉族的一种独特乐器，一般用铜或银制，形似马蹄，为撒拉族妇女所钟爱。撒拉族民族传统舞蹈具有浓郁的乡土气息和鲜明强烈的民族特色，四人《骆驼舞》是撒拉族传统戏剧中唯一保存下来的内容比较完整的剧目。撒拉族传统婚礼盛行表演骆驼戏①，再现本民族的迁徙史，是一种具有历史文化内涵的艺术表现形式。撒拉族有着丰富的传统体育活动，打“蚂蚱”是撒拉族青年普遍喜爱的一种传统的体育活动，竞赛方法大致和棒球、高尔夫球相似。此外还有拔腰、蹬棍、摔跤、赛马、踢毽子等。开斋节、古尔邦节、圣纪节是撒拉族人的三大节日。奶茶和麦茶是撒拉族男女老幼最喜爱的饮料。撒拉族热情好客，讲究礼节，彼此见面，互道“色兰”问安（“色兰”，阿拉伯语“和平”“安宁”之意），男女见面，要保持一定距离。到撒拉族家中做客，首先须向主人问好，然后才能落座；主人沏的茶，客人要把茶碗端在手上；吃馒头和面饼时，要把馒头掰碎送进嘴里，切忌狼吞虎咽。与主人分别时，要表示谢意。撒拉族十分敬重“舅亲”，认为“铁出炉家，人出舅家”。

---

① 四人“骆驼舞”，是撒拉族传统戏剧中唯一保存下来的内容比较完整的剧目。一般在婚礼上由四人进行表演，其中二人反穿羊皮袄扮骆驼，一人扮蒙古人，一人扮撒拉族祖先尕勒莽。尕勒莽身穿长袍，头缠“达斯达尔”，手持拐杖，牵着骆驼。前半部为二人对话，一问一答，叙述撒拉族先民迁徙时长途跋涉的经过。后半部由扮尕勒莽一人用撒拉语朗诵吟唱韵文，叙述撒拉族祖先如何迁到循化的经过。表演多在夜间月光下进行，观众围坐成一圈，参与对答，气氛非常热烈。

［**文旅资源**］

青海是中华民族文明的发祥地之一，青海的山脉水系延伸辐射中华大地，构成了中华民族生存繁衍和中华文明形成发展的地理空间。柳湾彩陶、喇家遗址以及沈那、辛店、卡约等远古文化遗迹，说明青海是中华民族形成、发展的重要源头，作为世界非物质文化遗产的昆仑神话，是中国古典神话的主体，也是华夏文明和中华文化的源头之一。昆仑山在中华民族的文化史上具有“万山之祖”的显赫地位，古人称昆仑山为“中华龙脉之祖”。青海还是中华民族文化的交融地之一，处在祖国西北地区的核心部位，是唐蕃古道、丝绸之路南线的必经之地，自古以来就是东西方文明交流的重要地区。热贡艺术、《格萨尔》史诗[①]入选《联合国教科文组织非物质文化遗产名录》项目。

热贡艺术发祥于黄南藏族自治州同仁县境内的隆务河流域，因同仁地区在藏语中称为“热贡”而得名，是藏传佛教艺术的重要组成形式，包括唐卡、泥塑、堆绣、雕刻等藏艺形式，以色彩艳丽、线条精致而蜚声中外。当地年都乎、吾屯、郭玛日等传统村落，家家有画师，户户画唐卡，是安多藏区文化艺术中心。

《格萨尔》史诗是世界上唯一一部至今还在不断创作的“活着的史诗”，格萨尔文化的特性、多样性、活态性特征在国内外享有极高的声誉。青海果洛藏族自治州是格萨尔文化的主要发祥地，被誉为“中国格萨尔文化之乡”，是格萨尔文化资源最富集、表现形式最有特色、文化特征保持最完整、说唱传承人最多、影响力最广泛的地区之一。

奇异的地貌、丰富的动植物资源、独特的高原气候、众多的名胜古迹形成了青海四大旅游景区。①东部旅游区。主要有湟中塔尔寺、同仁、百里油菜花海、阿咪东索、孟达天池、柳湾墓地、土族和撒拉族之乡民俗风情、尖扎坎布拉国家级森林公园等景观。塔尔寺是我国藏传佛教格鲁派创始人宗喀巴的诞生地，也是我国藏传佛教格鲁派六大寺院之一，位于青海东部湟水之滨的莲花山。建筑风格以藏式为主，藏汉艺术相结合，最早的建筑是明洪武十二年（1379 年）宗喀巴大师的母亲按儿子的嘱托以菩提树和狮子吼佛像为塔心胎藏建成的聚莲宝塔。明万历五年（1577 年），高僧贡巴哇 · 仁钦宗哲

---

① 《格萨尔》史诗由西藏、内蒙古、青海、四川、甘肃、云南、新疆七省区联合申报《联合国教科文组织非物质文化遗产名录》项目。

坚赞在聚莲宝塔南侧兴建了一座佛、法、僧俱全的弥勒佛殿，先有聚莲塔，后有弥勒寺，这是汉语“塔尔寺”之名的由来。酥油花、堆绣、壁画被誉为塔尔寺的艺术“三绝”。中国历史文化名城同仁的绘画、雕塑、堆绣等艺术精巧绝伦，“藏乡六月会”、土族“於菟”舞、藏戏等民俗、民间舞蹈、戏剧古老神秘。百里油菜花海位于海北藏族自治州门源县、祁连山与大坂山之间的盆地，是中国最大的北方小油菜基地，2013 年荣获“全球十大绝美花海”称号，每年 7 月的门源油菜花旅游节是观赏油菜花的最佳时机。阿咪东索景区位于青海省海北藏族自治州祁连县境内，距祁连县城约 9 公里，主要由高原花海、草原营地、露营基地、盆景湾、万佛崖、经幡祈愿台等景点组成。②青海湖旅游区。包括日月山寻古、青海湖漫游、鸟岛奇观等，周边还有西海郡古城、新月沙丘、隆宝滩黑颈鹤保护区和金银滩草原（世界名曲《在那遥远的地方》的诞生地）。③西部旅游区。有源头漂流、巴隆国际狩猎场、阿尼玛卿山、昆仑山、新青峰、万丈盐桥、泽库和日石经墙、南八仙风蚀雅丹地貌、青南高原的冻土地貌、黄河谷地大峡谷等。青海省三江源国家级自然保护区是我国面积最大的湿地类型国家级自然保护区。④柴达木盆地旅游区。主要位于青海省中西部，属于海西蒙古族藏族自治州。知名景点有被誉为中国“天空之镜”的茶卡盐湖、青海版“马尔代夫”的东台吉乃尔湖及其附近的乌素特水上雅丹地质公园。

此外，青海省藏族、土族、撒拉族等异彩纷呈的民族歌舞，大型历史藏戏《松赞干布》、大型音画歌舞《秘境青海》等剧目特色鲜明，广受欢迎。还有“青海国际水与生命音乐之旅”等没有国界的音乐会；环青海湖国际公路自行车赛、青海湖国际诗歌节、中国青海三江源国际摄影节等国际性的文化体育活动等也有较高的知名度。

［**风物特产**］

青海的特产有昆仑玉（和田玉、青海料）、安冲藏刀、土族盘绣、鹿角菜、冬虫夏草、雪莲、西宁大黄、牦牛肉干、青稞酒、湟源陈醋、门源青稞、柴达木枸杞、民和羊肉、大通鸡腿葱、果洛蕨麻、互助葱花土鸡、乐都大樱桃、乌兰茶卡羊、海晏羔羊肉、湟中燕麦、乐都藏香猪、民和旱砂西瓜等。

青海是多民族聚居之地，因此菜肴、小吃、面点品种多样，风味各不同。青海菜品具有一种粗犷的美，主料以牛羊肉为主。湟鱼、面片、酸奶、酿皮、甜醅、焜锅馍馍、油锅盔、藏族酥酪糕（醍）、可鲁克湖中华绒螯蟹、梗皮、羊肠面、德令哈糌粑、杂碎汤、地皮菜等都是值得品尝的特色美食。

［**特色产业**］

青海省着力培育发展动能产业。围绕清洁能源示范省建设，海南、海西两个可再生能源基地双双跃上千万千瓦级台阶，青豫直流工程启动送电，清洁能源装机占比超过九成、全国领先，“百日绿电三江源”再创世界新纪录。冷湖天文观测基地首架天文望远镜正式启用，高纯硅材料国家企业技术中心获批。碳纤维生产线试产成功，电解铜箔等新材料产业项目加快建设。全国首个全清洁能源运营的大数据产业园投运，青海青稞和牛羊肉交易中心、西北地区首个根镜像服务器上线运行。2010 年，在青海冻土带又发现了“可燃冰”资源，使中国成为世界上第三个在陆地上发现“可燃冰”的国家，入选“全国十大地质科技成果”，有望成为未来的新型能源。

作为全国五大牧区之一，青海是牦牛养殖大省和牦牛资源大省。近年来，青海大力推进牦牛产业高质量发展，着力建设全国牦牛特色产业优势区、全国重要的牦牛肉生产基地、精深加工基地，并全面确立青海牦牛在全国乃至世界牦牛产业中的中心地位。目前，青海牦牛产业成功跻身国家优势特色产业集群。

第四节　宁夏回族自治区基本概况与主要文旅资源

宁夏回族自治区位于中国西部的黄河上游，东邻陕西省，西部、北部接内蒙古自治区，南部与甘肃省相连。简称“宁”，省会银川市。面积 6.64 万平方公里，截至 2021 年 5 月，全区人口约 720 万，其中回族人口占 36.69%，是全国最大的回族聚居区，辖 5 个地级市，22 个县（市、区）。

［**地理、气候**］

宁夏全境海拔 1000 米以上，地势南高北低，落差近 1000 米，呈阶梯状下降。在地形上分为三大板块：一是北部引黄灌区。地势平坦，土壤肥沃，素有“塞上江南”的美誉。二是中部干旱带。干旱少雨，风大沙多，土地贫瘠，生存条件较差。三是南部山区。丘陵沟壑林立，部分地域阴湿高寒。

宁夏属典型的大陆性气候，为温带半干旱区和半湿润地区，具有春多风沙、夏少酷暑、秋凉较早、冬寒较长、雪雨稀少、日照充足、蒸发强烈等特点，年平均降水量 300 毫米左右。7 月最热，平均气温 24℃；1 月最冷，平均气温 -9℃。年平均气温为 5℃~10℃，昼夜温差大。全年日照达 3000 小时，是中国日照和太阳辐射最充足的地区之一。

［**交通状况**］

宁夏已初步形成了以银川为中心，铁路、高速公路、干线航线为主骨架的综合交通运输网络。实现各市、县（区）通高速公路，各行政村通公路、通电、通电话、通广播电视。截至 2020 年年底，宁夏有 3 个民用机场：银川河东国际机场和中卫香山机场、固原六盘山两个支线机场，初步形成了以银川河东机场为枢纽，连接全国大中城市的航空网络。2019 年 12 月，银中高铁（属于银兰高铁银川至中卫南段）正式通车，标志着宁夏正式迈进“高铁时代”。随着这条高铁的开通运营，银川站、河东机场站、灵武北站、吴忠站 4 个车站均设立了“空铁服务岛”，同步开启空铁联运新模式。2020 年 12 月 26 日，银西高铁即银川至西安高速铁路正式开通运营，银川至西安间最快行驶时间由 11 小时 45 分钟缩短至 3 小时 4 分钟。

［**历史沿革**］

宁夏是中华民族远古文明发祥地之一。宁夏灵武市水洞沟旧石器时代晚期人类活动的遗址和遗物表明，早在 3 万年前就有人类在这里繁衍生息。公元前 3 世纪，秦始皇统一六国后，在此设北地郡，派兵屯垦，兴修水利（秦渠），开创了引黄灌溉的历史。宁夏处于“丝绸之路”东段北道的重要节点，历史上曾是东西部交通贸易的重要通道。到汉代（前 206 ~ 220 年），这里农耕经济已相当繁荣。唐天宝十四年（755 年）爆发了“安史之乱”，太子李亨进入宁夏，在灵武登基称帝，史称唐肃宗。当时，宁夏俨然成为全国政治中心。北宋宝元元年（1038 年），党项族首领李元昊以宁夏为中心，建立大夏国，史称西夏，定都兴庆府（今银川市），形成了与宋、辽、金政权三足鼎立 189 年的局面。1227 年元灭西夏后，设宁夏路，始有宁夏之名。明朝设宁夏卫，清代设宁夏府。民国初年，宁夏府改为朔方道，1929 年成立宁夏省。中华人民共和国成立后，1954 年宁夏省撤销并入甘肃。1958 年 10 月 25

日成立宁夏回族自治区。

［**民族风情**］

宁夏是我国最大的回族聚居区，全区拥有回族人口186.25万，占全国回族总人口的18.9%（2010年）。

回族是我国人口较多的一个少数民族，总人口约1058.6万（截至2010年，不包括台湾省），全国的31个省、自治区、直辖市均有分布，回族分布总体上呈“大分散，小聚居”的格局。当代回族通用汉语，不同地区持不同方言。回族群众民间信仰伊斯兰教，清真寺是回族举行日常五时拜、主麻聚礼和节日中会礼的地方。回族以农业经济为主，以善于经商而著称。回族经营传统商业主要有珠宝业、香料业、医药业、饮食业、屠宰业，马贩、驼队、羊皮筏子及长途贩运业。回族在饮食习惯、服饰装饰、诞生命名、成年仪式、婚姻和丧葬、节日等习俗上，都有浓厚的伊斯兰教色彩。日常生活中，回族不抽烟、不饮酒，但特别喜欢饮茶和用茶待客。由于分散各地，形成了不同的饮茶习俗，北方回族地区有罐罐茶、云南回族中有烤茶、湖南回族有擂茶。盖碗茶是西北回族的一种特殊嗜好。最有代表性的是“八宝盖碗茶”，即盖碗内泡有茶叶、冰糖、枸杞、核桃仁、芝麻、红枣、桂圆、葡萄干（或苹果干）等。回族妇女一般都头戴白圆撮口帽，戴盖头（也叫搭盖头），一般都是绿、黑、白三种颜色，有少女、媳妇、老人之分。一般少女戴绿色的，已婚妇女戴黑色的，有了孙子的或上了年纪的老年妇女戴白色的。大都选用丝、绸、乔其纱、的确良等高中档细料制作。老年人的盖头较长，要披到背心处；少女和媳妇的盖头比较短，前面遮住前颈即可。回族男子戴的无檐小白帽，亦称“回回帽”或“礼拜帽”。有白、灰、蓝、绿、黑五色，分春、夏、秋、冬不同的季节来戴。一般春夏秋季戴白色帽最多，冬季戴灰色或黑色。帽子的样式因教派和地区不同而有差异。除了白帽外，清真寺里的阿訇、满拉和笃信宗教的回族老人则喜爱戴缠头。头饰是回族最典型、最富有特点的服饰。因伊斯兰教尚白色，因此回族视白色为最洁净、最喜悦的颜色。在衣、冠颜色上以白、绿、黑色为主。

回族每年主要过三个重大节日，即开斋节、古尔邦节和圣纪节。

西北地区的回族在长期的历史中发展出了丰富的民间曲艺，比较著名的就是“花儿”和“宴席曲”。“花儿”是最具有回族特色的民间歌谣，特别是甘肃、青海、宁夏、新疆一带的回民，有手搭耳后、面对青山唱“花儿”的习惯。“花儿”又名“少年”，发源于回民聚集的临夏，后由甘肃发展到青海、新疆一带，大都在回民中演唱。经过数百年的演变，曲调有100余种，已形成河州花儿、莲花山花儿、宁夏花儿、青海花儿等不同的流派和风格。一般禁止在家里和村庄唱“花儿”，只能在野外唱。除了平时唱“花儿”外，各地还逐步形成了一些“花儿”会。“宴席曲”是西北地区回民在新婚宴席等喜庆场合演唱的曲调，特别在甘肃临夏和青海民和、化隆及宁夏等地极为盛行。有些回族青年举行婚礼时，提前邀请一些有名的唱把式，前来祝贺助兴。有独唱，有对唱，有合唱，此起彼伏，增加了婚礼的喜庆气氛。

回族有习武之俗，许多清真寺还设立习武场，有的阿訇本身就文武双全，除了讲经上课外，还自任武术教练，帮助、指导满拉习武。有谚语说“南京到北京，查拳来自教门中”。回族武术种类很多，历史上曾经被称为“昆仑派”，是我国四大武术派别之一。回族的武术中的回回十八肘、教门弹腿、查拳等曾作为国术列入民国时期军事训练项目中。回族的传统体育还有踏脚、打木球和掼牛等。这些活动均是既可娱乐，又可健身、自卫的活动。

［**文旅资源**］

宁夏文化由典型的多元文化组成，是农耕文明与游牧文化的交会处。贺兰山岩画记录了远古人类在3000年前至1000年前放牧、狩猎、祭祀、征战、娱舞等生活场景，以及羊、牛、马、驼、虎、豹等多种动物图案和抽象符号。揭示了原始氏族部落自然崇拜、生殖崇拜、图腾崇拜、祖先崇拜的文化内涵，是研究中国人类文化史、宗教史、原始艺术史的文化宝库。西夏王陵遗址是西夏历代帝王陵以及皇家陵墓，位于宁夏银川市西，西傍贺兰山，东临银川平原，是现存规模最大的一处西夏文化遗址。它承接鲜卑拓跋氏从北魏平城到党项西夏的拓跋氏历史。西夏王陵营建年代约自11世纪初至13世纪初。西夏王陵景区占地面积58余平方公里，核心景区面积209平方公里，分布9座帝王陵墓，200余座王侯勋戚的陪葬墓，规模宏伟，布局严整。每座帝陵都是坐北向南，呈纵长方形的独立建筑群体，规模同明十三陵相当。吸收自秦汉以来，唐宋皇陵之所长，又受佛教建筑影响，构成中国陵园建筑中别具一格的形式，故有东方金字塔之称。

宁夏的民间文学（回族民间故事），传统音乐（宁夏回族山花儿、回族民间器乐、北武当庙寺庙音乐），曲艺（宁夏小曲），传统戏剧（秦腔），传统美术（杨氏家庭泥塑、固原砖雕、回族剪纸），传统技艺（贺兰砚制作技艺、滩羊皮鞣制工艺），民俗（回族服饰、同心莲花山青苗水会），传统医药（张氏回医正骨疗法、回族汤瓶八诊疗法、陈氏回族医技十法）等非物质文化遗产入选国家名录。

宁夏回族音乐、舞蹈和武术具有鲜明的民族特色和地域特色，包括宗教音乐和民间音乐两大类。宗教音乐是指回族穆斯林在礼拜和各种宗教活动中咏诵的《古兰经》和赞主词，是在继承伊斯兰传统音乐的基础上发展而成的，既有伊斯兰教音乐的特点，又有回族自己的特点。民间音乐歌曲分为“宴席曲”和“花儿”两大类。宴席曲因多在婚礼和喜庆节日摆宴席请客时演唱而得名。依据内容和形式的不同，它可分为散曲、叙事曲、说唱曲和酒曲四类。演唱形式有独唱、合唱、伴唱、问答、对唱等。除说唱曲只唱歌外，其余三类宴席曲演唱时都有简单舞蹈动作相配合。宴席曲可登大雅之堂，故又称“雅曲”或“家曲”。与之相反，“花儿”被认为是不能登堂入室的“野曲”。在宁夏回族舞蹈中，主要有“宴席曲”、“汤瓶舞”和“踏脚舞”三种民间舞蹈。“汤瓶舞”由回族生活习俗演变而来。回族有爱清洁的传统，日常生活中的洗浴或者“礼拜”前的洗浴，均离不开汤瓶这一特有的洗浴工具。“踏脚舞”主要流行于宁夏泾源县境内的园子林，其形式很像一种展现男子阳刚之气的竞技性体育活动，可以看作武、舞交融的结晶。回族武术根源悠久，中国回族穆斯林把练武尊为“逊尔”，意思是高尚的“圣行”。主要的武术形式有回回十八肘、穆斯林八卦太极拳、伊斯兰汤瓶攻等。

宁夏的旅游资源多姿多彩。以首府银川为中心，近可观西夏王陵及与其咫尺相望的西部唯一的国家葡萄酒原产地保护区——玉泉葡萄庄园，觅西夏文化，品葡萄美酒；游塞北明珠——沙湖，欣赏湖傍金沙，沙环碧水的塞上江南风光，品尝被称为天然“脑黄金”的“沙湖大鱼头”；探游牧民族的艺术画廊——贺兰山岩画、中国史前考古的发祥地——水洞沟遗址，寻访中国最早发掘的旧石器时代文化遗址和我国古代唯一保存最完好的长城立体军事防御体系；逛著名作家张贤亮创办的镇北堡西部影城，这里拍摄了《红高粱》《东邪西毒》《大话西游》等100多部影片，有着“中国电影从这里走向世界”之美誉；赏国家级自然保护区贺兰山苏峪口国家森林公园和国家级湿地保护区阅海、鸣翠湖；紧张刺激的大漠自驾探险、黄河九曲漂流和风味独特的清真美食、时尚浪漫的都市休闲娱乐也会令四方宾朋不虚此行。远可北游宁夏最大的生态旅游景区——石嘴山市的北武当庙景区，南下青铜峡黄河大峡谷旅游区，欣赏闻名遐迩的黄河大坝、壮观的十里长峡、独特的一百〇八塔、神奇的卧佛山，往西行前往中卫的沙坡头和腾格里沙漠湿地·金沙岛旅游区。沙坡头旅游区地处腾格里沙漠东南边缘，集大漠、黄河、高山、绿洲于一身，是中国四大响沙所在地，折返南下可前往同心的清真大寺、固原的六盘山国家森林公园、须弥山石窟风景名胜区、宁夏西吉火石寨国家地质公园。

宁夏依托370公里的S202省道，打造宁夏旅游“1号公路”，从银川起连通灵武、盐池、韦州、红寺堡、彭阳，直到固原，全长370公里。在这条省道上，由南到北，有全国十大最美梯田之一的彭阳县梯田、彭阳县乔家渠毛泽东长征宿营地、盐池县革命烈士纪念园、红寺堡的国家扶贫移民遗址、万亩葡萄种植生态园、星罗棋布的葡萄酒庄、一座座特色鲜明的清真寺、同心下马关明长城遗址、盐池县高沙窝镇二步坑行政村兴武营、国家5A级旅游景区水洞沟景区、灵武市治沙环保生态园等，使S202省道成了一条抒发乡村情怀、传颂红色精神、连接历史文化和展示长城遗址的时光之旅风景道。

［**风物特产**］

宁夏土特产品种类繁多，为世人所称道的有枸杞、甘草、贺兰石、滩羊皮、太西煤；因其颜色分别为红、黄、蓝、白、黑，而被称为“五宝”。此外，宁夏的大米、硒砂瓜、水产品、瓜果和枸杞衍生物、葡萄酒等也十分著名。宁夏是枸杞的原产地，是世界上品质最好、种植时间最长的地方，其中又以中宁所产为最佳。贺兰石是水成岩，其结构细密均匀，质地细腻，历来受到文人墨客的喜爱，清末已有“一端二歙三贺兰”的说法。

宁夏清真风味小吃在餐饮界独树一帜。如外焦里嫩的油香、回族的盖碗茶、黄渠桥爆炒羊羔肉、辣爆羊羔肉、手抓羊肉、烩羊杂、烩小吃、蒜汁羊蹄等。黄渠桥爆炒羊羔肉：一般选择10～75千克重的羊羔，主要是在“爆”的基础上，兼用“焖”和“烩”的手法，使菜肴鲜嫩可口、香味四溢，具有地方特色和民族风味。手抓羊肉：相传有近千年的历史，原以手抓食用而得名。吃法有三种，即热吃（切片后上笼蒸熟蘸三合油）、冷吃（切片后直接蘸精盐）、煎吃（用平底锅煎热，边煎边吃）。特点是肉味鲜美、不腻不膻、色香俱全。此外，平罗老豆腐、糖醋黄河鲤鱼、小揪面、涮羊肉、中卫素菜豆腐、凉拌沙葱、素杂烩、蒿子面等都是宁夏的地方特色美食。

［**特色产业**］

比较而言，宁夏有农业、能源、旅游三方面的优势，发展前景广阔。农业方面，现有耕地1650万亩，人均2.8亩，居全国第2位；引黄灌溉790万亩，是全国12个商品粮生产基地之一；有草场3665万亩，是全国十大牧区之一；六盘山肉牛产业集群发展良好。能源方面，年可利用黄河水40亿立方米，占分配总量的7%；已探明煤炭储量469亿吨，居全国第6位，其中宁东煤田探明储量393亿吨，被列为国家14个大型煤炭基地之一；现有大中型火电站20座，人均发电量居全国第1位；探明矿产资源50多种，人均自然资源潜值居全国第5位。旅游方面，古老的黄河文明、神秘的西夏历史、雄浑的大漠风光，构成了多姿多彩的旅游资源。“两山一河”（贺兰山、六盘山、黄河）、“两沙一陵”（沙湖、沙坡头、西夏王陵）、“两堡一城”（将台堡、镇北堡、古长城），体现了深厚的文化底蕴，展示着独特的自然风光。“塞上江南·神奇宁夏”的旅游品牌日益叫响，吸引着越来越多的中外游客。宁夏是继海南后全国第二个打造全域旅游的示范（省）区。

第五节　新疆维吾尔自治区基本概况与主要文旅资源

新疆维吾尔自治区位于亚欧大陆的中部，地处中国西北边陲，与蒙古、俄罗斯、哈萨克斯坦、吉尔吉斯斯坦、塔吉克斯坦、阿富汗、巴基斯坦、印度8个国家接壤，陆地边境线长5700多公里，约占全国陆地边境线的1/4，是我国面积最大、陆地边境线最长、毗邻国家最多的省区，简称“新”，首府乌鲁木齐。总面积166万平方公里，占全国陆地面积的1/6，是全国面积最大的省级行政单位，辖有14个地（州、市），下辖106个县（市、区）。新疆生产建设兵团是自治区的重要组成部分，辖14个师、9个市、11个建制镇、149个团场、1872个连队（村）。截至2021年5月，全区总人口约2585万。

［地理、气候］

新疆的地貌可以概括为“三山夹两盆”，北面是阿尔泰山，南面是昆仑山，天山横亘中部，把新疆分为南疆和北疆；阿尔泰山和天山之间是准噶尔盆地，天山和昆仑山之间是塔里木盆地；全疆雪山、冰川、草原、绿洲、沙漠、戈壁并存，有中国最大的全封闭性内陆盆地——塔里木盆地，面积53万平方公里，中国最大的沙漠——塔克拉玛干沙漠，面积33.76万平方公里，中国最长的内陆河——塔里木河，长2100公里，中国最大的内陆淡水湖——博斯腾湖，水域面积992平方公里。在天山东部和西部，还有被称为“火洲”的吐鲁番盆地和被誉为“塞外江南”的伊犁谷地。位于吐鲁番盆地的艾丁湖，低于海平面154.31米，是中国陆地最低点。

新疆属典型大陆性气候。南疆干旱而温暖，有“塞外江南之称”；北疆较为寒冷，雨雪充沛。区内山脉融雪形成众多河流，为分布在盆地边缘和河流流域的绿洲提供了灌溉水源。新疆全年日照时间平均2600~3400小时，居全国第二位，为特色优势农产品种植提供了良好的自然条件。

［交通状况］

新疆交通运输已实现铁路、公路、航空、管道四位一体的立体化布局，现代综合交通体系逐步完善。铁路运输形成“四纵四横”主骨架，铁路营运里程达到4914公里。公路建设基本形成了以乌鲁木齐为中心，以干线公路为骨架，环绕两大盆地、沟通天山南北、辐射主要地州、东连内地、西出中亚、通达全疆的公路主骨架。全区所有地州市已迈入高速公路时代，105个县市区中78个通高速、一级公路，占比74%。航空运输方面，共有22个民用机场。新疆作为西部对外开放的前沿，现有一类口岸17个、二类口岸12个，是全国拥有口岸数量最多的省区之一。其中，阿拉山口口岸、霍尔果斯口岸是我国仅有的两个铁路、公路、输油气管道三位一体的国家一类口岸。随着中巴经济走廊G314线公路的逐段建成通车，“第四物流通道”加快建设，新疆常年开通的边境口岸中有7个实现了二级及以上公路连接，国际运输通道能力进一步提升。目前新疆从事国际道路运输经营的企业达113家，与周边9个国家签订了国际道路运输双边协定，开展了中吉乌、中俄过境哈萨克斯坦等多边运输和中塔乌道路运输试运行活动，开通国际道路货运线路57条；霍尔果斯、伊尔克什坦、吉木乃、巴克图、阿拉山口、都拉塔6个口岸成为我国TIR运输试点口岸。

兰新铁路东起甘肃疏勒河车站，西止与哈萨克斯坦共和国接壤的阿拉山口车站。向东是通往内地的大动脉，承担着乌鲁木齐至北京、上海、郑州、西安、成都、兰州、玉门等城市的旅客运输任务，每天都有旅客列车对开。1992年9月新亚欧大陆桥的开通更使兰新线成为连接中亚和西亚的国际大通道。新亚欧大陆桥又名“第二亚欧大陆桥”，是从江苏省连云港市到荷兰鹿特丹港的国际化铁路交通干线，国内由陇海铁路和兰新铁路组成，全长10900公里，在我国境内长4100多公里，其中在新疆区域走行距离为1213公里。大陆桥途经江苏、安徽、河南、陕西、甘肃、青海、新疆7个省区，到中哈边界的阿拉山口出国境。出国境后可经3条线路抵达荷兰的鹿特丹港。中线与俄罗斯铁路友谊站接轨，进入俄罗斯铁路网，途经斯摩棱斯克、布列斯特、华沙、柏林到达荷兰的鹿特丹港，辐射世界30多个国家和地区。它的贯通有利于促进新疆与东欧、西欧、中东等国家经济贸易的往来、文化技术的交流和国际旅游业的发展，成为丝绸之路经济带互联互通的坚实纽带。

中哈原油管道是我国第一条跨国原油管道和连接里海油田到中国内陆的重要能源通道。规划输油能力为2000万吨/年，全线总长度2800多公里，起点是哈萨克斯坦西部的阿特劳，途经肯吉亚克、库姆科尔和阿塔苏，从中哈边界的阿拉山口进入新疆境内，终点在距国境线2.2公里的阿拉山口—独山子输油管道首站。2004年9月，中哈管道一期工程（阿塔苏—阿拉山口管道）开始建设，2005年12月建成投油；2006年7月正式投入商业运行。2008年4月，中哈管道二期（肯吉亚克—库姆科尔）管道开工建设，2009年10月投入商业运营。它的成功运作，拓展了中国原油进口渠道，对保障国家能源安全发挥了十分重要的作用。

“第四物流通道”指的是继航空、船舶、铁路之后的卡车物流通道，构建在TIR系统下。TIR即为《国际公路运输公约》，基于该公约框架下的TIR系统是目前唯一的全球性跨境货物运输通关系统，涵盖公路、铁路、内陆河流、海运等多式联运。经联合国授权，由国际道路运输联盟（IRU）管理TIR系统在全球的运作。其中，对陆路运输的促进作用更为明显，尤其适合货品单价高、对时效要求高的企业。目前全球有76个缔约国，覆盖欧亚大陆所有国家（除东南亚），其中大多数位于丝绸之路经济带沿线重要地区。

我国2016年7月加入《TIR公约》。在实际运输过程中，“第四物流通道”，在实现“门到门”运输比铁路快、与空运相当，但成本比空运低50%的运输服务的同时，还可节省80%的通关时间和38%的运输成本。我国目前试点运行的10个TIR口岸中，有6个位于新疆。2019年5月，中国海关总署宣布，将全面实施《TIR公约》。获得TIR运输资质的企业，可以仅凭一张单据就在同样实施《TIR公约》的60多个国家间畅通无阻，只需要接受始发地和目的地国家的海关检查，途经国一般情况下不再开箱查验。

［**历史沿革**］

新疆古称“西域”，意为中国的西部疆域，自古以来就是祖国不可分割的一部分。公元前60年，西汉中央政府在乌垒（今巴州轮台县境内）设立西域都护府，自此正式纳入中央政府管辖。1884年清政府正式在新疆设省，并取“故土新归”之意，改称西域为“新疆”。1949年新疆和平解放，1955年10月1日成立新疆维吾尔自治区。

［**民族风情**］

新疆是一个多民族聚居的地区，共有55个民族成分，其中世居民族有维吾尔、汉、哈萨克、回、柯尔克孜、蒙古、塔吉克、锡伯、满、乌孜别克、俄罗斯、达斡尔、塔塔尔13个，其中维吾尔族人口占总人口的46.11%。

新疆民族风情浓郁，各民族在文化艺术、体育、服饰、居住、饮食习俗等方面各具特色。其中，维吾尔、哈萨克、回、柯尔克孜、塔吉克、乌孜别克、塔塔尔等民族多数人信仰伊斯兰教，有着类似的饮食禁忌和三大节日，即开斋节、宰牲节和圣纪节。此外，“偌鲁孜”节是新疆维吾尔、哈萨克、柯尔克孜、乌孜别克和塔吉克族共有的传统民族节日，时间在每年农历春分，即农历三月二十二前后。其内容是辞旧迎新，类似内地的春节，该节日与宗教无关。礼仪方面，哈萨克、柯尔克孜、塔吉克等游牧民族的传统礼仪较为相近。如遇到来访或投宿的客人，无论是否相识，都会热情接待。牧民认为在太阳落山的时候让客人离开是一件耻辱的事，会遭到邻里亲朋的嘲笑。待客时，一般都要杀羊，肉煮好后，要先以羊头献客人。晚上要将客人安置在毡房的最上方住宿。有贵客来，还要组织赛马、刁羊等文娱活动。锡伯族有客来访，主人必出大门迎送。平时见到长辈，要“打千”问安。长辈讲话时，年轻人不得插话。每逢年节，儿女们都要依次给父母和长辈叩头拜年。俄罗斯族有以面包和盐迎接客人的传统。

维吾尔族总人口约为1006.9万（2010年），主要聚居在新疆维吾尔自治区，全区维吾尔族人口834.6万，占全国维吾尔族总人口的82.9%。新疆的维吾尔族主要分布在天山以南，塔里木盆地周围的绿洲是维吾尔族的聚居中心，其中尤以喀什噶尔绿洲、和田绿洲以及阿克苏河和塔里木河流域最为集中。天山东端的吐鲁番盆地，也是维吾尔族较为集中的区域。“维吾尔”是民族自称，意为“团结”“联合”“协助”之意。现代维吾尔语是维吾尔族的共同语言，属阿尔泰语系突厥语族。现行的维吾尔文，是在晚期察合台文字的基础上改进而成，经过不断改进和补充，迄今已成为维吾尔族全民通用的文字。1960年，曾进行过拉丁化的文字改革，但由于全面改用新文字的条件尚不成熟，故1982年9月起停止使用新文字。

在漫长的历史发展过程中，维吾尔族人民用勤劳和智慧创造了优秀的文化，形成自己的民族习俗，有着独特的民族风情。维吾尔族的习俗有命名礼、摇床礼、割礼、婚礼、葬礼等。命名礼、摇床礼是给婴儿举行的仪式，给婴儿起名和祝愿他们。割礼一般只限于7～12岁的男性儿童，是男孩步入成年的标志。

维吾尔族的传统饮食以面食为主，喜食羊、牛肉，蔬菜吃得相对较少。主食的种类很多，最常吃的有馕、抓饭、包子、拉面等。馕是用小麦面或玉米面制成的，在特制的火坑内烤熟，为形状大小和厚薄不一的圆形饼。抓饭，维吾尔语称“颇罗”，是用大米、羊肉、羊油、食油、胡萝卜焖成的一种饭食，味道鲜美。蒸包子，维吾尔语称“曼它”；烤包子，维吾尔语称“撒木萨”，用面做皮，用羊肉丁、羊油拌少许洋葱做馅，皮薄肉多。另外有拉面、炒面、汤面、“纳仁面”等。名菜有烤全羊、清炖羊肉、烤肉等。维吾尔族喜欢饮茶。维吾尔茶是由小豆蔻、肉豆蔻、肉桂、丁香、孜然、胡椒、干姜、荜澄茄等15种天然植物经科学加工精制而成，具有健脾胃、化食、散寒、祛风、润便、醒脑之功能。

维吾尔族服饰种类多样而又优美。传统的男子外衣称为“袷袢”，长过膝、宽袖、无领、无扣，穿时腰间系一长带。女子普遍穿连衣裙，外罩坎肩或上衣。妇女和姑娘都喜欢用天然的乌斯蔓草汁画眉，染指甲，戴耳环、手镯、戒指、项链等。妇女外出时，要戴头巾或蒙面纱。维吾尔族不论男女老幼都喜欢戴“尕帕”（四楞花帽），它是用黑白两色或彩色丝线绣出各种民族形式的花纹图案。过去未婚少女都梳十几条发辫，以长发为美。婚后一般改梳两条，辫梢散开，头上别一把新月形的梳子作为装饰，也有将双辫盘成发髻的。现在，除了传统的服装和服饰之外，在城市普遍流行穿时装。

维吾尔族的传统节日，有肉孜节、古尔邦节和诺鲁孜节。前两个节日都来源于伊斯兰教，日期是按伊斯兰教历计算的。肉孜节又叫“开斋节”，因为它在封斋一个月后举行，一般要过 3 天。古尔邦节又叫“宰牲节”，在肉孜节过后 70 天举行，家境好的，都要宰一只羊。诺鲁孜节是维吾尔族人民最古老的传统节日，在春分时节，相当于公历 3 月 22 日。在这一天，要举行各种庆祝活动和传统的“麦西热甫”。

维吾尔族是一个尊老爱幼，热情好客的民族。路遇尊长或朋友，要把右手放在胸口，男子相见要握手，妇女相见要互相拥抱，贴一下右脸，都以“撒拉木”（你好）问安，最后，双手抚膝躬身道别。晚辈要先向长辈施礼，现在多以握手作为见面礼。

［**文旅资源**］

新疆是丝绸之路咽喉要地，也是世界唯一四大文化（古印度文化、古希腊文化、波斯伊斯兰文化、古代中国文化）的交会地，还是一个民间文化遗产大区。新疆各族人民创造的文化是中华民族文化的重要组成部分，新疆各族人民为中华民族文化宝库做出了历史性的宝贵贡献。

故事、诗歌是新疆民族民间口头文学中的重要部分。柯尔克孜族的《玛纳斯》与藏族的《格萨尔》、蒙古族的《江格尔》一起，被誉为我国民族文学领域的“三大史诗”。《玛纳斯》是一部世代流传、家喻户晓的长篇英雄史诗，经过整理，分 8 个部分共 20 余万行，240 多万字。它先后叙述了传说中的英雄玛纳斯等 8 代人的传奇故事，展示了柯尔克孜人民团结其他兄弟民族，为反对侵略，争取和平和各族人民美好幸福生活而前赴后继，英勇奋战的英雄业绩。从内容上看，它不仅是一部文学巨著，也是一部研究柯尔克孜族古代社会，包括历史、地理、宗教信仰、生活习俗、社会经济、婚姻家庭、音乐艺术和语言文学等内容的百科全书。在寓言故事中，维吾尔族的《阿凡提的故事》闻名遐迩，具有很高的文学地位。它是以阿凡提这个虚构的人物为主人公，以讽刺和幽默相结合为特点的众多短小民间故事的汇集。

内容取材于社会和人民的日常生活，目的在于歌颂劳动人民的勤劳、勇敢、乐观、机智、富有正义感的品质，揭露和讽刺封建统治者的贪暴与社会不良现象。其构思独特，语言幽默，寓意深刻，耐人寻味，具有强烈的现实主义色彩。

历史文学方面，《福乐智慧》与《突厥语词典》堪称维吾尔族古典文学作品的典范。《福乐智慧》是11世纪中后期喀喇汗王朝政治家、文学家玉素甫·哈斯·哈吉甫用回鹘文创作的一部劝诫性长诗。长诗通过虚构的国王日出和大臣月圆、大臣之子贤明及隐者觉醒4个象征人物之间的对话，表达了作者对一系列社会、自然等问题的看法，是反映当时社会、历史、文化的史诗性的著作。它的学术价值和历史意义已远远超越了纯文学的范围，成为中华民族文学宝库中的珍品之一。《突厥语词典》是11世纪喀喇汗王朝回鹘语言学家、学者马赫木德·喀什噶编著的一部用阿拉伯语注释突厥语的综合性知识辞书。该书通过丰富的语言材料，广泛地介绍了喀喇汗王朝时代维吾尔和突厥语系各民族政治、经济、历史、地理、文化、宗教、哲学、伦理方面的知识和风土人情，是一部研究维吾尔等突厥语系各民族历史、语言、文化等方面极有价值的百科全书。

新疆素有“歌舞之乡”美称，维吾尔族的《赛乃姆舞》《刀郎舞》，塔吉克族的《鹰舞》，蒙古族的《沙吾尔登舞》等民族舞蹈绚丽多姿。据我国《史记》《汉书》记载。早在公元前2世纪的汉代，于阗乐就已在汉宫廷演出。龟兹乐舞、疏勒乐舞、高昌乐舞、伊州乐舞和天山以北匈奴族的悦般乐都是见之于史册的乐舞瑰宝。唐代官制的10部乐中，就有出自新疆的《龟兹》《疏勒》《高昌》3部，唐玄奘西行取经途中，曾欣赏过龟兹乐舞，赞叹龟兹是“管弦伎乐，特善诸国”。古代新疆还产生了苏祇婆、白明达、裴兴奴、何妥、尉迟青、尉迟章等一大批音乐演奏家、作曲家和音乐理论家，他们曾因就职朝廷、掌管音乐、传艺演奏卓有成就而被载入史册。从10世纪起，维吾尔族先民在西域传统音乐的基础上，吸收阿拉伯、波斯音乐的精华，经过长期演化，终于在16世纪初创造了名为《十二木卡姆》的大型音乐杰作。“木卡姆”是大型套曲的意思，《十二木卡姆》就是指十二部大型套曲。全部十二木卡姆共有乐曲、歌曲340余首，以器乐合奏、音乐和歌舞演奏、群众歌舞大联欢的“三部曲”形式演出。一次完整的演出需要24～27小时。

新疆民族体育活动丰富多彩。刁羊是新疆各兄弟民族群众普遍喜爱的传统体育活动，特别是哈萨克族、柯尔克孜族、塔吉克族、蒙古族的牧民群众，一般都在节庆或表演时进行。有分队和不分队两种方式。主持人把一只割去头的羊放在指定处。枪响后，甲、乙两队共同向羊飞驰而去，先抢到羊的同队队员互相掩护，极力向终点奔驰，双方骑手施展各种技巧，围追堵截，拼命抢夺。抢到羊并先到达终点的为胜方。获胜者按照当地的习俗，将羊当场烤熟，请众骑手共享，称为“幸福肉”。“姑娘追”（哈萨克语称“克孜库瓦尔”），是哈萨克青年们最喜爱的一种马上体育游戏，也是男女青年相互表白爱情的一种别致方式。“姑娘追”一般在夏秋季节繁花争艳的草原上举行，远近牧民都骑马前来参观。活动一开始一对对未婚青年男女向指定地点并辔慢行。去时，小伙子可向姑娘任意笑谑或求爱，姑娘只能默默倾听，不能生气；返程，小伙子必须策马急驰，姑娘则在后挥鞭追打。姑娘若追上小伙子可任意鞭打，有时还将帽子抽落在地，惹得观众一阵哄笑。如果姑娘对小伙有情，则会鞭下留情，只见鞭子在小伙子头上转圈虚晃，却不见鞭梢落身，或姑娘故意将鞭抽打到小伙子坐骑的马屁股上。场面热烈，妙趣横生。达瓦孜（走高绳）是维吾尔族民间的一种杂技、体育形式，源于古西域“杂戏”，在宽大场地上高高竖起几根木杆，最高的有 30 多米，从地面到每根木杆的顶端，都用粗绳联系着。随着唢呐鼓乐声起，但见表演者双手横握一根横杆，光着脚踏上绳子，敏捷地向竖杆的顶端走去，一边走还一边做出坐、卧、单脚立等各种姿势，还在绳上蒙眼走绳、倒立走绳、飞身跳绳、踏碟走绳……精彩纷呈。

新疆少数民族在传统科技文化方面也卓有贡献。坎儿井是新疆维吾尔族地区特有的水利灌溉工程。元代维吾尔族农学家鲁明善的《农桑衣食撮要》，是一部以月令体裁写成的讲述农业生产技术的书，内容涉及气象物候，农田水利，作物、蔬菜、瓜类、果树、竹木、桑栽培，蚕饲养，家畜家禽养殖与医疗、养蜂采蜜，粮食和种子保管，副食品加工，衣物保管等。在我国农业技术史上占有重要地位。维吾尔族医学和哈萨克等其他新疆民族医学，是中华民族医学宝库中的重要组成部分，是我国珍贵的民族文化遗产。

新疆面积辽阔，自然景观独特，著名的景区有高山湖泊天山天池、人间仙境喀纳斯、绿色长廊吐鲁番葡萄沟、空中草原那拉提、地质奇观可可托海以及喀什泽普金胡杨景区、乌鲁木齐天山大峡谷等。在5000多公里古“丝绸之路”的南、北、中三条干线上，分布着数以百计的古文化遗址、古墓群、千佛洞等人文景观，其中交河故城、楼兰遗址、克孜尔千佛洞等蜚声中外。

交河故城遗址。是世界上最大最古老、保存得最完好的生土建筑城市，也是我国保存2000多年最完整的都市遗迹，唐西域最高军政机构安西都护府最早就设在交河故城。1961年被列为国家重点文物保护单位。2014年6月22日，交河故城作为中国、哈萨克斯坦和吉尔吉斯斯坦三国联合申遗的“丝绸之路：长安—天山廊道的路网”中的一处遗址点成功列入《世界遗产名录》。

楼兰故城遗址。楼兰，是西域故城遗迹。最早见于《史记》，曾经为丝绸之路必经之地，现只存遗迹，地处新疆巴音郭楞蒙古自治州若羌县北境罗布泊的西北角、孔雀河道南岸的7公里处。楼兰国是西域古国名，是中国西部的一个古代小国，国都楼兰城（遗址在今中国新疆罗布泊西北岸）。公元前7年楼兰国更名鄯善国，并迁都扜泥城，向汉朝称臣，原都城楼兰城则由汉朝派兵屯田，扼丝绸之路的要冲。国人属印欧人种，语言为印欧语系的吐火罗语。由于孔雀河的改道，罗布泊水域萎缩，生存环境日益恶劣，约422年以后，楼兰城民众迫于严重干旱，遗弃楼兰城，逐渐南移，鄯善国（楼兰国）先后并吞了婼羌、小宛、精绝、且末等国，成为西域七强之一，448年北魏灭鄯善国。前后经历了约600年的鄯善国（楼兰国）至此灭亡。

［**风物特产**］

新疆自古享有瓜果之乡、金玉之邦和地毯丝绸王国的美誉。吐鲁番葡萄、库尔勒香梨、哈密瓜、阿克苏苹果以及遍布南疆的红枣、核桃、杏、石榴、无花果、巴旦木等享誉国内外。和田玉，红花，各色瓜果、蜜饯，胡萝卜汁，“新天”“楼兰”“西域”等一批区内外知名品牌的葡萄酒，番茄制品，薰衣草、百里香、迷迭香、西洋甘菊等香精香料等都是新疆著名特产。

新疆饮食习惯西域风味浓烈，各种食品色香味俱佳。烤羊肉串已风靡全国，烤全羊也是新疆一大名馔。抓饭、手抓羊肉是新疆少数民族最喜欢的食品，也是逢年过节、婚丧嫁娶的必备食品。烤馕、烤包子、拉面、油馓子、油塔子、奶茶等，则是新疆少数民族的传统食品。新疆牧区的少数民族能将牛奶、羊奶加工成八九种奶制品，或香或甜或酸，都带有浓郁的奶味，营养丰富。用马奶发酵而成的马奶子酒酒香微醺、清凉适口。

［**特色产业**］

新疆地处亚欧大陆腹地，是“亚欧大陆桥”的必经之地，是丝绸之路经济带的核心区，区位优势得天独厚。同时，新疆是我国西北的战略屏障，是西部大开发战略的重点地区，是我国向西开放的重要门户，是全国重要的能源基地和运输通道，发展前景非常广阔、潜力巨大。新疆的石油石化、煤炭煤化工、电力、纺织服装、电子产品、林果、农副产品加工、馕、葡萄酒、旅游这“十大产业”特色明显，优势突出。新疆长绒棉因纤维较长而得名，品质世界顶级，做衣被暖和、透气、舒适。2020 ~ 2021 年度新疆棉产量 520 万吨，占国内产量比重约 87%，占国内消费比重约 67%。新疆光照充足、热量丰富、空气干燥、昼夜温差大，种植棉花具有得天独厚的自然条件。立足新疆棉花主产区的气候土壤特点，新疆已建立了特色鲜明的棉花生产全程机械化技术体系，并实现了规模化推广应用。经历一系列探索与实践，良种选育、膜下滴灌、精量播种、测土配方、精量水肥、精准化控、全程植保、机械采收等技术已被广泛应用，全面提升了现代化植棉水平，使新疆棉花产量和品质不断提升，多项技术达到世界领先水平。

第八章 港澳台地区导游基础知识

本章导读

【本章概述】 本章主要介绍了港澳台三地的基本概况和文旅资源等方面的基本知识，包括历史、地理、人口、区划、交通、旅游资源、民俗风情、特产美食，以及地域文化、民族文化等。

【学习要求】 了解香港特别行政区、澳门特别行政区、台湾省的历史、地理、气候、人口、区划、交通等概况；熟悉这三个地区列入《世界遗产名录》的中国遗产地景观，列入《人类非物质文化遗产代表作名录》的中国遗产项目；各民族有代表性的历史文化和民族风情。掌握各地有代表性的饮食特点、主要美食和风物特产；国内知名的地域文化、民族文化。

第一节　香港基本概况与主要文旅资源

香港全称为中华人民共和国香港特别行政区，位于祖国东南部，珠江口东侧，北隔深圳河与深圳相接，西与澳门隔海相望，南濒南海，由香港岛、九龙半岛、新界内陆地区以及262个大小离岛组成，素有“东方明珠”之称。香港的金融业被称为“百业之首”，约占GDP的四分之一。香港股票市场规模宏大，位居亚洲第二。香港还是一个自由港，对大多数进口物品不征收关税，有“购物天堂”的美誉。香港的货币为港元。

香港特别行政区，下辖香港岛、九龙半岛、新界3个地区共18个分区。

香港岛有中西区、湾仔区、东区、南区；九龙半岛有油尖旺区、深水埗区、九龙城区、黄大仙区、观塘区；新界有北区、大埔区、沙田区、西贡区、荃湾区、屯门区、元朗区、葵青区、离岛区。香港陆地总面积 1106.66 平方公里。人口约 750.07 万（截至 2019 年年底）。香港居民大部分原籍广东，普遍讲粤语。外籍人口以印度尼西亚和菲律宾人数较多，其次为欧洲人和印度人。

［**地理、气候**］

香港境内山多平地少，是一座受到海水淹没的多山地体。境内山陵可与华南丘陵视为一体，地貌构造体系与内陆的广东省一样。香港约有 650 平方公里（即约 60% 陆地总面积）属天然山坡，山脉走向为东北—西南，其中以新界中部的大帽山（957 米）为第一高峰向多方面伸延，西南面大屿山岛上的凤凰山（934 米）及大东山（869 米）则为另一条主要山脉。

香港众岛屿以大屿山面积最大，其次是香港岛。香港岛以南的鸭脷洲则是全球人口最稠密的岛屿；另外亦有不少无任何常住居民的小岛。弯曲的海岸线是香港地貌的特征之一，弯曲的海岸线形成大小海湾及海滩，成为爱好水上运动人士的好去处。香港另一地形特征便是分隔九龙和香港岛的维多利亚港。维港被四周的岛屿、九龙的狮子山和香港岛的太平山等高山包围，让港内船只不会受强风侵袭。维多利亚港深而阔，适宜海运发展，维多利亚港是世界三大天然良港之一。

香港属亚热带季风气候，全年气温较高，年平均温度为 22.8℃。夏天高温多雨，温度 27℃~ 33℃；冬天温和少雨，很少会降至 5℃以下。香港平均全年雨量 2214.3 毫米，5 ~ 9 月多雨，雨量最多的月份是 8 月，雨量最少月份是 1 月。7 ~ 9 月是香港的台风较多的季节。此外，香港市区高楼集中而密布、人口稠密，所形成的微气候容易产生热岛效应，市区和郊区有明显的气温差别。

［**交通状况**］

香港位于亚欧大陆东南缘，背靠祖国大陆，是粤港澳旅游的重要一翼，是世界各国游客进入中国内地的一个桥梁和窗口。香港三面环海，地处东北亚至东南亚和南亚交通的中心位置，是国际交通中枢，众多国家的航空航海线路在此交会。香港国际机场被评为五星级机场，2001 ~ 2012 年一直跻身三甲，其中八度被评为“全球最佳机场”，2010年起，其货运流量连续9年位居世界第1位，客运流量则排名世界第8位。香港海运也很发达，九龙及香港岛之间的维多利亚港，则因港阔水深、四面抱拥，有利船只航行，海港可容纳吃水12米的万吨级以上的货船出入及停泊。深圳河是香港和祖国内地之间的边界线，使香港和祖国内地之间出现了陆地交接点。已全线通车的港珠澳大桥全长55公里，是目前世界上最长的跨海大桥。现在从香港到珠江西岸的车程由以前的3小时缩短至半小时。香港的铁路经由香港红磡站与内地的京九铁路连接，香港西九龙总站与广深港高铁相通。港珠澳大桥和广深港高铁的建设推进，大大缩短了香港、澳门与内地的时空距离，为开创粤港澳三地融合新格局提供了硬件基础条件。

粤港澳大湾区拥有世界上最为密集的港口群、最为繁忙的空港群，高铁、港珠澳大桥等基建设施形成立体交通体系，深化与“一带一路”沿线国家和地区基础设施的互联互通，集聚湾区优质资源，成为“一带一路”资金流、人才流、信息流、物资流的枢纽，推动形成以国内大循环为主体、国内国际双循环相互促进的新发展格局。粤港澳大湾区也将成为内地与港澳深度合作示范区、宜居宜业宜游的优质生活圈。

［**历史沿革**］

新石器时代，香港已经有了人类活动。秦始皇统一中国后，秦始皇三十三年（公元前214年），中国秦朝派军平定百越，置南海郡，把香港一带纳入其领土，属番禺县管辖。由此开始，香港便置于中央政权的管辖之下。汉朝香港隶属南海郡博罗县。东晋咸和六年（331年）香港隶属东莞郡宝安县。隋朝又废东莞郡，将辖地并入广州府南海郡，宝安县也改为隶属南海郡，香港则仍归宝安县管理。唐至德二年（757年），改宝安县为东莞县，香港仍然隶属东莞县。宋元时期，内地人口大量迁至香港，促使香港的经济、文化得到很大的发展。中国元朝时属江西行省，元朝时，在香港西南的屯门、广州外港的屯门又设巡检司，驻军，防止海盗入侵，拱卫广州地区。明朝万历年间从东莞县划出部分地方成立新安县，为后来的香港地区。香港岛由明神宗万历（1573年）起，一直到清道光二十一年（1841年）成为英国殖民地之前，该地区一直属广州府新安县管辖。清朝于1662年派兵到新界，并命令乡民留辫。香港在清朝时，一直在对外通商中扮演重要角色，因为香港在地理上与广州唇齿相依，而广州是清朝对外开放的唯一商埠。

香港全境的三个部分（香港岛、九龙、新界）分别来源于不同时期的三个不平等条约。1841 年 1 月 26 日，第一次鸦片战争后，英国强占香港岛，事后清政府曾试图用武力予以收复，道光皇帝为此发下多道谕旨，但清朝始终不能捍卫领土完整。1842 年 8 月 29 日，清政府与英国签订不平等的《南京条约》(原名称《江宁条约》)，割让香港岛给英国。1860 年 10 月 24 日，中英签订不平等的《北京条约》，割让九龙半岛界限街以南地区给英国。1898 年 6 月 9 日，英国强迫清政府签订《展拓香港界址条例》，租借九龙半岛界限街以北地区及附近262个岛屿，租期99年（至1997年6月30日结束）。

1941 年 12 月 25 日，第二次世界大战期间，日军进犯香港，驻港英军无力抵抗，当时的香港总督杨慕琦无奈宣布投降。香港被日本占领。1945 年 9 月 15 日，日本战败后在香港签署投降书，撤出香港。

第二次世界大战以后，香港经济和社会迅速发展，成为继纽约、伦敦之后的世界第三大金融中心。不仅成为“亚洲四小龙”之一，也是亚洲金融、服务和航运中心。

1982 ~ 1984 年，中英两国就落实香港前途问题进行谈判，1984 年 12 月 19 日签订《中华人民共和国政府和大不列颠及北爱尔兰联合王国政府关于香港问题的联合声明》，决定 1997 年 7 月 1 日中华人民共和国对香港恢复行使主权。中方承诺在香港实行一国两制，香港将保持资本主义制度和原有的生活方式，并享受外交及国防以外所有事务的高度自治权，也就是“港人治港，高度自治”。

1997 年 7 月 1 日，中国对香港恢复行使主权，香港成为中华人民共和国的一个特别行政区。根据《中华人民共和国香港特别行政区基本法》，香港保留原有的经济模式、法律和社会制度，五十年不变，实行“一国两制”，除防务和外交事务归中央政府管制外，香港特别行政区享有高度自治权。

[**民俗风情**]

香港是世界节日较多的地区，既有中华民族传统节日、宗教节日，又有西方习俗节日，还有其他节日。中国传统节日有春节、清明节、端午节、中秋节、重阳节。春节最隆重，亲友送年礼，并给孩子们发“利市”（红包），清明节要“拜山”（扫墓），端午节要进行龙舟赛，中秋节要吃月饼、观花灯、赏月等。

宗教节日有复活节、圣诞节，各教会也有自己的节日。西方习俗的节日有情人节、母亲节、父亲节等，香港每年都主办各种类型文化、康乐、体育活动，较大型的活动包括香港艺术节、香港国际电影节、国际综艺合家欢、香港国际七人橄榄球赛、六人木球赛和国际赛马等。

香港人说话办事讲究有个好兆头，“3”“8”与粤语“升”“发”谐音，“6”“9”与“禄”“久”谐音，所以这几个数字最受欢迎，但他们忌讳“4”，根据发音谐音，香港人送花忌讳赠送剑兰、茉莉、梅花等，送礼物忌讳送钟（谐音“送终”）。香港人忌讳别人打听个人隐私，如住址、收入、年龄等情况。香港行人和车辆靠左行驶，和内地正好相反。

香港重视中国传统文化的传承，目前已有10个国家级非物质文化遗产项目：粤剧、凉茶、长洲太平清醮、大澳端午龙舟游涌、香港潮人盂兰盛会、中秋节的大坑舞火龙、古琴艺术（斫琴技艺）、全真道堂科仪音乐、西贡坑口客家舞麒麟和黄大仙信俗。其中香港民俗大坑舞火龙被文化和旅游部列入“国家级非遗代表性项目优秀保护实践案例”，是全国50个“优秀保护实践案例”之一。

［**文旅资源**］

国际化都市香港旅游资源类型丰富多样，因而拥有来自世界各地的客源。香港拥有出色、完善的会议、展览设施，是全球会议中心之一，还经常举办具有国际性影响的体育和文化盛事，吸引着全球众多参展和观光游客。

香港地处亚热带与热带过渡地带，四面环海，冬暖夏热，气候湿润，拥有丰富的阳光，自然条件优越。海滩秀丽的浅水湾、迷人的维多利亚湾、翠绿的山岭丘陵、星罗棋布的海岛和各类郊野公园，香港融贯东西方文化，有体现海内外各国风情的博物馆、展览馆、文化艺术中心、现代化的都市风光和不同历史时期的风格建筑，也有香港独特的古堡、庙宇、古村落等，这些人文景观融合了西方近现代艺术和传统的中国文化。夜间的香港灯火璀璨，壮丽的夜景也是游客期待的项目之一。

太平山（Victoria Peak）。也称扯旗山，西方人称为维多利亚山，位于香港岛西北部，海拔552米，是香港岛的最高点，在山顶可以俯瞰香港全岛及维多利亚港美景。太平山风光秀丽，山顶一带更是官绅名流的官邸所在，也是人们到香港的必游之地。前往太平山顶的最佳交通工具是乘坐山顶缆车。该缆车自 1888 年开始营运，默默见证了香港城市过去 100 多年间的变迁。登太平山的最佳时间是黄昏，这时既能观赏到白天的城市景观，又可以静待夜幕低垂时，整个城市在瞬间变幻的一刻。太平山顶上有多个观景台，包括卢吉道观景台、狮子亭、山顶公园以及凌霄阁顶层的摩天台等。

浅水湾（Repulse Bay）。依山傍海，位于香港岛太平山南面，号称“天下第一湾”，有“东方夏威夷”之美誉，是香港最具代表性的沙滩。海湾呈新月形，水清沙细，波平浪静，是游人必到的旅游胜地。浅水湾内遍布豪华住宅，其中包括香港巨商李嘉诚、包玉刚的豪华私宅。著名的景点影湾园、浅水湾 129 号等。在浅水湾东南端，有一座极具中国古典色彩的建筑——镇海楼。镇海楼公园内面海矗立着天后娘娘（妈祖）和观音菩萨两尊 10 多米高的巨大塑像，保佑着渔民和泳客在海上四季平安。

海洋公园（Ocean Park）。是东南亚最大的海洋主题休闲中心，占地 91.5 公顷，于 1977 年 1 月 10 日开园，是一座集海洋奇观与游乐设施于一体的世界级主题公园。海洋公园分为三部分，分别为位于北面的山下花园、南面的南朗山南麓及大树湾。海洋公园拥有全东南亚最大的海洋水族馆及主题游乐园、亚洲第一个水上游乐中心和全世界第二长的户外电动扶梯等。

迪士尼乐园（Disney land）。位于香港新界大屿山，占地 126 公顷，于 2005 年投入运营，是全球第 5 座、亚洲第 2 座、中国第 1 座迪士尼乐园。乐园分为 7 个主题园区，分别为美国小镇大街、探险世界、幻想世界、明日世界、玩具总动员大本营、灰熊山谷及迷离庄园，其中灰熊山谷和迷离庄园为全球独有。

黄大仙祠（Wong Tai Sin Temple）。又名啬色园，是一座宏伟的中国式道教寺庙，位于九龙半岛的东北面，是香港香火最旺的地方。每年农历大年初一，市民都要争头炷香。相传祠内所供奉的黄大仙十分灵验，“有求必应”。该祠也是香港唯一一所可以举行道教婚礼的道教宫观。

金紫荆广场（Golden Bauhinia Square）。位于香港湾仔香港会议展览中心新翼人工岛上，是为纪念香港回归祖国而设立的，三面被维多利亚港包围。1997 年 7 月 1 日香港特别行政区成立，中央政府把一座高 6 米的金紫荆铜像赠送给香港，命名为“永远盛开的紫荆花”，寓意香港永远繁荣昌盛，铜像被安放在会展中心旁，面对大海，这个广场也被命名为金紫荆广场。

［**风物特产**］

香港具有独特的购物环境和美食文化。香港享有“购物天堂”和“美食天堂”的美誉，拥有香港时代广场、海港城、香港中环置地广场、香港旺角、铜锣湾、尖沙咀东部和九龙城、太古广场、柏丽购物大道和弥敦道等著名景点，香港店铺售卖着世界各地不同特色的货品，从国际顶级品牌到地方特色小商品，琳琅满目，目不暇接。

香港汇聚了世界各地的美食，充满亚洲风味的餐馆遍布香港，有辛辣的泰国汤、香浓的印度咖喱、韩国烧烤、越南沙律卷、日本寿司等特色美食。香港的中国菜餐馆，提供中国各地的特色佳肴，广东菜餐馆尤其多，其他地道菜包括潮州菜、湖南菜、四川菜、北京菜、上海菜等，也有讲究的素菜，还有以传统的广式点心作早餐的饮茶。各式各样的茶餐厅是香港美食的一大特色。

香港传统本地菜以广州菜为主，盆菜则是新界原居民在节日时的传统菜。由于香港临近海洋，因此海鲜也是常见的菜色，亦发展出如避风塘炒蟹为代表的避风塘菜色。香港饮食也深受外来饮食文化影响。中环苏豪区、湾仔及尖沙咀酒吧林立，慕尼黑啤酒节由 1991 年起每年于尖沙咀广东道举行。快餐方面，美式快餐主要由麦当劳及肯德基经营，而香港也发展出自己的港式快餐，当中以大家乐、大快活及美心快餐为代表。

流行于民间的传统食品一直扎根香港，如年糕、粽子、烧卖、鱼蛋、蛋挞、鸡蛋仔、小桃酥、杏仁饼、盲公饼、鸡仔饼、小椰堆、花生饼、芝麻饼、相思酥、棋子饼、炒米饼、格子饼、花生糖、袋仔面、花生豆、南乳香酥角等。

第二节　澳门基本概况与主要文旅资源

澳门全称为中华人民共和国澳门特别行政区，地处祖国南方珠江入海口的西侧，北靠珠江三角洲，东隔伶仃洋，与香港隔海相望，西连磨刀门，和珠海市的湾仔、横琴岛隔水相对，北接珠海市的拱北。澳门半岛经过百余年的填海造地，如今澳门特别行政区包括澳门半岛和氹仔、路环两个离岛，面积32.9平方公里，以“堂区”作为行政区划单位，澳门有七个堂区和一个无堂区划分区域（路氹城），但堂区并非正式的行政机构建置，不具法律地位。

截至2020年3月底，澳门人口69.61万，以华人为主，占97%，其他主要为葡萄牙人和菲律宾人，是世界人口密度最高的地区之一，汉语和葡萄牙语是现行官方语言，市民普遍讲广东话，英语在澳门也很流行。

澳门是自由港，经济长期以来以博彩业为主，是世界四大赌城之一，有“东方蒙特卡洛”之称。其著名的轻工业、旅游业、酒店业和娱乐场使澳门长盛不衰，成为全球最发达、最富裕的地区之一。澳门的货币是澳门币。自1999年回归后，澳门成为中华人民共和国的一个特别行政区，依据《澳门基本法》实行高度自治，在“一国两制”政策的指引下，澳门的社会和经济方面的特色予以保留并得以延续。

［**地理、气候**］

澳门地势南高北低，主要由低丘陵地与平地组成，低丘陵面积从南向北减少，平地面积由南向北增加。在澳门半岛，平地面积较大，占80%以上；氹仔岛和路环岛，丘陵面积较多，氹仔占45%，路环则近80%。在澳门半岛有莲花山、东望洋山、炮台山、西望洋山和妈阁山，在氹仔岛有观音岸、大氹山（鸡颈山）、小氹山，在路环岛有九澳山、叠石塘山。山岩性质以花岗岩与火山岩为主。

澳门特区海岸线全长76.7公里，澳门海岸线大部分由人工岸线组成，约占岸线总长的80.8%，主要分布在澳门半岛、氹仔岛北侧与南侧；砂质岸线主要分布在路环岛的黑沙海滩与竹湾海滩；基岩岸线分布在路环岛的南侧及东侧部分区域。

澳门地处北回归线以南，受海洋和季风影响很大，属亚热带季风气候，夏无炎热，冬无严寒。全年平均气温22℃左右，湿度较高，为73%~90%。秋季（10~12月）是全年最好的季节，阳光充足，气候温和且湿度较低。冬季（1~3月）寒冷，但大部分时间天气晴朗。4~9月，湿度和温度逐渐升高，这期间雨水较多，并且会伴有台风。

［**交通状况**］

港珠澳大桥连接香港大屿山、澳门半岛和广东省珠海市，工程路线起自香港国际机场附近的香港口岸人工岛，向西接珠海/澳门口岸人工岛、珠海连接线，止于珠海洪湾，总长约55公里，使澳门与内地的联系更为方便快捷。水路交通方面，自20世纪中期路氹连贯公路和嘉乐庇大桥相继通车后，澳门的沿海运输和内地运输更加便利。澳门半岛西岸的内港码头，是广州沿海等地货运、渔船和渡轮使用的码头。至于外港运输方面，主要是使用港澳码头和九澳港，由澳门港务局负责管理。航空交通方面，澳门国际机场自1995年11月建成启用后，成为珠江三角洲与世界各地之间的重要桥梁，全日24小时运作，与国内外50多个城市通航。如今，澳门与香港之间有快速的运输船队，每隔15~30分钟来往一班船，航程需55分钟。从澳门还可以乘直升机到香港，只需20分钟。

［**历史沿革**］

澳门地区的考古发掘，特别是1995年在路环岛黑沙的沙丘中发掘出土的彩陶以及玉器，经鉴定，证实是四五千年前的珍贵古文物，与其同时出土的石斧等石器，同近年来在距离澳门不远的珠海地区出土的同类文物属于同一文化系统，说明早在新石器时代，中华民族的祖先已在澳门一带的地区劳动、生息。商周时期，古代居民已在这些地区居住活动，所以，澳门、珠海出土文物中，有春秋时期的簋、罐以及战国时期的陶器等。

澳门先秦时属百越地。从秦帝国起就成为中国领土，属南海郡。澳门古称濠镜澳，约公元前3世纪，澳门被正式纳入中国版图，属南海郡番禺县地。晋元熙二年（420年），澳门属新会郡封乐县地。隋开皇十年（590年），废新会郡改属宝安县地。唐至德二年（757年），废宝安县，改为广州东莞县辖。自南宋开始，澳门属广东省广州香山县。据史料记载，宋末名将张世杰与军队曾在此驻扎。早期在澳门定居的人在此形成小村落，依靠捕鱼与务农种植为生。元代属广东道宣慰司广州路，路治广州；明代属于广州府；清朝后期前属广肇罗道广州府，道治肇庆，府治广州。

南宋皇朝倾覆之际，澳门半岛开始有大量华人定居。大约在南宋末年至元初，澳门半岛上的望厦、濠镜等地已是定居的居民点了。由于地方小、耕地缺、物产少，繁衍后代并不容易。直至16世纪中叶，即明世宗嘉靖年间，1557年葡萄牙人开始在明朝求得澳门的居住权，但明朝政府仍在此设有官府，由广东省直接管辖。直至1887年葡萄牙政府与清朝政府签订了《中葡会议草约》和有效期为40年的《中葡和好通商条约》（至1928年期满失效）后，正式通过外交文书的手续占领澳门。

1622年，荷兰人攻打葡萄牙租借自明朝的澳门，被击败。1623年，葡萄牙政府委任马士加路也为首任澳门总督。

澳门自从被葡萄牙侵占以来，葡萄牙人在澳门一直拥有特权或特殊地位，引发居民普遍不满：从1849年8月22日沈志亮刺杀总督亚马留伊始，直到1966年12月3日因“文化大革命”和氹仔学校事件而触发的“一二·三事件”，均显示了民间对于葡萄牙人在澳门的特权一直深感不满。1974年4月25日，葡萄牙革命成功，实行非殖民地化政策，承认澳门是被葡萄牙非法侵占的，并首次提出把澳门交还中国。由于当时不具备适当的交接条件，时任总理的周恩来提出暂时维持澳门当时的状况。

1984年10月3日，邓小平首次公开提出用“一国两制”的方针解决历史遗留下来的澳门问题。1986年始，中葡两国政府为澳门问题展开了四轮谈判。1987年4月13日，两国总理在北京签订《中华人民共和国政府和葡萄牙共和国政府关于澳门问题的联合声明》及两个附件。联合声明说澳门地区（包括澳门半岛、氹仔和路环）是中国的领土，中华人民共和国1999年12月20日对澳门恢复行使主权。中国承诺在澳门实行一国两制，保障澳门人可享有“高度自治、澳人治澳”的权利。1993年3月31日，中华人民共和国全国人民代表大会于北京通过《澳门特别行政区基本法》，指出澳门是1999年前葡国管制下的一个中国领土，澳门的主权属于中国。

1999年12月20日零时，在中葡两国元首见证下，第127任澳门总督韦奇立和第1任澳门特别行政区行政长官何厚铧于澳门新口岸交接仪式会场场内交接澳门政权。翌日（12月21日）早上，澳门群众欢迎中国人民解放军驻澳部队进驻澳门。至此，中华人民共和国正式恢复对澳门行使主权。

2015年12月16日，国务院常务会议通过《中华人民共和国澳门特别行政区行政区域图》，自2015年12月20日起施行。同时，1999年12月20日国务院公布的《中华人民共和国澳门特别行政区行政区域图》废止。

［**民俗风情**］

澳门历史悠久，文化底蕴深厚，民俗文化异彩纷呈，各类节庆、服饰、饮食起居、婚丧、宗教信仰等构成了多彩的澳门民俗风情图画，具有浓郁的生活气息、文化内涵和独特的澳门民俗文化旅游体验价值。其中有 8 个项目被列入《国家级非物质文化遗产名录》，粤剧、凉茶配制、木雕－澳门神像雕刻、澳门道教科仪音乐、南音说唱、鱼行醉龙节、妈祖信俗和哪吒信俗。

澳门拥有独特的节庆文化，既有春节、元宵、端午节等中国传统节庆，也有复活节、花地玛圣像巡游、圣诞节等西方节日。除节庆外，澳门每年都举办多项大型的国际盛事。“谢灶”是澳门保存下来最传统的中国年俗之一。腊月二十三日用灶糖送灶神，澳门人称为“谢灶”。澳门人过年是从腊月二十八开始的，腊月二十八日在粤语中谐音“易发”，商家老板大都在这岁晚之时请员工吃“团年饭”以示财运亨通、吉祥如意。除夕之夜，守岁和逛花市是澳门人辞旧迎新的两件大事。守岁是打麻将、看电视、叙旧聊天，共享天伦之乐，澳门在年宵兴办花市，多是桃花、水仙、盆竹、盆橘，花开富贵，竹报平安，鲜花瑞木昭示着新年的美好前程。春节这天，澳门人讲究“利市”，“利市”就是红包，这天老板见到员工，长辈见到晚辈，甚至已婚人见到未婚人都要发“利市”。“利市”纯粹是以示吉利。澳门人把大年初二叫作“开年”。习俗是要吃“开年”饭，这餐饭必备发菜、生菜、鲤鱼，意在取其生财利路。澳门直到元宵佳节，一直放烟花爆竹，舞龙舞狮，欢天喜地。

［**文旅资源**］

澳门面积虽小，但400多年的中西文化交会，拥有丰富的历史和文化遗产，留下许多名胜古迹，不同的宗教信仰、异域风情、传统风俗和小城的现代生活交织在一起，加上蓬勃发展的博彩业，形成了一个多姿多彩的旅游胜地。

澳门的景点有：大三巴牌坊、新濠天地、澳门塔、澳门威尼斯人度假村、澳门渔人码头，还有各类专题博物馆等。

澳门历史城区（The Historic Centre of Macao）。以澳门旧城区为核心的历史街区，其间以相邻的广场和街道连接 20 多处历史建筑，历史城区的范围东起东望洋山，西至新马路靠内港码头，南起妈阁山，北至白鸽巢公园。主要景点包括妈阁庙、港务局大楼、郑家大屋、大三巴牌坊等 20 多处历史建筑。澳门历史城区见证了澳门 400 多年来中华文化与西方文化互相交流、多元共存的历史。2005 年澳门历史城区被列入《世界遗产名录》。

大三巴牌坊（Ruins of St. Paul）。为“澳门八景”之一，是澳门的象征，位于炮台山下，左临澳门博物馆和大炮台名胜，是圣保禄教堂正面前壁的遗址，圣保禄教堂始建于1637年，当时是东方最大的天主教堂，教堂先后经历了3次大火，屡焚屡建。1835年，一场大火烧毁圣保禄教堂，仅残存了教堂的正面前壁、大部分地基以及教堂前的石阶。因为教堂前壁的形状与中国传统牌坊相似，所以取名为“大三巴牌坊”。“三巴”是葡语“圣保禄”的粤语音。大三巴牌坊的建筑由花岗石建成，宽23米，高25.5米，上下可分为五层，自第三层起往上逐步收分，至顶部则是一底边宽为8.5米的三角形山花，整个墙壁是巴洛克式，但也雕刻有中国和日本的牡丹及菊花图案，呈现中西合璧风格。

妈阁庙（A–MA Temple）。原称妈祖庙，俗称天后庙，是澳门最早的宗教庙宇之一，是澳门三大古刹（妈阁庙、普济禅院、莲峰庙）中历史最悠久的。1488年为福建商人所建，距今已逾500年。妈阁庙位于澳门半岛的西南端，庙内有“神山第一”殿、正觉禅林、弘仁殿、观音阁4栋主建筑，前三殿主要供奉天后妈祖，观音阁则供奉观音菩萨。相传400多年前，葡萄牙人登陆澳门，在庙门前面的海滩上岸，询问当地居民这里是什么地方，居民以为是问妈阁庙，故答“妈阁”，葡萄牙人以其音译而成“MACAU”，遂为澳门的葡文名称由来。

金莲花广场（Golden Lotus Square）。位于澳门新口岸高美士街、毕仕达大马路及友谊大马路之间，是为庆祝1999年澳门主权移交设立的，已成为澳门一个著名地标及旅游景点。金莲花广场的大型雕塑“盛世莲花”是1999年中华人民共和国中央人民政府为庆祝澳门回归而赠送的，雕塑采用青铜铸造，表面贴金，重6.5吨，高6米，花体部分最大直径3.6米。莲花是中华人民共和国澳门特别行政区区花，莲花盛开，象征澳门永远繁荣昌盛。

葡京娱乐场（Lisboa Casino）。澳门以博彩业著称。葡京娱乐场是澳门最具规模的博彩娱乐场，位于苏亚利斯博士大马路。澳门葡京娱乐场在澳门葡京大酒店内，正门向着嘉乐庇总督大桥，通过天桥连接新葡京酒店。场内设有多种博彩方式，不设入场券，可自由进出，但18岁以下未成年人及21岁以下本地人不准进入。

［**风物特产**］

澳门文化的多元性，使得澳门的饮食文化丰富多彩。澳门东西南北的美食样样具备，除了风味独特的澳门菜外，有葡萄牙风情的葡国菜、汇聚大江南北的中国菜，还有来自世界各地的美食：日本、韩国、泰国、印度、巴西、意大利、法国等菜式。澳门的当地土特产有：澳门杏仁饼、葡式蛋挞、凤凰卷、澳门花生糖、猪扒包、猪油糕、澳门肉干、澳门生蚝等。葡式蛋挞是澳门美食的代表名词之一，其他美味还有澳门豆捞、水蟹粥、葡国鸡、竹升打面、金钱饼、大菜糕等。葡国菜中最闻名的是马介休。马介休来自葡语 Bacalhau，是鳕鱼（codfish）经盐腌制但并不风干保存而成，是不少澳葡式美食的主要材料。澳门有大大小小的商场、商店、购物中心，从国际知名品牌到风味小吃，琳琅满目，应有尽有，堪称购物天堂。

第三节　台湾省基本概况与主要文旅资源

台湾是我国第一大岛屿，位于祖国东南沿海的大陆架上。东临太平洋，西隔台湾海峡与福建省相望，距离最近处（台湾新竹—福建平潭）仅 68 海里。南靠巴士海峡与菲律宾群岛相对，北向东海。自然风光优美，文化底蕴深厚，有“宝岛”的美誉。拥有丰富的森林资源，号称“森林之海”；盛产食盐，有“东南盐库”之称。

台湾省包括台湾本岛及兰屿、钓鱼岛等 21 个附属岛屿和澎湖列岛 64 个岛屿及其周围海域。总面积 3.6 万平方公里，其中台湾岛面积 3.58 万平方公里。台湾总人口约为 2360.3 万（截至 2019 年年底），新北市是人口最多的城市。

［**地理、气候**］

台湾地理位置得天独厚，扼西太平洋航道的中心，是祖国与太平洋地区各国海上联系的重要交通枢纽。台湾本岛南北长而东西狭，南北最长达 394 公里，东西最宽为 144 公里，呈纺锤形。

台湾本岛是一个多山的海岛，高山和丘陵约占全岛的 2/3，东部是山脉，中部是过渡的低山丘陵，平原不到 1/3，且平原多分布在西海岸，本岛地形可分台东山地、台中丘陵、台西平原三部分。随着高山的形成和存在，形成了 150 多条的河流。其特点是河床坡陡、流量大，瀑布、险滩多。第一大河是长 170 多公里的浊水河；这些河流由于落差大、水流急，为水力发电创造了良好的条件。

台湾地处热带及亚热带气候交界处，台湾的年平均温度，除高山外在22℃左右。气候冬季温暖，夏季炎热，雨量充沛，终年湿润。台湾是我国台风过境最频繁的省份，也是一个多火山、温泉、地震的地区。

［**交通状况**］

台湾铁路资源较为丰富，全部铁路运输系统长度约 1066.6 公里。台北捷运、高雄捷运分别于 1996 年、2008 年开始营运。在台北都会区、高雄都会区，捷运（地铁）是主要的铁路运输工具，而台中捷运和桃园捷运仍继续建设中。2007 年全长 345 公里的台湾高速铁路系统投入运营。高速铁路的建设缩短了各都会区间的车程，使台北市至高雄市往返所需最短时间降至 90 分钟。台湾的公路分为"国道"、省道、市道、县道、区道和乡道。公路与桥梁总长度约 4.7 万公里，绝大部分集中在西部。最长的两条是连接北部至南部的道路系统——1978 年通车、全长 373 公里的中山高速公路和 1997 年通车、全长 432 公里的福尔摩沙高速公路。在东部发达地区则通过快速公路连接，台北市至宜兰县建设了含贯穿雪山山脉的雪山隧道的蒋渭水高速公路。航空方面，台湾多数大城市与离岛都设有机场。各大都市间及各离岛之间皆有常态班机往来，形成便利的航空网。最主要的航空公司有中华航空和长荣航空。海运方面台湾四面环海，海上交通发达，国际贸易仰赖海上运输，目前有 7 座国际商港，分别为高雄港、基隆港、台中港、花莲港 4 座主要港和苏澳港、台北港、安平港 3 座辅助港。高雄港位于高雄市，是台湾第一大港，港口货物吞吐量约占台湾整体港口货物吞吐量的 1/2。

［**历史沿革**］

台湾的历史可上溯至 7000 年前。7000 年前起到大约 400 年前，南岛语系原住民的祖先曾先后漂流到台湾，成为目前所知台湾最早的居民。

台湾有文字记载的历史可以追溯到公元 230 年。当时三国吴王孙权派 1 万官兵到达"夷洲"（台湾），吴人沉莹的《临海水土志》留下了对台湾最早的记述。12 世纪中叶，宋朝将澎湖划归福建泉州晋江县管辖，并派兵戍守。元、明两朝政府在澎湖设巡检司。明朝后期开拓的规模越来越大。

17 世纪初，荷兰殖民者乘明末农民起义和东北满族势力日益强大，明政府处境艰难之时，侵入台湾。不久，西班牙人侵占了台湾北部和东部的一些地区，后于1642年被荷兰人赶走，台湾沦为荷兰的殖民地。

1644年，清军入关，在北京建立清朝政权。1661年4月，郑成功以南明王朝招讨大将军的名义，率2.5万将士及数百艘战舰，由金门进军台湾。经过激烈战斗和围困，1662年2月，郑成功迫使荷兰总督揆一签字投降。郑成功从荷兰殖民者手中收复了中国领土台湾，成为一位伟大的民族英雄。

1684年，清政府设置分巡台厦兵备道及台湾府，隶属于福建省。1811年，台湾人口已达190万，其中多数是来自福建、广东的移民。移民大量开垦荒地，使台湾成为一个新兴的农业区域。这个时期，台湾与福建、广东的来往十分密切，中华文化更加全面地传入台湾。

1884~1885年中法战争期间，法军进攻台湾，遭刘铭传率军队重创，到1885年6月《中法新约》签订，法军被迫撤出台湾。

中法战争以后，清政府为了加强海防，于1885年将台湾划为单一行省，台湾成为中国第20个行省。刘铭传积极推行自强新政，把众多新式事业集中于一省，使台湾成为当时中国的先进省份之一。

1894年日本发动甲午战争，翌年清政府战败，于4月17日被迫签订丧权辱国的《马关条约》，把台湾割让给日本。举国同愤，反对割台；台湾全省哭声震天、鸣锣罢市。协理台湾军务的清军将领刘永福等率军民反抗日本的侵占，坚持5个多月的战斗，历经大小百余仗，使日本侵略者付出了惨重的代价，但终遭失败。从此，台湾沦为日本的殖民地达50年之久。

台湾人民从未屈服于日本的殖民统治，在日本侵占初期，以农民为主体的抗日武装进行了长达20年的斗争。后来，文化协会、民众党、共产党等还组织领导了反抗日本殖民统治的民族抵抗运动。

1937年7月日本制造“七七事变”，中国人民开始了全民族的抗日战争，终于收复了台湾。台湾同胞欢天喜地，庆祝回归祖国。1945年10月25日，同盟国中国战区台湾省受降仪式于台北进行，受降主官代表中国政府宣告：自即日起，台湾及澎湖列岛已正式重入中国版图，所有一切土地、人民、政事皆已置于中国主权之下。至此，台湾、澎湖重归中国主权管辖之下。

［**民俗风情**］

台湾汉族人口占98%左右，大多是福建省和广东省的移民，主要少数民族是高山族，居住在台湾的高山族同胞有自己独特的文化艺术，他们口头文学很丰富，有神话、传说和民歌等。台湾普遍使用普通话即台湾民众所谓的“国语”，文字是中文繁体字，主要方言是闽南语与客家语。

台湾汉族同胞的生活习惯和社会风俗许多与大陆基本相同，一般保持着闽、粤地区的特征。台湾居民一日三餐以大米为主食，节日喜庆时，多用鸡鸭等丰盛酒菜宴请客人。台湾居民祭祀神明，宴请客人，必备良酒。

台湾的传统建筑是民间艺术的总汇，装饰精美，彩画、书法、木雕、石雕、泥塑、陶瓷、剪黏等都是构成建筑的要素，展示了内涵深刻的台湾文化。庙宇建筑随处可见，其中鹿港的龙山寺、天后宫以及北港朝天宫等，都是台湾知名且历史悠久的寺庙，具有很高的艺术价值。

我国宝岛台湾的传统节日丰富多彩，有春节、元宵节、端午节、七夕、中元节等，元宵节除了赏花灯、猜灯谜外，还有特色的台北“北天灯”、台南“南蜂炮”等；台湾中秋三大件是月饼、柚子和烤肉，此外，松柏岭玄天上帝祭典、大甲妈祖进香、北港妈祖出巡、台北迎城隍、东港王船祭、二结王公过火及原住民祭典等也是台湾本土重要的民俗活动。还有丰年祭、祖灵祭、狩猎祭、图腾、蛇纹等特色民俗。

台湾还有一些礼赠方面的特殊禁忌。例如禁送粽子，因为台湾居丧之家习惯包粽子；禁送甜果，甜果在台湾指年糕，是过年的常用祭品；禁送手帕，手帕是丧事完毕后主人送给吊丧者的礼物，寓意与死者永别；禁送扇子，台湾有“送扇，无期见”的俗语；禁送刀剪，意为“一刀两断”；禁送雨伞，“伞”和“散”同音；禁送镜子，因为镜子容易打碎，“破镜难圆”；禁以钟送人。因为“钟”与“终”同音，送钟会使人想到“送终”。

［**文旅资源**］

台湾有快速隆升的高大山脉、壮观幽静的深切峡谷、蜿蜒绵长的环岛海岸线、鬼斧神工的海蚀地貌、丰富的地热资源、多样的自然生态与独特的人文风情，这些构成了独一无二的美丽台湾。

台湾境内有阿里山、日月潭、太鲁阁峡谷、玉山、垦丁、阳明山等著名的旅游景点，还有新北市瑞芳区九份老街、台北市北投区、彰化县鹿港镇、新北市莺歌区等观光小镇地方风情浓厚，是寻幽访古的旅游胜地。境内有不少特色温泉，温泉文化别具一格，位于城市的著名景点有台北 101、台北故宫博物院、台北中山纪念馆等。遍布全台的夜市各具特色，小吃美食琳琅满目。

台北。位于台湾岛北部的台北盆地，是台湾第四大城市，台北市划为12个区，总人口约260万。台北是台湾政治、经济和文化的中心，是华语流行音乐、文化创意、娱乐产业的枢纽中心。台北属亚热带季风气候，四季不明显。台北是一座历史文化名城，名胜古迹众多，有台北城门、龙山寺、孔庙、圆山文化遗址、台北故宫博物院等。台北故宫博物院外观采用中国宫廷式设计。该博物院收藏品共70万余件，大部分为1949年前从北京故宫博物院运走的文物，毛公鼎、翠玉白菜和肉形石为三大镇馆之宝。101大楼位于台北精华地段的信义商圈，楼高509米，是台湾的标志性建筑。台北也是美食之都，台北夜市有众多的台湾著名小吃。

高雄。是台湾第三大城市，也是台湾最大的国际港口，有“港都”之名。面积2947平方公里，人口约276万。高雄的主要景点有佛光山、六合夜市、高雄美丽岛、驳二艺术特区、打狗英国领事馆、西子湾风景区、爱河、高雄港、渔人码头、瑞丰夜市等。

野柳。野柳风景区位于台湾省基隆市西北方约15公里处，是一个突出海面的岬角。因远望如一只海龟蹒跚离岸，昂首拱背而游，因此称为野柳龟。受造山运动的影响，深埋海底的沉积岩上升至海面，产生了附近海岸的单面山、海蚀崖、海蚀洞等地形，海蚀、风蚀等在不同硬度的岩层上作用，形成蜂窝岩、豆腐岩、蕈状岩、姜状岩、风化窗等世界级的岩层景观。景区分三大区：第一区有女王头、仙女鞋、乳石等景点，第二区有豆腐岩、龙头石等景点，第三区有海蚀壶穴、海狗石等景点，适合做地质教学的田野调查课程。第一区的林添祯塑像是纪念他当年舍身救人的英勇事迹。

太鲁阁。太鲁阁公园位于台湾岛东部，地跨花莲县、台中县、南投县三个行政区。园内有台湾第一条东西横贯公路通过，称为中横公路系统。太鲁阁公园的特色为峡谷和断崖。园内的高山保留了许多冰河时期的孑遗生物，如山椒鱼等。太鲁阁亦成为台铁之列车名。其主要景点有长春祠、燕子口、靳珩公园、九曲洞、慈母桥、天祥；主要的自然景观有锥麓断崖、流芳桥、大禹岭、布洛湾、砂卡礑步道、绿水合流步道、清水断崖步道、白杨步道，豁然亭步道、莲花池步道、黄金峡谷。太鲁阁是台湾最具特色的自然与人文合一的旅游景观。

日月潭。位于南投县，是台湾最大、最有名的天然湖泊，水域面积达

900 多公顷，比杭州西湖大 1/3 左右。日月潭中有一小岛远望好像浮在水面的珠子，以此岛为界，北半湖形状如圆日，南半湖形状如弯月，日月潭因此而得名。

阿里山。位于嘉义县东北，是台湾最理想的避暑胜地。日出、云海、晚霞、森林与高山铁路，合称阿里山五奇，景区素有“神秘的森林王国”之称，拥有长达 72 公里的森林铁路，阿里山铁路有 70 多年历史，是世界上仅存的三条高山铁路之一，途经热、暖、温、寒四带，景致迥异。尤其三次螺旋环绕及第一分道的“Z”形爬升，更是难忘的经历。

垦丁。垦丁公园位于台湾省屏东县最南端的恒春半岛，它是台湾本岛唯一的热带地区，终年气温和暖。垦丁公园是台湾唯一拥有海域和陆地的公园，被称为台湾的天涯海角。最南端突出的两大峡角鹅銮鼻公园和猫鼻头公园是两大热门景点。

［**风物特产**］

台湾民众的传统饮品是茶。台湾全境皆产茶，名茶有阿里山高山茶、冻顶乌龙茶、文山包种茶、东方美人茶和铁观音等。茶艺形式主要是工夫茶。泡沫红茶文化是台湾茶文化新的发展，代表性茶饮珍珠奶茶广受欢迎。

台湾物产丰富，土特产品种繁多。盛产大米，著名的有“蓬莱米”；盛产蔗糖，有“东方糖库”之称；台湾兰花品种多、品质好，台湾盛产蝴蝶，有精美的蝴蝶标本和蝴蝶工艺品。台湾气候宜人，盛产水果，一年四季不断，有“水果之乡”的美称，有台湾凤梨、台湾释迦、莲雾等特产水果。还有金门贡糖、台湾牛轧糖、台湾蛋黄酥等伴手礼；以及大溪豆干、樱花虾、太阳饼等其他土特产。

台湾饮食文化融合各地美食风格，台湾菜与闽南菜、广东潮汕潮州菜渊源深厚，也受客家菜、广州菜和日本料理的影响。台湾菜有海鲜丰富、酱菜入菜、节令食补等特色，倾向自然原味，调味不求繁复，风格鲜香、清淡。

台菜素有“汤汤水水”之称，羹汤类菜肴广受欢迎。台湾饮食文化中有著名的“小吃”文化，台湾各式风味小吃云集的夜市是台湾庶民生活文化的代表之一，常见的小吃有蚵仔煎、炸鸡排、臭豆腐、盐酥鸡、生煎包、米血糕、蚵仔面线、甜不辣、卤肉饭、肉圆、担仔面、牛肉面、小笼包等。

附录1
中国世界遗产项目名录

保护世界文化与自然遗产，是联合国教科文组织多年来积极开展的一项国际合作活动。1972 年 11 月 16 日，联合国教科文组织在巴黎总部举行的第 17 届大会上通过了《保护世界文化和自然遗产公约》。

一、世界遗产的主要类型

世界遗产主要有以下几种类型：

（一）文化遗产

文化遗产，在概念上可分为有形文化遗产和无形文化遗产两大类，包括物质文化遗产和非物质文化遗产。物质文化遗产是指具有历史、艺术和科学价值的文物、建筑群和遗址；非物质文化遗产是指各种以非物质形态存在的、与群众生活密切相关、世代相承的传统文化表现形式。从历史、艺术或科学角度看，文物是指具有突出、普遍价值的建筑物、雕刻和绘画，具有考古意义的成分或结构，铭文、洞穴、住区及各类文物的综合体；建筑群是指因其建筑的形式、同一性及其在景观中的地位，具有突出、普遍价值的单独或相互联系的建筑群；遗址是指从历史、美学、人种学或人类学角度看，具有突出、普遍价值的人造工程或人与自然的共同杰作以及考古遗址地带。

（二）文化景观遗产

由人类有意设计和建筑的景观：包括出于美学原因建造的园林和公园景观，它们经常与宗教或其他纪念性建筑物或建筑群有联系；有机进化的景观：它产生于最初始的一种社会、经济、行政以及宗教需要，并通过与周围自然环境相联系或相适应而发展到如今的形式；关联性文化景观：这类景观列入《世界遗产名录》，以与自然因素、强烈的宗教、艺术或文化相联系为特征，而不是以文化物证为特征。庐山、五台山、杭州西湖、哈尼梯田和花山岩画是中国“世界遗产”中仅有的五项文化景观。

（三）自然遗产

世界自然遗产主要指自然界的特有景观和生物，主要包括以下三个层次的内容：一是从美学或科学角度看，具有突出、普遍价值的由地质和生物结构或这类结构群组成的自然面貌；二是从科学或保护角度看，具有突出、普遍价值的地质和自然地理结构以及明确划定的濒危动植物物种生态区；三是从科学、保护或自然美角度看，具有突出、普遍价值的天然名胜或明确划定的自然地带。

（四）世界农业遗产

从2002年起，联合国粮农组织开发计划署和全球环境基金开始启动设立全球重要农业文化遗产项目。按照粮农组织的解释，世界农业遗产属于世界文化遗产的一部分，在概念上等同于世界文化遗产，世界农业遗产保护项目将对全球重要的受到威胁的传统农业文化与技术遗产进行保护。

（五）国际湿地遗产

国际湿地是世界遗产的一部分。2009年，湿地国际联盟组织正式开展了对国际湿地纳入世界遗产保护战略的范畴，已经在中国计划开展湿地世界遗产评估的项目有青海湖、洞庭湖、泸沽湖等湿地。

二、中国的世界遗产简介

（一）中国的世界遗产概况

中国于1985年12月12日正式加入《保护世界文化与自然遗产公约》；1986年，中国开始向联合国教科文组织申报世界遗产项目。1999年10月29日，中国当选为世界遗产委员会成员。从2006年起，每年6月的第二个星期六为中国文化遗产日。截至2019年7月5日，中国世界遗产已达55项，其中世界文化遗产37项、世界文化与自然双重遗产4项、世界自然遗产14项，成为与意大利并列的拥有世界遗产最多的国家。中国是世界上拥有世界遗产类别最齐全的国家之一，也是世界文化与自然双重遗产数量最多的国家（与澳大利亚并列，均为4项），世界自然遗产14项位居第一，超过美国和加拿大。中国的首都北京是世界上拥有遗产项目数最多的城市（7项）。苏州是中国至今唯一承办过世界遗产委员会会议的城市（2004年，第28届）。

（二）中国《世界遗产名录》

（资料来源：国家文物局官网：办事服务→公共信息服务→中国世界遗产）

1. 文化遗产项目

（1）长城（黑龙江、吉林、辽宁、河北、天津、北京、山东、河南、山西、陕西、甘肃、宁夏、青海、内蒙古、新疆，1987.12 世界文化遗产）

（2）莫高窟（甘肃，1987.12 世界文化遗产）

（3）明清故宫（北京故宫，北京，1987.12；沈阳故宫，辽宁，2004.7.1 世界文化遗产）

（4）秦始皇陵及兵马俑坑（陕西，1987.12 世界文化遗产）

（5）周口店北京人遗址（北京，1987.12 世界文化遗产）

（6）拉萨布达拉宫历史建筑群（大昭寺、罗布林卡）（西藏，1994.12 世界文化遗产）

（7）承德避暑山庄及其周围寺庙（河北，1994.12 世界文化遗产）

（8）曲阜孔庙、孔林和孔府（山东，1994.12 世界文化遗产）

（9）武当山古建筑群（湖北，1994.12 世界文化遗产）

（10）庐山风景名胜区（江西，1996.12.6 世界文化景观）

（11）丽江古城（云南，1997.12 世界文化遗产）

（12）平遥古城（山西，1997.12 世界文化遗产）

（13）苏州古典园林（江苏，1997.12 世界文化遗产）

（14）北京皇家祭坛——天坛（北京，1998.11 世界文化遗产）

（15）北京皇家园林——颐和园（北京，1998.11 世界文化遗产）

（16）大足石刻（重庆，1999.12 世界文化遗产）

（17）龙门石窟（河南，2000.11 世界文化遗产）

（18）明清皇家陵寝（湖北明显陵、河北清东陵、河北清西陵，2000.11；江苏明孝陵、北京明十三陵，2003.7；辽宁盛京三陵，2004.7 世界文化遗产）

（19）青城山—都江堰（四川，2000.11 世界文化遗产）

（20）皖南古村落—西递、宏村（安徽，2000.11 世界文化遗产）

（21）云冈石窟（山西，2001.12 世界文化遗产）

（22）高句丽王城、王陵及贵族墓葬（吉林、辽宁，2004.7.1 世界文化遗产）

（23）澳门历史城区（澳门，2005.7.15 世界文化遗产）

（24）安阳殷墟（河南，2006.7.13 世界文化遗产）

（25）开平碉楼与村落（广东，2007.6.28 世界文化遗产）

（26）福建土楼（福建，2008.7.7 世界文化遗产）

（27）五台山（山西，2009.6.26 世界文化景观）

（28）登封“天地之中”历史古迹（河南，2010.8.1 世界文化遗产）

（29）杭州西湖（浙江，2011.6.24 世界文化景观）

（30）元上都遗址（内蒙古，2012.6.29 世界文化遗产）

（31）红河哈尼梯田（云南，2013.6.22 世界文化景观）

（32）大运河（北京、天津、河北、山东、河南、安徽、江苏、浙江，2014.6.22 世界文化遗产）

（33）丝绸之路：长安—天山廊道的路网（河南、陕西、甘肃、新疆，2014.6.22 世界文化遗产）

（34）土司遗址（湖南、湖北、贵州，2015.7.4 世界文化遗产）

（35）左江花山岩画文化景观（广西，2016.7.15 世界文化景观）

（36）鼓浪屿：历史国际社区（福建，2017.7.8 世界文化遗产）

（37）良渚古城遗址（浙江，2019.7.6 世界文化遗产）

2. 双重遗产

（38）泰山（山东，1987.12 世界文化与自然双重遗产）

（39）黄山（安徽，1990.12 世界文化与自然双重遗产）

（40）峨眉山—乐山大佛（四川，1996.12 世界文化与自然双重遗产）

（41）武夷山（福建，1999.12 世界文化与自然双重遗产）

3. 自然遗产

（42）黄龙风景名胜区（四川，1992.12.7 世界自然遗产）

（43）九寨沟风景名胜区（四川，1992.12.7 世界自然遗产）

（44）武陵源风景名胜区（湖南，1992.12.7 世界自然遗产）

（45）云南三江并流保护区（云南，2003.7.2 世界自然遗产）

（46）四川大熊猫栖息地（四川，2006.7.12 世界自然遗产）

（47）中国南方喀斯特（云南、贵州、重庆、广西，2007.6.27 一期；2014.6.23 二期世界自然遗产）

（48）三清山世界地质公园（江西，2008.7.8 世界自然遗产）

（49）中国丹霞（贵州、福建、湖南、广东、江西、浙江，2010.8.1 世界自然遗产）

（50）澄江化石遗址（云南，2012.7.1 世界自然遗产）

（51）新疆天山（新疆，2013.6.21 世界自然遗产）

（52）湖北神农架（湖北，2016.7.17 世界自然遗产）

（53）青海可可西里（青海，2017.7.7 世界自然遗产）

（54）梵净山（贵州，2018.7.2 世界自然遗产）

（55）黄（渤）海候鸟栖息地（第一期）（江苏，2019.7.5 世界自然遗产）

附录2
世界非物质文化遗产名录

一、世界非物质文化遗产简介

（一）非遗的概念及发展历史

非物质文化遗产（以下简称“非遗”）指被各群体、团体或有时为个人视为其文化遗产的各种实践、表演、表现形式、知识和技能及有关的工具、实物、工艺品和文化场所。

20 世纪 30 年代，国际现代建筑协会在《雅典宪章》中明确提出“有价值的建筑和地区”的保护问题，确定了一些个体建筑保护基本原则及具体的保护措施，促进了保护历史文化遗产国际运动的展开。20 世纪 50 年代以来，国外历史文化遗产的保护对象从个体的文物建筑扩大到历史地段。20 世纪 60 年代美国白宫会议首先提出设立“世界遗产信托资金”的建议案，提出要保护世界上杰出的自然风景区和历史遗址。美国在提出这个“世界遗产信托资金”理论的时候，恰恰赶上埃及政府在尼罗河上游修阿斯旺水坝，由于修这个水坝使水位加高，淹没了一座有 2000 年历史的神庙，所以联合国提出了保护自然和文化遗产的公约。1964 年 5 月通过的《威尼斯宪章》，提出了文物古迹保护的基本概念、基本原则与方法，扩大了文物古迹的概念，不仅包括单个建筑物，而且包括能够从中找出一种独特的文明，一种有一定意义的发展或一个历史事件见证的城市和乡村环境。1970 年，美国首度将这一理念写进当时一部重要法案《国家环境政策法》。1972 年，联合国教科文组织向全世界提出要保护自然和文化遗产。当时提出了“保护自然和文化遗产”的概念。1972 年 11 月，联合国教科文组织第十七届大会在巴黎通过的《保护世界文化和自然遗产公约》（简称《世界遗产公约》），确定文化遗产、自然遗产、文化与自然双重遗产的三种类型，扩大了历史文化遗产的范围。从此，历史文化遗产保护受到世界各国政府和公众的普遍关注和重视。

1992年12月，在美国圣菲召开的联合国教科文组织世界遗产委员会第16届会议将文化景观作为文化遗产的类型，从而进一步丰富了历史文化遗产的内涵。1997年11月，非物质文化遗产——“人类口头与非物质文化遗产代表作”得到国际的认可。截至2005年7月，世界上有170多个国家成为《保护世界文化和自然遗产公约》的缔约国，已有788处遗产被列入《世界遗产名录》，47个被列入非物质遗产名录。

（二）非遗的种类

1. 口头传说和表现形式，包括作为非物质文化遗产媒介的语言。
2. 表演艺术。
3. 社会实践、礼仪、节庆活动。
4. 有关自然界和宇宙的知识和实践。
5. 传统手工艺。
6. 传统节日。

（三）非遗的特点

非遗最大的特点是不脱离民族特殊的生活生产方式，是民族个性、民族审美习惯“活”的显现。它依托于人本身而存在，以声音、形象和技艺为表现手段，并以身口相传作为文化链而得以延续，是“活”的文化及其传统中最脆弱的部分。因此对于非遗传承的过程来说，人就显得尤为重要。

（四）非遗的意义

根据联合国教科文组织通过的《保护非物质文化遗产公约》中的定义，各个群体和团体随着其所处环境、与自然界的相互关系和历史条件的变化不断使代代相传的非物质文化遗产得到创新，同时使他们自己具有一种认同感和历史感，从而促进文化多样性和激发人类的创造力。世界文化遗产的数量能够反映某地区、某国家历史文化的多样性与深厚程度，物质与非物质文化遗产如果被评为世界文化遗产，不仅能受世界瞩目，还能被更好地保护传承。申遗是一种对历史文化、秀丽江山的珍视情怀，是向全世界展示我们的文明。联合国教科文组织认为非物质文化遗产是确定文化特性、激发创造力和保护文化多样性的重要因素，在不同文化相互宽容、协调中起着至关重要的作用，因而于1998年通过决议设立非物质文化遗产评选。

二、中国的非遗项目

截至2020年年底，我国入选联合国教科文组织的非遗名录（含“急需保护名录”和“优秀实践名册”）的项目已达42个，也是目前世界上拥有世界非物质文化遗产数量最多的国家。

列入《人类非物质文化遗产代表作名录》的中国项目

序号	遗产项名称	批准时间	序号	遗产项名称	批准时间
1	昆曲	2001年	18	西安鼓乐	2009年
2	古琴艺术	2003年	19	朝鲜族农乐舞	2009年
3	新疆维吾尔木卡姆艺术	2005年	20	书法	2009年
4	蒙古族长调民歌	2005年	21	篆刻	2009年
5	中国传统蚕桑丝织技艺	2009年	22	剪纸	2009年
6	福建南音	2009年	23	雕版印刷技艺	2009年
7	南京云锦织造技艺	2009年	24	中国传统木结构营造技艺	2009年
8	安徽宣纸制作技艺	2009年	25	端午节	2009年
9	侗族大歌	2009年	26	妈祖信俗	2009年
10	粤剧	2009年	27	京剧	2010年
11	藏族《格萨尔》	2009年	28	中医针灸	2010年
12	龙泉青瓷烧制技艺	2009年	29	中国皮影	2011年
13	热贡艺术	2009年	30	珠算	2013年
14	藏戏	2009年	31	二十四节气	2016年
15	《玛纳斯》	2009年	32	藏医药浴法	2018年
16	蒙古族呼麦	2009年	33	太极拳	2020年
17	花儿	2009年	34	送王船——有关人与海洋可持续联系的仪式及相关实践	2020年

列入《急需保护的非物质文化遗产名录》的中国项目

序号	遗产项名称	批准时间	序号	遗产项名称	批准时间
1	羌年庆祝习俗	2009年	5	福建的中国水密隔舱福船制造技艺	2010年
2	黎族传统纺染织绣技艺	2009年	6	中国木版活字印刷术	2010年
3	中国木拱桥传统营造技艺	2009年	7	赫哲族伊玛堪说唱	2011年
4	新疆的麦西热甫	2010年			

非物质文化遗产优秀实践名册

序号	遗产项名称	批准时间
1	福建木偶戏传承人培养计划	2012年

附录3
中国5A级旅游景区名录

截至2021年5月，我国共有国家5A级旅游景区307家，名单如下：（资料来源：文化和旅游部官网）

省、自治区、直辖市	数量	名　称	评定年份
北京	8	东城区故宫博物院	2007年
		东城区天坛公园	2007年
		海淀区颐和园	2007年
		八达岭—慕田峪长城旅游区	2007年
		昌平区明十三陵景区	2011年
		西城区恭王府景区	2012年
		朝阳区北京奥林匹克公园	2012年
		海淀区圆明园景区	2020年
天津	2	南开区天津古文化街旅游区（津门故里）	2007年
		蓟州区盘山风景名胜区	2007年
河北	11	承德市双桥区承德避暑山庄及周围寺庙景区	2007年
		保定市安新县白洋淀景区	2007年
		保定市涞水县野三坡景区	2011年
		石家庄平山县西柏坡景区	2011年
		唐山市遵化市清东陵景区	2015年
		邯郸市涉县娲皇宫景区	2015年
		邯郸市永年区广府古城景区	2017年
		保定市涞源县白石山景区	2017年
		秦皇岛市山海关区山海关景区	2018年
		保定市清西陵景区	2020年
		河北省承德市金山岭长城景区	2020年

续表

省、自治区、直辖市	数量	名　称	评定年份
山西	10	大同市云冈区云冈石窟景区	2007年
		忻州市五台县五台山风景名胜区	2007年
		晋城市阳城县皇城相府生态文化旅游区	2011年
		晋中市介休市绵山风景名胜区	2013年
		晋中市祁县乔家大院文化园区	2014年
		晋中市平遥县平遥古城景区	2015年
		忻州市代县雁门关景区	2017年
		临汾市洪洞县洪洞大槐树寻根祭祖园旅游景区	2018年
		长治市壶关太行山大峡谷八泉峡景区	2020年
		山西省临汾市云丘山景区	2020年
内蒙古	6	鄂尔多斯市达拉特旗响沙湾旅游景区	2011年
		鄂尔多斯市伊金霍洛旗成吉思汗陵旅游区	2011年
		呼伦贝尔市满洲里市中俄边境旅游区	2016年
		兴安盟阿尔山市阿尔山·柴河旅游景区	2017年
		赤峰市克什克腾旗阿斯哈图石阵旅游区	2018年
		阿拉善盟胡杨林旅游区	2020年
辽宁	6	沈阳市浑南区沈阳植物园	2007年
		大连市中山区老虎滩海洋公园—老虎滩极地馆	2007年
		大连市金州区金石滩景区	2011年
		本溪市本溪满族自治县本溪水洞景区	2015年
		鞍山市千山区千山景区	2017年
		盘锦市红海滩风景廊道景区	2020年
吉林	7	延边朝鲜族自治州安图县长白山景区	2007年
		长春市宽城区伪满皇宫博物馆	2007年
		长春市南关区净月潭景区	2011年
		长春市南关区长影世纪城景区	2015年
		延边朝鲜族自治州敦化市六鼎山文化旅游区	2015年
		长春市南关区世界雕塑公园景区	2017年
		通化市高句丽文物古迹旅游景区	2020年
黑龙江	6	哈尔滨市松北区太阳岛景区	2007年
		黑河市五大连池市五大连池景区	2011年
		牡丹江市宁安市镜泊湖景区	2011年
		伊春市汤旺河区林海奇石景区	2013年
		大兴安岭地区漠河县北极村旅游景区	2015年
		虎林市虎头旅游景区	2020年

续表

省、自治区、直辖市	数量	名　　称	评定年份
上海	4	浦东新区东方明珠广播电视塔	2007 年
		浦东新区上海野生动物园	2007 年
		浦东新区上海科技馆	2010 年
		中国共产党一大·二大·四大纪念馆景区	2021 年
江苏	25	苏州市姑苏区苏州园林	2007 年
		苏州市昆山市周庄古镇景区	2007 年
		南京市玄武区钟山—中山陵风景名胜区	2007 年
		无锡市滨湖区中央电视台无锡影视基地三国水浒城景区	2007 年
		无锡市滨湖区灵山大佛景区	2009 年
		苏州市吴江区同里古镇景区	2010 年
		南京市秦淮区夫子庙—秦淮河风光带	2010 年
		常州市新北区环球恐龙城景区	2010 年
		扬州市邗江区瘦西湖风景区	2010 年
		南通市崇川区濠河风景区	2012 年
		泰州市姜堰区溱湖国家湿地公园	2012 年
		苏州市吴中区金鸡湖国家商务旅游示范区	2012 年
		镇江市三山风景名胜区	2012 年
		无锡市滨湖区鼋头渚旅游风景区	2012 年
		苏州市吴中区太湖旅游区	2013 年
		苏州市常熟市沙家浜—虞山尚湖旅游区	2013 年
		常州市溧阳市天目湖景区	2013 年
		镇江市句容市茅山景区	2014 年
		淮安市淮安区周恩来故里景区	2015 年
		盐城市大丰区中华麋鹿园景区	2015 年
		徐州市泉山区云龙湖景区	2016 年
		连云港市海州区花果山景区	2016 年
		常州市武进区春秋淹城旅游区	2017 年
		无锡市惠山古镇景区	2020 年
		江苏省宿迁市洪泽湖湿地景区	2020 年

续表

省、自治区、直辖市	数量	名　　称	评定年份
浙江	19	杭州市西湖区杭州西湖风景区	2007年
		温州市乐清市雁荡山风景区	2007年
		舟山市普陀区普陀山风景区	2007年
		杭州市淳安县千岛湖风景区	2010年
		嘉兴市桐乡市乌镇古镇旅游区	2010年
		宁波市奉化区溪口—滕头旅游景区	2010年
		金华市东阳市横店影视城景区	2010年
		嘉兴市南湖区南湖旅游区	2011年
		杭州市西湖区西溪湿地旅游区	2012年
		绍兴市越城区鲁迅故里—沈园景区	2012年
		衢州市开化县根宫佛国文化旅游区	2013年
		湖州市南浔区南浔古镇景区	2015年
		台州市天台县天台山景区	2015年
		台州市仙居县神仙居景区	2015年
		嘉兴市嘉善县西塘古镇旅游景区	2017年
		衢州市江山市江郎山·廿八都旅游区	2017年
		宁波市海曙区天一阁·月湖景区	2018年
		丽水市缙云仙都景区	2020年
		浙江省温州市刘伯温故里景区	2020年
安徽	12	黄山市黄山区黄山风景区	2007年
		池州市青阳县九华山风景区	2007年
		安庆市潜山县天柱山风景区	2011年
		黄山市黟县皖南古村落—西递宏村	2011年
		六安市金寨县天堂寨旅游景区	2012年
		宣城市绩溪县龙川景区	2012年
		阜阳市颍上县八里河风景区	2013年
		黄山市徽州区古徽州文化旅游区	2014年
		合肥市肥西县三河古镇景区	2015年
		芜湖市鸠江区方特旅游区	2016年
		六安市舒城县万佛湖风景区	2016年
		安徽省马鞍山市长江采石矶文化生态旅游区	2020年

续表

省、自治区、直辖市	数量	名　称	评定年份
福建	10	厦门市思明区鼓浪屿风景名胜区	2007年
		南平市武夷山市武夷山风景名胜区	2007年
		三明市泰宁县泰宁风景旅游区	2011年
		福建土楼（永定·南靖）旅游景区	2011年
		宁德市屏南县（白水洋·鸳鸯溪）旅游景区	2012年
		泉州市丰泽区清源山风景名胜区	2012年
		宁德市福鼎市太姥山旅游区	2013年
		福州市鼓楼区三坊七巷景区	2015年
		龙岩市上杭县古田旅游区	2015年
		福建省莆田市湄洲岛妈祖文化旅游区	2020年
江西	13	九江市庐山市庐山风景名胜区	2007年
		吉安市井冈山市井冈山风景旅游区	2007年
		上饶市玉山县三清山旅游景区	2011年
		鹰潭市贵溪市龙虎山风景名胜区	2012年
		上饶市婺源县江湾景区	2013年
		景德镇市昌江区古窑民俗博览区	2013年
		赣州市瑞金市共和国摇篮景区	2015年
		宜春市袁州区明月山旅游区	2015年
		抚州市资溪县大觉山景区	2017年
		上饶市弋阳县龟峰景区	2017年
		南昌市东湖区滕王阁旅游区	2018年
		萍乡市武功山景区	2020年
		江西省九江市庐山西海景区	2020年
山东	13	泰安市泰山区泰山景区	2007年
		烟台市蓬莱市蓬莱阁—三仙山—八仙过海旅游区	2007年
		济宁市曲阜市明故城三孔旅游区	2007年
		青岛市崂山区崂山景区	2011年
		威海市环翠区刘公岛景区	2011年
		烟台市龙口市南山景区	2011年
		枣庄市台儿庄区台儿庄古城景区	2013年
		济南市历下区天下第一泉景区	2013年
		山东沂蒙山旅游区	2013年
		潍坊市青州市青州古城景区	2017年
		威海市环翠区威海华夏城景区	2017年
		东营市黄河口生态旅游区	2020年
		山东省临沂市萤火虫水洞·地下大峡谷旅游区	2020年

续表

省、自治区、直辖市	数量	名　　称	评定年份
河南	14	郑州市登封市嵩山少林寺景区	2007年
		洛阳市洛龙区龙门石窟景区	2007年
		焦作市云台山—神农山—青天河风景区	2007年
		安阳市殷都区殷墟景区	2011年
		洛阳市嵩县白云山景区	2011年
		开封市龙亭区清明上河园景区	2011年
		平顶山市鲁山县尧山—中原大佛景区	2011年
		洛阳市栾川县老君山—鸡冠洞旅游区	2012年
		洛阳市新安县龙潭大峡谷景区	2013年
		南阳市中国西峡恐龙遗迹园—伏牛山—老界岭旅游区	2014年
		驻马店市遂平县嵖岈山旅游景区	2015年
		安阳市林州市红旗渠—太行大峡谷旅游景区	2016年
		商丘市永城市芒砀山汉文化旅游景区	2017年
		新乡市八里沟景区	2020年
湖北	13	武汉市武昌区黄鹤楼公园	2007年
		宜昌市三峡大坝—屈原故里文化旅游区	2007年
		宜昌市夷陵区三峡人家风景区	2011年
		十堰市丹江口市武当山风景区	2011年
		恩施土家族苗族自治州巴东县神龙溪纤夫文化旅游区	2011年
		神农架林区神农架生态旅游区	2012年
		宜昌市长阳土家族自治县清江画廊景区	2013年
		武汉市洪山区中国武汉—东湖生态旅游风景区	2013年
		武汉市黄陂区木兰文化生态旅游区	2014年
		恩施土家族苗族自治州恩施市恩施大峡谷景区	2015年
		咸宁市赤壁市三国赤壁古战场景区	2018年
		襄阳市古隆中景区	2020年
		湖北省恩施州腾龙洞景区	2020年
湖南	11	张家界市武陵源—天门山旅游区	2007年
		衡阳市南岳区衡山旅游区	2007年
		湘潭市韶山市韶山旅游区	2011年
		岳阳市岳阳楼—君山岛景区	2011年
		长沙市岳麓区岳麓山—橘子洲旅游区	2012年
		长沙市宁乡市花明楼景区	2013年
		郴州市资兴市东江湖旅游区	2015年
		邵阳市新宁县崀山景区	2016年
		株洲市炎帝陵景区	2020年
		湖南省常德市桃花源旅游区	2020年
		湘西州矮寨·十八洞·德夯大峡谷景区	2021年

续表

省、自治区、直辖市	数量	名　称	评定年份
广东	15	广州市番禺区长隆旅游度假区	2007 年
		深圳市南山区华侨城旅游度假区	2007 年
		广州市白云区白云山景区	2011 年
		梅州市梅县区雁南飞茶田景区	2011 年
		深圳市龙华区观澜湖休闲旅游区	2011 年
		清远市连州市地下河旅游景区	2011 年
		韶关市仁化县丹霞山景区	2012 年
		佛山市南海区西樵山景区	2013 年
		惠州市博罗县罗浮山景区	2013 年
		佛山市顺德区长鹿旅游休博园	2014 年
		阳江市江城区海陵岛大角湾海上丝路旅游区	2015 年
		中山市孙中山故里旅游区	2016 年
		惠州市惠城区惠州西湖旅游景区	2018 年
		肇庆市星湖旅游景区	2020 年
		广东省江门市开平碉楼文化旅游区	2020 年
广西	8	桂林市漓江风景区	2007 年
		桂林市兴安县乐满地度假世界	2007 年
		桂林市秀峰区独秀峰·靖江王城景区	2012 年
		南宁市青秀区青秀山旅游区	2014 年
		桂林市两江四湖·象山景区	2017 年
		崇左市大新县德天跨国瀑布景区	2018 年
		百色市百色起义纪念园景区	2020 年
		广西壮族自治区北海市涠洲岛南湾鳄鱼山景区	2020 年
海南	6	三亚市崖州区南山文化旅游区	2007 年
		三亚市崖州区南山大小洞天旅游区	2007 年
		保亭县呀诺达雨林文化旅游区	2012 年
		陵水县分界洲岛旅游区	2013 年
		保亭县海南槟榔谷黎苗文化旅游区	2015 年
		三亚市海棠区蜈支洲岛旅游区	2016 年
重庆	10	大足区大足石刻景区	2007 年
		巫山小三峡—小小三峡旅游区	2007 年
		武隆区喀斯特旅游区	2011 年
		酉阳土家族苗族自治县桃花源旅游景区	2012 年
		綦江区万盛黑山谷—龙鳞石海风景区	2012 年
		南川区金佛山景区	2013 年
		江津区四面山景区	2015 年
		云阳县龙缸景区	2017 年
		彭水县阿依河景区	2020 年
		重庆市黔江区濯水景区	2020 年

续表

省、自治区、直辖市	数量	名　　称	评定年份
四川	15	成都市都江堰市青城山—都江堰旅游景区	2007年
		乐山市峨眉山市峨眉山景区	2007年
		阿坝藏族羌族自治州九寨沟县九寨沟景区	2007年
		乐山市市中区乐山大佛景区	2011年
		阿坝藏族羌族自治州松潘县黄龙风景名胜区	2012年
		绵阳市北川羌族自治县羌城旅游区	2013年
		阿坝藏族羌族自治州汶川县汶川特别旅游区	2013年
		南充市阆中市阆中古城旅游景区	2013年
		广安市广安区邓小平故里旅游区	2013年
		广元市剑阁县剑门蜀道剑门关旅游景区	2015年
		南充市仪陇县朱德故里景区	2016年
		甘孜藏族自治州泸定县海螺沟景区	2017年
		雅安市碧峰峡旅游景区	2020年
		四川省巴中市光雾山旅游景区	2020年
		四川省甘孜州稻城亚丁旅游景区	2020年
贵州	8	安顺市镇宁布依族苗族自治县黄果树瀑布景区	2007年
		安顺市西秀区龙宫景区	2007年
		毕节市黔西县百里杜鹃景区	2013年
		黔南布依族苗族自治州荔波县樟江景区	2015年
		贵阳市花溪区青岩古镇景区	2017年
		铜仁市梵净山（江口·印江）旅游区	2018年
		黔东南州镇远古城旅游景区	2020年
		贵州省遵义市赤水丹霞旅游区	2020年
云南	9	昆明市石林彝族自治县石林风景区	2007年
		丽江市玉龙纳西族自治县玉龙雪山景区	2007年
		丽江市古城区丽江古城景区	2011年
		大理白族自治州大理市崇圣寺三塔文化旅游区	2011年
		西双版纳傣族自治州勐腊县中科院西双版纳热带植物园	2011年
		迪庆藏族自治州香格里拉市普达措国家公园	2012年
		昆明市盘龙区昆明世博园景区	2016年
		保山市腾冲市火山热海旅游区	2016年
		云南省文山州普者黑旅游景区	2020年
西藏	5	拉萨市城关区布达拉宫景区	2013年
		拉萨市城关区大昭寺景区	2013年
		林芝市工布江达县巴松错景区	2017年
		日喀则市桑珠孜区扎什伦布寺景区	2017年
		西藏自治区林芝市雅鲁藏布大峡谷旅游景区	2020年

续表

省、自治区、直辖市	数量	名　　称	评定年份
陕西	11	西安市临潼区秦始皇兵马俑博物馆	2007年
		西安市临潼区华清池景区	2007年
		延安市黄陵县黄帝陵景区	2007年
		西安市雁塔区大雁塔—大唐芙蓉园景区	2011年
		渭南市华阴市华山风景区	2011年
		宝鸡市扶风县法门寺佛文化景区	2014年
		商洛市商南县金丝峡景区	2015年
		宝鸡市眉县太白山旅游景区	2016年
		西安市城墙·碑林历史文化景区	2018年
		延安市延安革命纪念地景区	2020年
		陕西省西安市大明宫旅游景区	2020年
甘肃	6	嘉峪关市嘉峪关文物景区	2007年
		平凉市崆峒区崆峒山风景名胜区	2007年
		天水市麦积区麦积山景区	2011年
		酒泉市敦煌市鸣沙山月牙泉景区	2015年
		张掖市七彩丹霞景区	2020年
		甘肃省临夏州炳灵寺世界文化遗产旅游区	2020年
青海	4	青海湖风景区	2011年
		西宁市湟中县塔尔寺景区	2012年
		海东市互助土族自治县互助土族故土园旅游区	2017年
		青海省海北州阿咪东索景区	2020年
宁夏	4	石嘴山市平罗县沙湖旅游景区	2007年
		中卫市沙坡头区沙坡头旅游景区	2007年
		银川市西夏区宁夏镇北堡西部影视城	2011年
		银川市灵武市水洞沟旅游区	2015年
新疆	16	昌吉回族自治州阜康市天山天池风景名胜区	2007年
		吐鲁番市高昌区葡萄沟风景区	2007年
		伊犁哈萨克自治州阿勒泰地区布尔津县喀纳斯景区	2007年
		伊犁哈萨克自治州新源县那拉提旅游风景区	2011年
		伊犁哈萨克自治州阿勒泰地区富蕴县可可托海景区	2012年
		喀什地区泽普县金胡杨景区	2013年
		乌鲁木齐市乌鲁木齐县天山大峡谷	2013年
		巴音郭楞蒙古自治州博湖县博斯腾湖景区	2014年
		喀什地区喀什市喀什噶尔老城景区	2015年
		伊犁哈萨克自治州特克斯县喀拉峻景区	2016年
		巴音郭楞蒙古自治州和静县巴音布鲁克景区	2016年
		伊犁哈萨克自治州阿勒泰地区哈巴河县白沙湖景区	2017年
		喀什地区帕米尔旅游区	2020年
		新疆维吾尔自治区克拉玛依市世界魔鬼城景区	2020年
		新疆维吾尔自治区赛里木湖景区	2021年
		新疆生产建设兵团塔克拉玛干·三五九旅文化旅游区	2021年

附录4 国家级旅游度假区

国家级旅游度假区是为适应我国居民休闲度假旅游需求快速发展的需要，为人民群众积极营造有效的休闲度假空间，提供多样化、高质量的休闲度假旅游产品，为落实职工带薪休假制度创造更为有利的条件而设立的综合性旅游载体品牌。国家级旅游度假区更注重于度假旅游目的地建设，度假区建设必须建立在对度假旅游市场进行充分调研的基础上，准确定位、科学规划、合理布局，注重软开发，适度硬开发，同时更注重“供给侧”的旅游项目开发。

具体名单：（截至2021年5月，中国共有国家级旅游度假区44家。）

省市	名单		
河北	崇礼冰雪旅游度假区		
黑龙江	亚布力滑雪旅游度假区		
上海	上海佘山国家旅游度假区		
江苏	南京汤山温泉旅游度假区	天目湖旅游度假区	阳澄湖半岛旅游度假区
	无锡市宜兴阳羡生态旅游度假区	常州太湖湾旅游度假区	
浙江	东钱湖旅游度假区	湘湖旅游度假区	湖州市太湖旅游度假区
	湖州市安吉灵峰旅游度假区	德清莫干山国际旅游度假区	淳安千岛湖旅游度假区
吉林	长白山旅游度假区		
山东	凤凰岛旅游度假区	海阳旅游度假区	烟台市蓬莱旅游度假区
	日照山海天旅游度假区		
河南	尧山温泉旅游度假区		

续表

省市	名单		
湖北	武当太极湖旅游度假区		
湖南	灰汤温泉旅游度假区	常德柳叶湖旅游度假区	
广东	东部华侨城旅游度假区	河源巴伐利亚庄园	
广西	桂林阳朔遇龙河旅游度假区		
重庆	仙女山旅游度假区	重庆丰都南天湖旅游度假区	
云南	阳宗海旅游度假区	西双版纳旅游度假区	玉溪抚仙湖旅游度假区
	大理古城旅游度假区		
四川	邛海旅游度假区	成都天府青城康养休闲旅游度假区	峨眉山市峨秀湖旅游度假区
海南	三亚市亚龙湾旅游度假区		
福建	福州市鼓岭旅游度假区		
江西	宜春市明月山温汤旅游度假区	上饶市三清山金沙旅游度假区	
安徽	合肥市巢湖半汤温泉养生度假区		
贵州	遵义市赤水河谷旅游度假区	六盘水市野玉海山地旅游度假区	
西藏	林芝市鲁朗小镇旅游度假区		
陕西省	宝鸡市太白山温泉旅游度假区		
新疆维吾尔自治区	那拉提旅游度假区		

附录5

国家生态旅游示范区

一、生态旅游示范区

生态旅游示范区是以独特的自然生态、自然景观和与之共生的人文生态为依托，以促进旅游者对自然、生态的理解与学习为重要内容，提高对生态环境与社区发展的责任感，形成可持续发展的旅游区域。

根据资源类型，结合旅游活动，将生态旅游区分为七种类型：

1. **山地型。**以山地环境为主而建设的生态旅游区，适于开展科考、登山、探险、攀岩、观光、漂流、滑雪等活动。

2. **森林型。**以森林植被及其生境为主而建设的生态旅游区，也包括大面积竹林（竹海）等区域。这类区域适于开展科考、野营、度假、温泉、疗养、科普、徒步等活动。

3. **草原型。**以草原植被及其生境为主而建设的生态旅游区，也包括草甸类型。这类区域适于开展体育娱乐、民族风情活动等。

4. **湿地型。**以水生和陆栖生物及其生境共同形成的湿地为主而建设的生态旅游区，主要指内陆湿地和水域生态系统，也包括江河出海口。这类区域适于开展科考、观鸟、垂钓、水面活动等。

5. **海洋型。**以海洋、海岸生物及其生境为主而建设的生态旅游区，包括海滨、海岛。这类区域适于开展海洋度假、海上运动、潜水观光活动等。

6. **沙漠戈壁型。**以沙漠或戈壁或其生物及其生境为主而建设的生态旅游区，这类区域适于开展观光、探险和科考等活动。

7. **人文生态型。**以突出的历史文化等特色形成的人文生态及其生境为主建设的生态旅游区。这类区域主要适于历史、文化、社会学、人类学等学科的综合研究，以及适当的特种旅游项目及活动。

二、国家生态旅游示范区

国家生态旅游示范区是生态旅游区中管理规范、具有示范效应的典型。凡经过相关标准确定的评定程序后，可以获得国家生态旅游示范区的称号。该区域具有明确地域界限，同时也是全国生态示范区的类型或组成部分之一。

三、国家生态旅游示范区名录

	省　市	名　单
2007年国家生态旅游示范区名单	广东省	深圳市东部华侨城国家生态旅游示范区
2013年国家生态旅游示范区名单	北京市	南宫国家生态旅游示范区
		野鸭湖国家生态旅游示范区
	天津市	盘山国家生态旅游示范区
	上海市	明珠湖·西沙湿地国家生态旅游示范区
		东滩湿地国家生态旅游示范区
	重庆市	天生三桥·仙女山国家生态旅游示范区
	内蒙古自治区	（兴安盟）阿尔山国家生态旅游示范区
	辽宁省	（大连市）西郊森林公园国家生态旅游示范区
	吉林省	（长春市）莲花山国家生态旅游示范区
	黑龙江省	（伊春市）汤旺河林海奇石国家生态旅游示范区
		（哈尔滨市）松花江避暑城国家生态旅游示范区
	江苏省	（泰州市）溱湖湿地国家生态旅游示范区
		（常州市）天目湖国家生态旅游示范区
	浙江省	（衢州市）钱江源国家生态旅游示范区
		（宁波市）滕头国家生态旅游示范区
	安徽省	（黄山市）黄山国家生态旅游示范区
	福建省	（南平市）武夷山国家生态旅游示范区
		（龙岩市）梅花山国家生态旅游示范区
	江西省	（上饶市）婺源国家生态旅游示范区
		（吉安市）井冈山国家生态旅游示范区
	山东省	（烟台市）昆嵛山国家生态旅游示范区
	河南省	（焦作市）云台山国家生态旅游示范区
		（平顶山市）尧山·大佛国家生态旅游示范区
	湖北省	（神农架林区）神农架国家生态旅游示范区
	湖南省	（长沙市）大围山国家生态旅游示范区
		（郴州市）东江湖国家生态旅游示范区

续表

	省　市	名　单
2013年国家生态旅游示范区名单	广东省	（韶关市）丹霞山国家生态旅游示范区
	广西壮族自治区	（贺州市）姑婆山国家生态旅游示范区
		（柳州市）大龙潭公园风景区
	四川省	（西昌市）邛海国家生态旅游示范区
		（巴中市）南江光雾山国家生态旅游示范区
	贵州省	（黔南州）樟江国家生态旅游示范区
		（毕节市）百里杜鹃国家生态旅游示范区
	云南省	（西双版纳自治州）野象谷国家生态旅游示范区
		（玉溪市）玉溪庄园国家生态旅游示范区
	陕西省	（西安市）世博园国家生态旅游示范区
		（商南县）金丝峡国家生态旅游示范区
	甘肃省	（甘南州）当周草原国家生态旅游示范区
		（兰州市）兴隆山国家生态旅游示范区
	宁夏回族自治区	（中卫市）沙坡头国家生态旅游示范区
	新疆生产建设兵团	五家渠青湖国家生态旅游示范区

四、2014年国家生态旅游示范区公示名单　2015-02-02

省　市	名　单
天津市	黄崖关长城风景名胜区
河北省	保定市野三坡景区
内蒙古自治区	呼伦贝尔市根河源国家湿地公园
吉林省	吉林市松花湖国家风景名胜区
黑龙江省	黑河市五大连池风景区
	五常市凤凰山国家森林公园
辽宁省	盘锦市红海滩湿地旅游度假区
上海市	海湾国家森林公园
江苏省	苏州市镇湖生态旅游区
	无锡市蠡湖风景区
浙江省	杭州市西溪国家湿地公园
	台州市神仙居景区
安徽省	池州市九华天池风景区
福建省	厦门市天竺山旅游风景区
	龙岩市冠豸山生态旅游区

续表

省　市	名　单
江西省	上饶市鄱阳湖国家湿地公园
山东省	济宁市微山湖国家湿地公园
河南省	驻马店市嵖岈山旅游景区
	鹤壁市淇河生态旅游区
湖北省	黄冈市龟峰山风景区
湖南省	株洲市神农谷国家森林公园
	永州市阳明山国家森林公园
广东省	梅州市雁南飞茶田景区
广西壮族自治区	柳州市大龙潭景区
海南省	呀诺达雨林文化旅游区
重庆市	四面山旅游区
四川省	广元市唐家河生态旅游区
	甘孜州海螺沟景区
贵州省	铜仁市梵净山旅游景区
云南省	昆明市石林景区
陕西省	商洛市金丝峡景区
甘肃省	平凉市崆峒山生态文化旅游区
青海省	青海湖景区
	西宁市大通老爷山—鹞子沟旅游区
宁夏回族自治区	石嘴山市沙湖旅游区
新疆维吾尔自治区	新疆生产建设兵团一八五团白沙湖边境生态旅游区
	伊犁州那拉提旅游风景区

五、2015 年国家生态旅游示范区公示名单　2016-01-14

省　市	名　单
北京市	平谷金海湖风景区
天津市	东丽湖景区
河北省	衡水市衡水湖景区
内蒙古自治区	鄂尔多斯市恩格贝沙漠景区
辽宁省	大连市金石滩旅游景区
	丹东市天桥沟景区
吉林省	通化市高句丽文物古迹景区
黑龙江省	哈尔滨市呼兰河口湿地公园
上海市	东方绿舟旅游景区
江苏省	常熟市虞山尚湖旅游区
	徐州市潘安湖湿地
浙江省	台州市天台山景区
福建省	福州市鼓岭生态旅游区
	永泰云顶旅游区
江西省	吉安市青原山风景名胜区
山东省	青岛市百果山生态旅游区
河南省	洛阳市重渡沟风景区
湖北省	武汉市东湖生态旅游风景区
	襄阳市尧治河生态旅游景区
湖南省	邵阳市黄桑生态旅游区
广东省	惠州市南昆山生态旅游区
广西壮族自治区	崇左市大德天景区
海南省	三亚市亚龙湾热带天堂森林公园
重庆市	金佛山生态旅游区
	巫山小三峡—小小三峡生态旅游区
四川省	阿坝州毕棚沟景区
	雅安市神木垒生态旅游区
贵州省	遵义市赤水景区
云南省	七彩云南古滇文化旅游名城
陕西省	西安市临潼生态旅游区
甘肃省	酒泉市鸣沙山月牙泉景区
	甘南州黄河首曲生态旅游区
青海省	海北州祁连县牛心山—卓尔山景区
新疆维吾尔自治区	塔城地区裕民巴尔鲁克旅游风景区
	新疆生产建设兵团第六师——万泉旅游景区

注：百度上有 2017 年某些省申报国家生态示范区的信息，但查不到公示或公布的信息。

第五版修订补记

本次修订保持了按大区划分章节、分省（区、市）编写内容的体例，在对各地历史、地理、气候、区划、人口、交通、风物特产进行概括性介绍的同时，重点对各地的地域文化、民族风情、特色产业、饮食文化、重要旅游资源等内容进行了重新梳理，使条目更清晰，内容更简捷，全面覆盖新考纲要求的知识点，并与科目三《全国导游基础知识》形成良好的互补关系，也避免了考生反映《地方导游基础知识》过于烦琐的弊端，方便考生轻松应考。

《地方导游基础知识》专家编写组

2021 年 6 月